Suffering

SUFFERING: Gospel Hope When Life Doesn't Make Sense
by Paul David Tripp

Copyright © 2018 by Paul David Tripp
Published by Crossway
a publishing ministry of Good News Publishers
Wheaton, Illinois 60187, U.S.A.

This edition published by arrangement with Crossway through rMaeng2, Seoul, Republic of Korea.
All rights reserved.

This Korean Edition Copyright © 2019 by Word of Life Press, Seoul, Republic of Korea

이 한국어판의 저작권은 알맹2를 통하여 Crossway와 독점 계약한 생명의말씀사에 있습니다.
신저작권법에 의하여 한국 내에서 보호받는 저작물이므로 무단 전재와 무단 복제를 금합니다.

고난

© 생명의말씀사 2019

2019년 5월 10일 1판 1쇄 발행
2025년 1월 9일 3쇄 발행

펴낸이 | 김창영
펴낸곳 | 생명의말씀사

등록 | 1962. 1. 10. No.300-1962-1
주소 | 서울시 종로구 경희궁1길 6 (03176)
전화 | 02)738-6555(본사) · 02)3159-7979(영업)
팩스 | 02)739-3824(본사) · 080-022-8585(영업)

기획편집 | 임선희
디자인 | 박소정
인쇄 | 예원프린팅
제본 | 보경문화사

ISBN 978-89-04-16667-1 (03230)

저작권자의 허락 없이 이 책의 일부 또는 전체를
무단 복제, 전재, 발췌하면 저작권법에 의해 처벌을 받습니다.

고난

Suffering

폴 트립

추천의 글

 고통의 의미를 알면 고통이 두렵지 않습니다. 『고난』은 고난의 의미를 알려줍니다.
 이미 천국에 이르렀다면, 그리고 더 이상 내 인생에 고난이 없다고 믿는다면 이 책을 멀리해도 그만입니다. 그러나 누구도 고난을 피할 수 없는 이 세상 속에 여전히 머물러야 한다면 『고난』은 서두르지 않고 꼼꼼하게 읽어야만 할 책입니다.
 저자 자신이 감당하기 어려운 고난 끝에 얻은 결론은 고난이야말로 우리가 하나님과 어떤 식으로 관계를 맺고 있는지 분명하게 드러낸다는 것입니다.
 때문에 그는 우리가 단순하게 진행되고 있는 고난을 겪고 있는 것이 아니라 각자가 '그 일에 반응하는 방식으로 고난을 겪는다'고 알려 줍니다. 물론 그 반응의 방식 뒤에는 이른바 '자아라는 우상'의 교만이 도사리고 있음을 통찰합니다.
 사실 고난은 하나님께서 우리를 부르시는 확성기지만 그분의 부르심보다 다들 자신의 고통에 집중하는 나머지 그분의 위대하심과 선하심을 놓치기가 쉽습니다. 때문에 저자는 우리의 관점과 생각이 눈앞의 어려움에 묶이지 않도록 우리를 하나님의 임재 가운데로 인도합니다. 또한 구원의 감동을 놓치지 않도록 두 눈을 크게 뜨라고 말합니다. "그분의 죽음으로 우리의 구원이 이루어진 것보다 더 놀라운 일이 어디 있습니까?"

고난의 시간을 지날 때 하나님은 그분 자신을 내어주실 뿐 아니라 믿음의 공동체를 은혜의 도구로 허락하십니다.

'왜 내게 이런 고난이 주어진 것인가?'

하나님은 이 질문에 답하는 대신 어떻게 고난을 이길 수 있는지, 고난 중에도 어떻게 소망을 품을 수 있는지 끊임없이 답하십니다.

폴 트립의 『고난』은 그 응답 중의 하나입니다.

_ 조정민 목사(베이직교회)

나도 강직성 사지마비증과 만성적인 고통과 3기에 접어든 암과 매일 투쟁하는 중이기 때문에 고난에 대해 어느 정도 알고 있습니다. 솔직히 말해서 이 주제를 다룬 책 거의 대부분을 읽었습니다. 그러나 이 책을 통해 드러난 저자의 통찰은 나의 관심을 사로잡았습니다. 이 책은 조금도 실망스럽지 않습니다. 저자는 공감할 수 있는 말과 충실한 위로를 제시합니다. 책 곳곳에 고난을 넘어 밝고 활기찬 소망으로 나아가는 방법에 대한 의미 있고 실질적인 조언이 가득 들어 있습니다. 이 놀라운 책을 강력히 추천합니다.

_조니 에릭슨 타다(Joni Eareckson Tade),
'조니와 친구들 국제 장애센터' 설립자이자 대표

고난에 대한 책을 수없이 읽어 봤지만 이 책만큼 나의 시련을 다시 돌아보게 만든 책은 없었습니다. 저자가 자신의 고통을 드러내는 것을 주저하지 않고 스스로 깨달은 것들을 솔직하게 공유한 것은 이루 말할 수 없이 귀한 선물이 아닐 수 없습니다. 그의 개인적인 이야기는 깊은 관심을 자극할 뿐 아니라 큰 위안이 됩니다. 그 이유는 우리에게 상상하기 힘든 상황에서조차 우리가 그리스도 안에서 가질 수 있는 견고한 희망을 일깨워 주기 때문입니다. 이 책은 아무리 추천해도 모자랄 만큼 뛰어난 걸작입니다.

_바네사 렌달 라이스너(Vaneetha Rendall Risner),
『The Scars That Have Shaped Me: How God Meets Us in Suffering』 저자

이 책은 한번 집어 들면 절대로 내려놓을 수 없는 영혼의 위로제입니다. 또한 이 책은 앞으로도 종종 찾아 봐야 할 사랑하는 친구이고, 지친 방랑자들에게 전해 주어야 할, 믿을 만하고 지혜가 가득한 보고입니다.

_앤 보스캠프(Ann Voskamp),
『The Broken Way』, 『One Thousand Gifts』 저자

고난은 애써 찾을 필요가 없습니다. 가만히 있어도 우리를 찾아오기 때문입니다. 언제라도 혹독한 고난이 우리의 삶을 황폐하게 만들 수 있습니다. 저자는 이런 현실을 직접 경험했고, 복음도 경험을 통해 직접 이해했습니다. 이 지혜로운 책은 그럴싸한 말로 고난을 미화하지 않습니다. 우리를 십자가의 복음과 슬픔의 사람이신 주님께로 더 깊고 가깝게 인도합니다.

_레이 오틀런드(Ray Ortlund),
내슈빌 임마누엘교회 목사

저자는 뜻하지 않게 건강을 잃고, 그로 인해 계속 고통을 당하는 중에 이 귀한 책을 저술하여 매우 유익한 조언을 제시합니다. 특히 고난당하는 사람들이 종종 걸려드는 '덫'에 대한 그의 깊은 통찰은 인생의 풍파에 요동하는 많은 사람에게 큰 도움이 될 것입니다.

_켈리 캐픽(Kelly M. Kapic),
『Embodied Hope』 저자, 커버넌트칼리지 교수

이 책은 솔직하고, 설득력 있고, 은혜가 충만합니다. 우리에게 주어진 귀한 선물입니다. 저자는 이론가가 아닌 고난의 동료로서 말합니다. 개인적인 경험과 성경적인 진리에 근거한 그의 조언에는 복음의 소망이 가득합니다. 그는 깊은 동정심과 이해를 바탕으로 고난을 당할 때 우리가 흔히 직면하는 유혹들을 물리칠 수 있도록 우리를 강하게 해 주고, 아무리 큰 고난이라도 그것이 우리를 규정하지 못한다는 사실을 깨닫도록 도와줍니다. 무엇보다 그는 우리 대신 고난을 당하신 구세주를 바라보게 함으로써 우리의 삶을 위한 그분의 선한 목적과 사랑과 지혜를 늘 확신하도록 이끕니다.

_밥 코플린(Bob Kauflin),
'소버린 그레이스 뮤직' 대표

저자는 또 한 번 도전적이면서도 위로 넘치는 방식으로 하나님의 진리를 우리의 영혼에 적용했습니다. 그는 자기와 상담을 나눈 많은 사람과 자기 자신의 경험을 바탕으로 고난의 깊은 근원을 들여다봅니다. 또한 고난당하는 사람의 마음을 현혹하는 유혹의 덫을 명쾌하게 파헤치고, 하나님 안에서 안식을 찾으라고 권고합니다. 나는 고난을 통해 우리의 삶 속에서 이루어지는 하나님의 선한 사역을 이해하려고 노력하는 사람들에게 이 책을 소개하고 싶습니다. 저자가 고난을 겪는 것은 매우 유감이지만 이런 책을 써 주어서 참으로 고맙습니다.

_코니 데버(Connie Dever),
『He Will Hold Me Fast』 저자, '프레이즈 팩토리' 개발자 겸 작곡가 저자는 항상 정직하고 진솔한 태도로 복음의 진리에 충실한 책을 씁니다. 이 책에서는 진기하면서도 매혹이며 자유마저 느끼게 만드는 인간의 연약함을 있는 그대로 보여 주었습니다. 그는 생명을 위협하는 질병을 앓는 과정을 순서대로 진술하면서 희망과 망상의 차이, 곧 우리의 통제력과 존엄성과 확실성이 위기에 직면한 상황에서 하나님 아버지를 의지하는 것과 방향을 잃고 영적으로 방황하는 것의 차이를 분명하게 이해하도록 도와주었습니다. 지금까지 읽어 본 고난에 관한 책 중 가장 시기적절하고, 용기 있고, 유익한 책입니다.

_스코티 워드 스미스(Scotty Ward Smith),
크라이스트커뮤니티교회 목사

저자는 정직하고 겸손한 태도로 이 책을 저술하여 암울한 시련을 겪는 동안 자신의 마음속에서 이루어진 하나님의 사역을 소개했습니다. 그는 예수 그리스도의 복음이 인생의 가장 고통스럽고 혼란스러운 순간에도 우리에게 소망을 준다는 사실을 발견했습니다. 누구나 이 책을 읽으면 그런 사실을 똑같이 발견하게 될 것입니다. 지금 고난을 당하고 있든 그렇지 않든 상관없이 모두 이 책을 읽고, 미래를 준비하라고 권하고 싶습니다.

_데이브 퍼먼(Dave Furman),
두바이 리디머교회 목사, 『Kiss the Wave』, 『Being There』 저자

contents

추천의 글
시작하는 글

Part 1 고난은 피할 수 없는 삶의 일부다

01 내 인생이 바뀐 날 / 19
나의 이야기로 이 책을 시작하는 이유

02 고난은 중립적이지 않다 / 35
고난을 대하는 사람들의 생각과 태도

Part 2 모든 고난에는 영적 싸움이 있다

03 분노의 덫 / 57
배후에서 이루어지는 싸움 / 덫과 위로

04 두려움의 덫 / 77
새로운 의식이 생각을 지배하기 시작한다 | 편향된 생각이 두려움을 불러일으킨다 | 두려움은 영적 싸움이다 | 두려움은 망각을 부추긴다 | 두려움이 새로운 관점과 기준이 된다 | 두려움은 오직 두려움으로만 물리칠 수 있다 | 두려움은 일시적이고, 하나님의 돌보심은 영원하다

05 시기심의 덫 / 95
시기심은 자연스러운 것이다 | 시기심은 하나님께 충성하는 삶을 회의하게 만든다 | 시기심은 감당하기 힘든 고통이다 | 시기심은 이 세상의 위로가 일시적이라는 사실을 무시한다 | 시기심은 원망하는 마음을 부추긴다 | 시기심은 하나님의 선하심을 의심하게 만든다 | 시기심은 영원을 망각하게 만든다 | 시기심은 진실을 가린다

06 의심의 덫 / 115
좋은 의심과 나쁜 의심 | 마귀의 거짓말을 물리쳐라 | 받은 복을 세어 보라 | 믿음의 갈등을 날마다 고백하라 | 하나님의 일을 부지런히 행하라 | 의심하는 사람들을 격려하라 | 의심이 생길 땐 예수님께 나아가라

07 현실 부정의 덫 / 137
현실을 직시하라 | 우리를 돕는 분이 계시다 | 주님의 도우심으로 굳건히 버틸 수 있다 | 주님께서 우리의 연약함을 체휼하신다 | 주님 앞에 담대히 나아갈 수 있다 | 어려운 순간에 꼭 맞는 은혜와 긍휼이 있다

08 절망의 덫 / 157
수직적인 불평 | 도덕적인 마비

Part 3 하나님께서 주관하시고 위로하신다

09 하나님의 은혜의 위로 / 179
불편한 은혜 | 간섭하시는 은혜 | 멈추지 않는 은혜 | 공급하시는 은혜 | 갈라놓을 수 없는 은혜

10 하나님의 임재의 위로 / 197
"내가 너희와 항상 함께 있으리라" | "내가 너를 떠나지 아니하며 버리지 아니하리니"

11 하나님의 주권의 위로 / 217
누가 우리의 삶을 통제하는가? | 하나님의 통치에서 발견되는 위로

12 하나님의 목적의 위로 / 235
고난에 목적이 있을까? | 고난의 목적이 무엇일까?

13 하나님의 백성의 위로 / 257
혼자서 다 감당하려고 하지 말라 | 솔직하기로 결심하라 | 독백하지 말고 사람들과 대화하라 | 자신의 연약함을 인정하라 | 영적인 맹점을 인정하라 | 지혜로운 조언을 구하라 | 우리의 고난이 우리 것이 아님을 기억하라

14 마음의 안식의 위로 / 277
불행과 아름다움

시작하는 글

거칠고 험한 고난의 길을 걸어온 모든 분께 바칩니다

고난을 겪는 사람들의 경우 대부분이 그렇듯이, 어느 날 갑자기 달갑지 않은 방문객이 찾아와 나를 놀라게 했다.

그날 전혀 생각지 못했던 '고난' 씨가 내 문을 두드리더니 성큼 안으로 들어와서는 내 인생의 가장 친근한 방에 자리를 틀고 앉았다. 그의 존재가 그토록 많은 일을 근본적으로 변화시켜 미래에까지 영향을 미치리라고는 상상조차 하지 못했다.

그가 내 인생의 이 방 저 방을 돌아다니며 모든 것을 재배열하는 것을 지켜보고 있자니 나중에 그가 떠나고 나면 어떤 상황이 벌어질지 궁금한 생각이 들었다.

할 수만 있다면 반갑지 않은 이 낯선 방문객을 내쫓고 싶었지만, 그를 문밖으로 차 버리거나 그가 나의 인생에 끼어들었다는 사실을 부인하려는 시도들은 모두 헛된 노력으로 끝나고 말았다.

나는 그가 이 특별한 순간을 선택해 내 문을 두드린 이유를 알기 위해 많은 시간을 허비했다.

하지만 그 어느 곳에서도 확실한 대답을 찾을 수가 없었다.

일단 '고난' 씨를 내 인생 밖으로 쫓아낼 수 없다는 사실을 깨닫게 되자 나는 그의 곁에서, 그와 더불어 살아가는 방법을 깨우치려고 애쓰기 시작했다. 그의 존재는 혼자서만 대본 없이 연극에 출연한 배우가 된 듯한 심정을 느끼게 만들었다. 나는 준비도 되어 있지 않았고, 대처할 능력도 없었다. 그런 상황은 그가 내 인생에 개입한 첫날뿐 아니라 그 후로도 줄곧 계속되었다.

나는 '고난' 씨가 저 멀리에만 있는 것으로 알았고, 그가 다른 사람들의 문 안으로 들어간 이야기만 들었을 뿐, 내게 그런 일이 일어날 것이라고는 생각조차 해 본 적이 없었다. 지금의 나처럼 혼란스런 상황을 겪었던 사람들에게 별 생각 없이 건넨 공허한 대답과 어리석고 진부한 말들을 생각하니 당혹감이 물밀 듯 밀려들었다. 반갑지 않은 이 낯선 방문객이 모든 사람의 문 안으로 들어가면서 아무런 이유 없이 나만 빼놓을 것이라고 생각했던 나 자신이 너무나도 어리석어 보였다.

'고난' 씨를 내보낼 능력이나 통제력이 없었던 나는 언제나 지혜와 소망과 마음의 안식을 발견했던 곳으로 달려갔다. 예수 그리스도의 복음으로 달려가서 나를 구원하신 주님의 품에 안긴 것이다.

성경의 핵심인 복음의 이야기 속으로 뛰어들자 너무나도 중요하고, 놀랍도록 큰 위로가 되는 사실을 깨달을 수 있었다. 그것은 내가 준비가 안 된 상태가 아니었다는 사실이었다. 하나님께서 나와 나의 세계를 주권적으로 통제하신다는 메시지, 이 타락한 세상에서 사는 것에 대한 복음의 정직한 증언, 바로 지금 이곳에서 주님의 임재와 은혜를 경험함으로써 얻는 위로, 내 마음속에서 일어나고 있는 영적 싸움에 대한 통찰 등 달갑지 않은 낯선 방문객의 침입과 존재에 대해 이미 충분히 준비가 되어 있는 상태였다.

이제 나는 '고난' 씨가 그날 내 문을 불쑥 열고 들어온 것에 대해 더 이상 분노를 느끼거나 낙담하지 않는다. 지금도 그가 남겨 준 고통과 연약함 때문에 여전히 힘들지만, 그가 찾아온 덕분에 내가 더 나은 사람이 되었다는 것은 분명한 사실이다.

물론 나도 다른 사람과 마찬가지로 고통이나 손실을 좋아하지 않는다. 그러나 그 고통을 통해 기적이 일어났다. 주님이 '고난' 씨를 도구로 삼아 내 안에서 다른 방법으로는 결코 나타나지 않았을 선한 일을 이루셨다.

가끔은 몹시 피곤해서 세상을 떠나고 싶은 생각이 들 때도 있지만 비관하지는 않는다.

나는 내가 무시되거나 버림받지 않았다는 것을 알고 있다. 왜냐하면 '고난' 씨가 내 문 안으로 들어오기 오래전에 이미 주님께서 내 삶에 영원한 거처를 마련하셨기 때문이다.

이 모든 인생의 드라마를 겪는 동안 나 혼자 '고난' 씨를 처리하도록 방치되지 않았다. 주님이 항상 내 곁에서 나와 함께 계시면서 나쁜 것을 취해 참으로 좋은 것으로 만들어 내셨다. 그분은 나를 위해 그런 일을 하셨고, 앞으로도 계속 그렇게 하실 것이다.

나는 나처럼 갑작스레 반갑지 않은 낯선 방문객의 방문을 받은 사람들을 위해 이 책을 썼다. 내가 이 책을 쓴 목적은 다른 사람들도 자신이 사랑받고 있고, 또 이미 충분히 준비가 되어 있다는 사실을 깨달아 우리의 고통에 동참하시는 하나님께 감사하게 하기 위해서다.

하나님은 우리가 청하지도 않고, 원하지도 않았던 일과 조금도 좋아 보이지 않는 일을 바꾸어 우리 안에서, 우리를 통해 아름다운 일을 이루시는 분이다.

01 내 인생이 바뀐 날
02 고난은 중립적이지 않다

Part 1 고난은 피할 수 없는 삶의 일부다

고난이 다가오는 것이 분명하게 보일 때도 있고, 느닷없이 기습해 오는 경우도 있을 것이다. 분명한 것은 모두에게 고난이 찾아온다는 것이다. 그 이유는 우리가 서로에게 고난을 초래하는 불완전한 사람이며, 우리의 현주소인 이 타락한 세상의 불행을 온전히 피할 수 없기 때문이다.

1
내 인생이
바뀐 날

2014년 10월 19일, 내 인생이 바뀐 그날을 나는 영원히 잊지 못할 것이다. 나는 내 인생이 바뀌는 것을 원하지도 않았고, 바꿀 계획도 세우지 않았지만 결국 바뀌고 말았다. 기대하지도 않았고, 원하지도 않았지만 느닷없이 제멋대로 그렇게 되었다. 전혀 예측조차 하지 못한 일이었다. 일반적으로 큰 변화는 사전에 징후가 나타난다. 수평선 위에 먹구름이 떠 있기도 하고, 무슨 일이 곧 일어날 것 같은 초조한 생각이나 이상한 느낌이 들기도 한다. 그러나 나는 완전히 무방비한 상태로 내게 곧 닥칠 일을 느닷없이 맞이해야 했다.

사역을 위해 집을 떠나 있을 때 몇 가지 사소한 증상이 나타나기 시작했지만 그 정도가 너무 미미해서 무슨 일이 있을 것이라고는 조금도 예측하지 못했다. 그러나 나는 대학교를 갓 졸업한 혈기왕성한 청년과

달리 몸이 보내는 신호에 민감해야 할 나이였기 때문에 집에 돌아온 뒤 곧바로 주치의에게 연락을 취했다. 그는 필라델피아주 센터시티에 있는 우리 집 근처에 대형 병원이 있으니 그곳에 가서 검사를 받아 보라고 조언했다. 그러면서 크게 걱정할 일은 아닌 것 같다며, 아마도 진찰을 하고 나면 곧바로 집으로 돌려보낼 것이라고 말했다.

다음 날은 주일이었기 때문에 아내와 나는 교회에 다녀와서 간단히 요기를 하고 병원으로 향했다. 서두를 일 없이 느긋했기 때문에 가는 길에 커피숍에 들러 잠시 시간을 보냈다. 그런 다음 제퍼슨병원 응급실에 접수를 해 놓고 대기 시간이 길 것을 예상하며 가만히 앉아 필라델피아 이글스(미국 필라델피아 소속 미식축구 팀)의 경기를 관람했다. 진찰 결과가 어떨지는 조금도 걱정이 되지 않았고, 그저 어서 의사를 만난 뒤 돌아가고 싶은 생각뿐이었다. 마침내 내 이름이 호명되었다. 내 장기의 조직을 채취하는 동안 증상을 묻는 질문이 이어졌다.

얼마 지나지 않아 작은 응급실에 전공이 다른 의사 네 명이 들어왔다. 무슨 문제냐고 물었지만 직접적인 대답은 들을 수 없었다. 그러던 중 내 왼쪽 편에서 의사 두 명이 투석을 언급하는 소리가 들렸다. 도무지 이해가 되지 않았다. '저 사람들이 도대체 무슨 말을 하는 거지?' 생각했다.

내가 그렇게 심각한 병에 걸렸을 리가 없었다. 아무 데도 아픈 구석이 없었다. 그 주간에도 늘 하던 대로 주중에는 매일 자전거로 16킬로미터를 전력 질주했고, 주말에는 온 힘을 다해 여섯 시간 동안 말씀을 전하고 가르쳤다. 의사들이 엉뚱한 검사 자료를 가지고 잘못된 증상을 논의하고 있는 것이라 생각되었다.

그러나 의사들은 엉뚱한 검사실에 있지 않았다. 순식간에 고통스런 처치가 진행되었고, 곧바로 입원이 결정되어 열흘을 머물렀다. 솔직히 너무 당황스럽고 어안이 벙벙했다. 내가 확실하게 아는 것이라고는 한가롭던 오후가 갑자기 매우 심각하고 고통스럽게 바뀌었다는 사실뿐이었다. 게다가 나는 그 다음에 일어날 일에 대해서도 아무런 준비가 되어 있지 않았다.

병실에 도착한 직후 나의 온몸에 경련이 일었다. 그때의 느낌은 어떤 말로도 이루 형용하기 어렵다. 그것은 한 번도 느껴 보지 못한 고통이었다. 경련이 이는 동안 통증은 아랫배와 넓적다리가 맞닿은 부위에 집중되었고, 마치 그 부위를 누군가가 칼로 푹푹 찌르는 것 같았다. 경련은 2, 3분 간격으로 격렬하게 일었다.

의사들이 왔을 때 나는 비명을 질렀다. 물론 두려울 때는 누군가가 듣고 도와줄 것을 기대하며 소리를 지르기 마련이다. 그러나 나의 비명은 그런 종류가 아니었다. 고통이 참을 수 없을 만큼 극심했기 때문에 내 의도와 상관없이 저절로 비명이 터져 나왔다.

비명을 지르는 사이사이에 나는 크게 절망하며 "하나님! 도와주세요. 하나님! 도와주세요."라고 부르짖었다. 참으로 두려운 경험이었다. 다음 날이 아니라 다음 5분이 두려웠고, 경련에 수반되는 고통이 너무나도 무서웠다.

그렇게 무려 서른여섯 시간 동안이나 비명을 질렀다. 비명을 지르는 동안 왜 병원에서 날 도와주는 사람이 아무도 없는지 몹시 의아했다. 내 고통을 덜어 주기 위한 조처를 취하지 않는 이유를 도통 이해할 수 없었다. 한 간호사가 경련이 일어날 때 몸을 뻣뻣하게 긴장시키면 통증이 더 심해지니까 그렇게 하지 말라고 했다. 그것은 나에게 하늘에 있는 달을 뛰어넘으라는 말보다 더한 요구였다. 일단 경련이 일면 나의 물리적인 반응을 통제할 능력이 완전히 사라졌다. 한번은 통증이 다른 때보다 더 심하고 오랫동안 지속되다가 가라앉았다. 그 순간 나는 울면서 아내에게 차라리 죽고 싶다고 말했다. 그 정도로 나는 통증이 멈추기를 바랐다. 하지만 아무도 나를 도와줄 수 없는 것 같았다.

단지 고통뿐 아니라 생각마저 혼란스러웠다. 내게 무슨 일이 일어나고 있는 것인지 짐작조차 할 수 없었다. 도대체 무엇 때문에 그날 오후에 아내와 커피숍에서 느긋하게 차를 마시다가 갑작스레 이처럼 두려운 일을 겪게 되었는지 이해하기 어려웠다. 내 몸 안에서 무엇이 잘못되어 이 모든 일이 벌어지고 있는 것인지, 또 의사들은 내 몸에 발생한 문제를 처리하기 위해 어디에서 무엇을 하고 있는 것인지 참으로 궁금했다. 느닷없이 닥친 일인데다가 무슨 이유인지도 전혀 알 수 없었던 상황이 내가 겪고 있는 일을 더욱 힘들게 만들었다. 어떻게든 모든 상황이 어서 멈추었으면, 하는 생각뿐이었다.

아무도 내 고통을 덜어 주려고 하지 않은 이유를 궁금해하며 비명을 지르고 있는 어느 순간에 아들 에단(Ethan)이 "아버지, 의사들이 지금 당장은 아버지의 고통에 신경을 쓰지 않지만 분명 아버지의 생명을 구하는 방법을 생각하고 있을 거예요. 아버지가 안정을 찾으시면 그때 고통을 달래 줄 조처를 취할 거예요."라고 말했다. 그 말은 참으로 큰 위안이 되었다. 그리고 마침내 때가 되어 경련의 고통을 완화시켜 주는 조처가 취해졌다.

단순한 진찰이라고 생각했던 일이 열흘을 입원해야 하는 상황으로 바뀌었다. 처음 며칠 동안은 내가 무슨 일을 겪고 있는 것인지 알 길이 없었다. 다만 무엇인가가 크게 잘못된 것만은 틀림없어 보였다. 나의 사역 일정을 관리해 주는 스티브는 미리 약속되어 있던 일정들을 취소하기 시작했다. 나는 몹시 우울하고 기진맥진한 상태에서 온갖 불편을 느끼며 병실에 누워 있었다. 의료진은 내게 카테터(몸 안의 이물질을 뽑아내는 기구)를 삽입했고, 열흘 내내 그 안으로 피가 흘러내렸다. 때로는 고통스럽게도 큰 핏덩어리가 흘러내리기도 했다.

입원 3일째 되는 날, 나를 담당한 신장전문의가 와서 나의 신장이 심각하게 손상을 입었다고 말해 주었다. 나중에 알게 된 일이지만 내가 병원에 도착했을 때는 이미 신장이 심각하게 손상된 상태였다. 만일 일주일이나 열흘만 지났어도 신장이 완전히 망가져 이 책을 쓸 수도 없었을 것이다. 도무지 믿어지지 않는 충격적인 말이었다. 건강한 모습으로 병원에 찾아갔고, 아무 데도 아픈 느낌이 없었으며, 운동도 여느 때와 똑같이 거뜬하게 해냈다. 그러나 막상 검사를 받고 보니 삶을 송두리째 바꾸어 놓을 만한 중병을 앓는 환자로 드러났다.

전에는 한 번도 느껴 보지 못한 무력함과 초라함이 느껴졌다. 내 몸 안에서 내가 알지 못하는 또 다른 문제가 일어나고 있을지 모른다는 생각이 잠시도 뇌리에서 사라지지 않았다. 그 전까지는 죽음을 생각해 본 적이 없었는데 이제는 그 생각이 항상 떠나지 않았다. 내 몸 안에 있는 중요한 기관이 심하게 훼손된 상태로 질병에 시달리면서 어떻게 남은 인생을 살아가야 할지 막막했다. 하나님께서 내게 맡기신 사역을 계속 할 수 있을지 궁금했다. 만일 할 수 없다면 '무엇을 해야 하나? 어떻게 살아야 하나?' 하는 생각이 들었다.

나는 정확하게 그런 말로 하나님의 도우심을 구했다. 너무 충격적이고 혼란스러워서 도무지 어떻게 기도해야 할지 알 수 없었기 때문이다. 나는 하나님의 약속을 붙잡았고, 그분의 임재를 나 자신에게 상기시키려고 애썼지만 무척 힘들었다. 한밤중에 간호사가 이물질이 담긴 주머니를 교체하려고 왔을 때, 나는 어둠 속에서 깨어 누운 채로 마음의 갈피를 잡으려고 애썼다. 아내는 침대 옆에 있는 의자에서 자고 있었다. 나는 아내의 손을 잡고 울먹였다. 사실 무엇 때문에 우는지조차 알 수 없었다. 그냥 눈물이 흘러나왔다.

마침내 병원을 나와 집으로 돌아올 수 있었지만 나는 여전히 중환자였다. 나는 카테터를 삽입하고, 다리에 주머니를 매단 채로 퇴원했다. 그런 장치 때문에 앉거나 걷거나 누워서 잠을 자는 것이 매우 불편했다. 그런 장치에 익숙하지 않았기 때문에 모든 것이 엉망진창이었다. 굴욕감이 느껴졌고, 약간 비인간적인 듯한 생각마저 들었다. 그러나 하나님은 선하시다고 믿었기 때문에 어떻게 해서든 그분의 선하심을 의지하려고 최선을 다했다. 기력이 조금 회복되자 나는 다리에 주머니를 매단 채로 집회에 나가 말씀을 전했다. 그럴 때마다 매번 집회 시간을 잘 견뎌 낼 수 있을지 두려운 마음이 들었다.

퇴원한 뒤 의사를 다시 만났을 때 나는 내 신장이 심각하게 훼손되었다는 말을 들었고, 앞으로의 치료를 맡아 줄 신장병 전문의를 소개받았다. 그 신장병 전문의는 내 신장 기능의 65퍼센트가 상실되었고, 훼손된 신장은 다시 회복되지 않는다고 말했다. 나는 신장 훼손으로 인한 영구적인 후유증에 대한 긴 설명을 듣고 무거운 마음으로 진료실에서 나왔다. 그것은 나의 육체적인 시련의 끝이 아닌 시작이었지만 그때만 해도 그런 사실을 거의 눈치 채지 못했다.

그로부터 얼마 지나지 않아 약간 큰 수술이 필요하다는 것을 알게 되었다. 퇴원한 지 불과 몇 달도 되지 않았기 때문에 충격이 컸다. 이제 겨우 몸을 추슬러 사역을 재개하기 시작했는데 다시 사역을 중단하고 주저앉아야 할 상황이었다.

그런 상황에 처한다면 누구나 하나님이 무슨 일을 하고 계시는지 궁금한 생각이 들면서 그분의 지혜와 선하심과 사랑을 의심하려는 유혹을 느끼지 않을 수 없을 것이다. 나도 그런 유혹을 느꼈지만 거기에 굴복하지는 않았다. 절망과 혼란 속에서 나는 하나님의 약속을 붙잡았다. 그러나 크게 낙심이 되는 것은 어쩔 수 없었다. 그 모든 상황을 도무지 이해할 수 없었기에 무척 고민스러웠다. '나의 사역이 가장 큰 영향력을 발휘하는 순간에 이렇게 형편없이 약해지다니 도대체 어찌된 일인가?' 하는 생각이 들었다.

  수술이 끝났을 때, 이제는 정상적인 일상으로 되돌아갈 수 있을 것이라고 생각했다. 하지만 그러지 못했다. 수술을 하고 병원에 머물다 퇴원한 지 약 석 달 만에 또다시 수술이 필요하다는 말을 듣게 되었다. 신장을 위태롭게 만드는 반흔 조직이 나타났고, 신장이 이미 많이 훼손된 상태이기 때문에 수술이 불가피하다는 것이었다. 2차 수술 날, 나는 새벽 4시 30분에 병원으로 향했다. 수술도 걱정이었지만 그 후의 일이 더욱더 염려스러웠다. 또다시 나의 생활과 사역을 중단하고 몸을 회복시키는 과정을 되풀이해야 했기 때문이다. 그러나 나에게는 그런 상황을 막을 힘이 없었기에 묵묵히 따라야 했다.

  물리적인 고난은 인간의 자율성과 자기만족이 헛된 망상임을 일깨운다. 만일 우리가 스스로 가지고 있다고 생각하는 통제력을 실제로 가지고 있다면 어려운 일을 겪을 사람이 아무도 없을 것이다. 그 누구도 병에 걸리거나 육체적인 고통을 겪는 것을 선택하지 않을 것이다. 육체적으로 연약해지거나 무능력해진 상태를 원할 사람이나 일상이 중단되는 것을 좋아할 사람은 아무도 없다. 물리적인 고통은 우리의 삶이 다른 누군가의 손에 달려 있다는 현실을 깨우쳐 준다. 물리적인 고난은 우리가 초라하고 의존적인 존재임을 상기시키고, 우리에게 있는 약간의 힘과 통제력마저도 일순간에 앗아가 버린다. 고난이 닥치면 인간의 자율성이 헛된 망상일 뿐이라는 사실이 신속하게 드러난다.

내가 겪었던 일은 많은 점에서 나를 낙담하게 만들었을 뿐 아니라 깊은 겸손을 일깨워 주었다. 몸이 연약해지자 이전에 나에게서 보지 못했던 것들을 보고 인정할 수 있게 되었다. 몸이 병들자 나 자신은 물론 하나님과의 관계에 대해 내가 전에 가졌던 생각이 새롭게 바뀌었다. 구체적으로 나는 당시의 경험을 통해 그리스도를 믿는 믿음이라고 생각했던 것이 실상은 나 자신의 육체적인 힘과 나의 생산적인 능력을 믿었던 자신감과 교만에 지나지 않았다는 사실을 깨닫게 되었다.

나는 나이에 비해 체력이 좋았고, 원기가 왕성했다. 크게 피곤함을 느낀 적도 없었고, 잠도 많이 자지 않았으며, 늘 활기차게 일할 수 있었다. 교만하게도 나는 잠이란 그저 또 다른 생산적인 하루를 보내기 위해 어쩔 수 없이 잠시 활동을 멈추는 것일 뿐이라고 말하곤 했다.

고난은 우리가 지금까지 무엇을 의지하고 있었는지를 여실히 보여 준다. 육신이 병들었을 때 소망을 잃게 된다면 그것은 주님께 소망을 두지 않았다는 증거다. 나는 내가 믿음이라고 생각했던 것이 실상은 자기의존이었다고 겸손하게 고백하지 않을 수 없었다.

그러나 나에 대한 하나님의 손길은 그것으로 멈추지 않았다. 수술, 입원, 한동안 중단된 삶, 그것이 전부가 아니었다. 약 4개월이 지난 후, 몸이 아직 온전히 회복되지도 않은 상태에서 다시 수술을 받아야 했다. 또다시 반흔 조직이 생겨 폐색이 초래되는 바람에 신장이 위태로워졌다. 수술을 할 때마다 카테터를 삽입해야 했고, 다리에 주머니를 매달아야 했다. 또한 수술은 많은 통증을 유발시켰고, 몸을 극도로 무기력하게 만들었으며, 수면 장애를 초래했고, 마음과 생각 속에서 치열한 영적 싸움을 일으키면서 이 타락한 세상에서 고통받는 사람 누구나 겪는 유혹을 느끼게 했다. 그럴 때마다 나는 고난이 영적 싸움이라는 사실을 다시금 상기해야 했다.

나는 아내에게 "옛날의 나로 돌아간다면 원이 없겠소."라고 여러 차례 말하곤 했다. 그 말에는 당시에 내가 느꼈던 절망감이 고스란히 담겨 있다. 과거의 나, 곧 의학적인 치료가 필요 없는 몸을 가지고 원기 왕성하게 활동하던 상태로 되돌아가고 싶은 마음이 간절했다. 미친 듯이 바쁜 일정을 소화하면서도 스트레스나 피로를 전혀 느끼지 않았던 과거의 내가 그리웠다. 아프고 무기력하고 피곤한 것이 싫었다. 연이은 수술의 덫에서 헤어나올 수 없는 상황이 싫었다. 물론 하나님을 미워하지는 않았다. 나의 신학을 포기하지도 않았고, 하나님을 나의 법정에 세워 판단하거나 그분의 지혜와 사랑을 의심하지도 않았지만, 나의 삶에 불쑥 끼어든 것을 받아들이기가 몹시 힘들었다. 겉으로 볼 때도 멀쩡하지 않았고, 마음도 우울했으며, 하나님께서 맡기신 일을 할 수 있는 힘도 없었다. 몇 시간이라도 글을 쓰고 싶었지만 심신이 무기력해서 대부분의 시간을 의자에 우두커니 앉아 있어야 했다.

전에는 자 본 적 없는 낮잠을 자야만 하루를 견뎌 낼 수 있었다. 그동안 나는 낮잠을 자지 않고는 배기지 못하는 사람들을 놀리곤 했다. 그러던 내가 이제는 낮잠을 자기 원했다. 너무나 황당하고 실망스러웠다. 변해 버린 나의 모습이 몹시 낯설었고, 내가 느끼는 무력감은 말로 형용하기 어려웠다. 이 모든 일을 겪고 있는데 또 한 차례의 수술이 필요하다는 나쁜 소식을 들어야 했다. 여기에서 이야기를 좀 줄이자면 나는 2년 동안에 무려 여섯 차례의 수술을 연거푸 받았다. 몸을 회복할 시간이 충분하지 않았다. 증상이 계속 나타났고, 몸은 계속 허약해졌으며, 마음속에서는 거센 싸움이 지속되었다. 그 누구라도 동일 부위에 여러 차례 수술이 가해지면 견딜 수 없을 것이다. 나는 신장을 구하려다가 몸의 다른 부위가 회복할 수 없는 지경에 이를까 봐 두려웠다.

여섯 번째 수술은 가장 크고 힘든 수술이었다. 외과의사는 건강한 조직까지 훼손하는 고통스런 수술인데다가 회복이 힘들고 오래 걸리기 때문에 가급적 집도를 피하려 했다. 그러나 수술을 하지 않으면 안 될 상황이었다. 너무 힘들고 고통스런 수술이어서 수술 후에는 두 달 동안 집 안에만 틀어박혀 있어야 했다.

마지막 큰 수술이 끝나고 6개월이 지났다. 앞으로도 내가 어떤 물리적 시련을 겪게 될지 알 수 없다. 증세는 그런 대로 견딜 만하지만 육체적으로 온전하지 못한 사람이 되고 말았다. 앞으로는 이전과 같이 사역할 수 없을 것이 분명하다. 중요한 장기가 심하게 훼손되었기 때문에 늘 제약이 따를 것이다. 또한 지금까지 나의 사역을 위한 비용은 주로 주말 집회를 통해 충당되었기 때문에 나의 물리적인 고난으로 인해 나뿐 아니라 사역 팀에도 경제적인 압박이 가해졌다. 우리는 우리 중 아무도 원하지 않는 힘든 결정을 내려야 했고, 물을 필요 없었던 어려운 질문을 꺼내야 했으며, 이전보다 더욱 진지한 태도로 우리가 하나님께 의존하고 있다고 고백하지 않으면 안 되었다. 그리고 우리 스스로는 결코 선택하지 않았을 새로운 상황을 허락하신 하나님께 감사해야 했다.

나의 이야기로 이 책을 시작하는 이유

고난은 추상적이거나 이론적이거나 비인격적인 일이 아니다. 고난은 현실적이고, 구체적이고, 인격적이고, 실제적이다. 성경은 고난을 개념이나 관념이 아닌, 인간이 경험하는 생생한 현실로 제시한다. 성경은 고난을 에둘러 말하거나 윤색하지 않으며, 이 타락한 세상에서 인간이 경험하는 가혹한 현실을 축소하지 않는다. 그로써 현실을 부정하는 태도를 버리고, 솔직하고 겸손하도록 이끈다. 사실 성경이 전하는 이야기들은 매우 기괴하고 암울하다. 그 모든 것을 누군가 비디오로 제작한다면 보고 싶어 할 사람이 아무도 없을 것이다. 그 정도로 성경은 고난을 정직하게 다룬다. 또한 성경은 고난당하는 사람을 멸시하지도 않고, 그의 고통을 우습게 여기지도 않으며, 그의 울부짖음을 외면하지도 않고, 고뇌와 갈등으로 발버둥 치는 그를 단죄하지도 않는다. 성경은 고난당하는 사람에게 모든 것을 이해하시고, 염려하시며, 자신에게 도움을 구하기 바라실 뿐 아니라 언젠가는 모든 종류의 고난을 영원히 없애 주겠다고 약속하시는 하나님을 제시한다. 바로 이런 사실 때문에 성경은 고난에 대해 매우 솔직하면서도 영광스러운 소망을 일깨운다. 뿐만 아니라 성경은 고난의 이야기를 솔직하게 전하는 것에 그치지 않고, 참되고 구체적인 희망을 전한다.

고난에 대한 이론적인 책을 쓸 생각은 추호도 없다. 왜냐하면 그런 책은 고난에 대한 성경의 가르침을 비성경적으로 다루는 것이라고 생각하기 때문이다. 고난의 흙탕물과 핏물이 튀어 우리를 얼룩지게 만드는 생생한 현실을 토대로 고난에 대한 모든 논의가 전개될 것이다. 이것이 내가 나의 이야기, 곧 지금도 내가 여전히 매일 겪고 있는 이야기로 서두를 시작한 이유다. 지난주에 나는 하룻밤을 자는 둥 마는 둥 지새웠다. 무력감이 물밀 듯 밀려들었고, 중요한 장기가 영구히 파손되었기 때문에 고통이 결코 끝나지 않을 것이라는 사실이 또다시 생각났다. 나는 이 책이 고난당하는 사람들과 함께 살면서 그들의 부르짖음을 대변하고, 그들이 고뇌하는 문제를 현실적으로 다루기를 바란다.

이 책은 구원사의 핵심 주제인 정직하고, 웅장하고, 소망 가득한 고난의 신학을 고난당하는 한 사람의 이야기 속에 옮겨다 놓은 것이다. 아름다운 진리들을 인간의 고통과 고뇌와 결부시켜 이해하고 제시하는 데 그 초점이 있다. 성경이 가르치는 고난의 신학은 그 자체가 목적이 아니라 실질적인 위로와 인도와 보호와 신념과 소망을 가져다주기 위한 수단이다. 성경의 가르침을 구체적으로 다루면 진부함과 현실 부정의 늪에서 벗어나 솔직하고 구체적인 이해에 도달할 수 있다.

지금 고난을 겪고 있다면 나와 함께 이 여정을 시작하자고 권하고 싶다. 이 책이 모두가 겪는 고뇌를 적절하게 대변하고, 고통 속에서 조금이나마 안식을 느끼게 해 주면 좋겠다. 만일 고난을 겪고 있지 않다면 주변을 돌아보기 바란다. 가까운 곳에서 누군가 고난을 당하고 있을지 모른다. 이 책은 그런 사람들을 이해할 수 있게 도울 뿐 아니라 그들을 사랑하고, 그들과 동행하며, 그들의 짐을 덜어 줄 방법을 일깨워 줄 것이다. 또한 지금은 고난을 겪고 있지 않더라도 언젠가는 그렇게 될 수 있다. 고난은 어떤 식으로든 모든 사람에게 찾아오기 마련이다. 고난이 다가오는 것이 분명하게 보일 때도 있고, 느닷없이 기습해 오는 경우도 있을 것이다. 분명한 것은 모두에게 찾아온다는 것이다. 그 이유는 우리가 서로에게 고난을 초래하는 불완전한 사람이며, 우리의 현주소인 이 타락한 세상의 불행을 온전히 피할 수 없기 때문이다.

하나님의 말씀은 뛰어난 실천적 지혜를 담고 있다. 또한 그분의 임재와 권능은 지극히 영광스럽고, 그분의 긍휼은 아침마다 새롭기 때문에 우리는 고난을 애써 외면할 필요가 없다. 오히려 그러한 현실을 열린 마음으로 기대감을 가지고 바라볼 수 있다. 구원의 소망은 단지 영원을 위한 것만이 아니다. 그것은 힘차게 약동하는 현재의 소망이다. 그 소망은 지금 이 순간, 이곳에서 우리 주님이 우리 안에 계시고, 우리와 함께하시며, 우리를 위하신다는 사실에 근거한다. 이 진리는 우리에게 이미 닥쳤거나 앞으로 닥치게 될 고난을 이해하고, 경험하고, 거기에 반응하는 방식을 획기적으로 바꾸어 놓는다. 그러므로 예수 그리스도 안에 있는 하나님의 은혜가 미치지 못할 만큼 깊은 고난의 골짜기는 없다는 것을 알고, 복음이 주는 용기로 힘차게 나아가자.

질문과 적용

1. 저자의 건강이 위기를 맞이한 상황에서 하나님의 섭리가 어떻게 작용했다고 생각하는가?

2. 저자는 하나님의 약속을 붙들고, 그분의 도우심을 간구했다. 하나님을 이해하고 의지하는 믿음은 고난의 때에 어떤 도움을 주는가?

3. 저자는 "성경은 고난당하는 사람을 멸시하지 않는다"고 했다. 이 말에서 어떤 용기를 얻는가?

4. 고난의 본질은 영적 싸움이라고 생각해 본 적이 있는가?

5. 자신의 소망이 "지금 이 순간, 이곳에서 우리 주님이 우리 안에 계시고, 우리와 함께하시며, 우리를 위하신다는 사실에 근거한다"고 생각하며 기도하면 고난을 바라보는 시각이 어떻게 달라질 수 있는가?

더 깊이 묵상하기

시편 13:1-6, 27:1-14
이사야 43:1

고난은 마음속에 있었던 것을 드러낸다. 시련은 우리 안에 있는 것을 드러내는 놀라운 능력을 지녔다. 시련을 통해 우리의 참된 생각과 욕망이 드러난다. 우리가 삶의 목적을 어디에 두고, 어디에서 의미를 추구하며 소망을 찾으려 했는지가 선명하게 나타난다. 특히 고난은 우리가 하나님과 어떤 식으로 관계를 맺고 있는지 분명하게 보여 준다.

2
고난은
중립적이지 않다

내가 겪은 고난이 중립적이라고 말할 수 있으면 좋겠지만 사실은 그렇지 못하다. 고난은 그 누구에게도 중립적이지 않다. 고난당하는 사람 모두가 이해해야 하는 한 가지 사실이 있다. 그것은 바로 **고난을 당하는 사람 누구나 '단순히 현재 일어난 고난을 겪는 것이 아니라 스스로가 그 일을 대하는 방식대로 고난을 겪게 된다'**는 것이다.

우리는 진공 상태로 고난을 당하지 않는다. 우리는 항상 경험, 기대, 전제, 관점, 소원, 의도, 결정이 가득 들어 차 있는 가방을 들고 고난을 겪는다. 우리의 삶은 우리가 겪는 고난뿐 아니라 고난을 대하는 우리 자신에 의해 형성된다. 우리 자신, 삶, 하나님, 다른 사람들을 바라보는 우리의 관점이 우리에게 찾아온 고난에 대한 생각과 태도와 반응에 영향을 미친다.

인정하기 부끄럽지만 내가 육체적인 고난을 겪을 때 미처 의식하지 못했던 두 가지 요소가 고난을 겪는 내내 나의 태도와 반응에 영향을 미쳤다. 그중 하나는 '교만'이었다.

나는 내 안에 그렇게 많은 교만이 도사리고 있는지 몰랐다. 나는 육체적인 건강과 업적을 자랑했다. 병들기 전 약 3년 동안 나는 몸무게를 18킬로그램이나 줄였고, 식단을 완전히 바꾸었으며, 좀 더 적극적으로 운동을 하기 시작했다. 효과가 있었다. 체중이 계속 줄어들었고, 이전보다 더 젊고 활력이 넘치는 느낌이 들었다. 나의 탄탄해진 몸이 자랑스러웠고, 건강에 큰 자신감이 생겼다. 육체적으로 강해졌기 때문에 더욱 생산적으로 일할 수 있을 것이라고 자신할 만큼 자만심이 컸다. 매 주말마다 세계 곳곳을 돌아다니며 집회에서 말씀을 전했고, 틈틈이 여러 권의 책을 집필했다. 지금 되돌아보니 내가 무슨 불사신이라도 된 것처럼 살았다. 나는 젊은 사람이 아니었지만 최고의 인생을 살고 있다는 느낌이 들었다. 건강과 성공은 넋을 빼앗을 만큼 매혹적이지만 쉽게 상할 만큼 취약하기도 하다.

내가 중병에 걸려 남은 인생을 피곤해하며 무기력하게 살 수밖에 없다는 사실을 알게 되었을 때의 충격은 단지 육체뿐 아니라 정신과 영혼에까지 영향을 미쳤다. 나는 단지 육체적인 고통만 겪은 것이 아니었다. 내가 천하무적이라는 환상과 막강한 생산력을 자랑하는 자부심이 깨지는 데서 비롯한 고통이 그보다 훨씬 더 컸다. 그것은 미묘하면서도 깊이 스며들어 있는 정체성의 문제였다. 나의 정체성이 그리스도 안에 굳게 자리 잡고 있다 생각했고, 또 그런 생각이 아주 틀린 것은 아니었지만 내면 깊숙한 곳에는 결국 자기의존이라는 인위적인 요소가 도사리고 있었다.

고난이 닥치면 다음과 같은 일이 벌어진다. 그동안 의지해 왔던 것이 와해되면 단지 그것만 잃는 것이 아니라 그것이 제공했던 정체성과 안정감을 함께 잃는다. 이 책을 읽는 지금 자신이 계획하지 않은 일을 겪고 있는 상황이라면 잘 이해가 되지 않겠지만, 우리의 일상적인 삶의 일부가 된 연약함이 오히려 하나님의 은혜를 드러내는 중요한 수단이 된다(고후 12:9 참조).

내 경우에도 두 가지 유익이 있었다. 첫째, 고난은 내가 알지 못했던 '자아라는 우상'을 밝히 드러냈다. 나는 육체적인 건강과 왕성한 생산력에 대한 자만심에 도취된 나머지 나 스스로 이룰 수 없는 일을 마치 나 혼자 이룬 것처럼 생각했다. 하나님은 나의 육체를 창조하셨고, 또한 통제하신다. 하나님께서 내가 매일 사용하는 은사들을 선물로 주셨다. 육체적인 건강과 생산력은 자기의존과 자만심을 부추기는 요인이 아니라 더욱 깊은 감사와 예배를 독려하는 요소로 작용해야 마땅하다. 나의 연약함이 드러나 더 이상 내가 생각하는 나를 입증해 보이려고 애쓰지 않도록 깨우쳐 준 하나님의 은혜가 참으로 감사하다.

이밖에도 새롭게 깨닫게 된 놀라운 유익이 하나 더 있다. 우리는 육체적인 연약함을 싫어한다. 왜냐하면 그것이 하나님을 신뢰하는 데 걸림돌이 된다고 생각하기 때문이다. 그러나 내 설명을 들어보라. 연약함은 단지 언제나 사실이었던 것, 즉 우리가 평생토록 생명과 호흡을 비롯해 모든 것을 하나님께 온전히 의존하고 있다는 진리를 보여 준다. 연약함은 나에게 끝이 아닌 새로운 시작이었다. 연약함은 진정한 능력을 발견할 수 있는 상황을 제공한다.

바울은 고린도후서 12장 9절에서 자신의 약한 것을 자랑하겠다고 말했다. 처음 읽을 때는 이상한 헛소리처럼 들리지만 사실은 그렇지 않다. 바울은 자신의 연약함 안에서 하나님의 "능력이 온전하여 진다"는 것을 깨달았다. 우리가 두려워해야 할 것은 연약함이 아니다. 우리가 강하다는 망상이다. 강한 사람은 도움을 구하려 하지 않는다. 왜냐하면 도움이 필요 없다고 생각하기 때문이다. 우리가 연약하다는 것이 드러나면 그리스도 안에서 우리에게 주어진 무한한 하나님의 능력을 경험할 수 있다. 나도 나의 연약함 속에서 전에 알지 못했던 능력을 발견할 수 있었다.

고난에 대한 나의 태도와 반응에 영향을 미친 두 번째 요소는 '**비현실적인 기대**'다. 우리는 고난을 당해도 놀라지 말아야 하는데 항상 놀란다. 나도 마찬가지였다. 인정하기 부끄러운 사실이다. 왜냐하면 타락한 현실을 염두에 두고 사는 삶에 관해 책을 한 권 저술한 적이 있기 때문이다.[1]

나는 질병으로 인한 나의 고난에 나의 신학을 정직하게 적용해 보았

---

1) Paul David Tripp, Broken-Down House: Living Productively in a World Gon Bad (Wapwallopen, PA: Shepherd Press, 2009).

다. 그러자 내가 구원을 탄식하며 부르짖는 세상에서 살고 있다고 믿으면서도 정작 내 속에는 다른 생각이 숨어 있는 것이 드러났다. 그것은 내가 늘 강하고 건강했기 때문에 항상 그럴 것이라는 기대감이었다. 나의 삶과 가정생활과 사역에는 내면의 연약함이나 외부의 어려움 따위는 존재하지 않았다. 아니, 사실 그 어떤 방해 요인도 고려되지 않았다. 나 자신에 대한 생각과 계획은 거의 대부분 인간의 삶과 계획을 방해하는 요인들이 계속해서 비껴 나갈 거라는 비현실적인 기대감에 근거했다. 그러나 하나님은 세상이 그런 식으로 작동하도록 설계하지 않으셨다.

나만 유독 그런 것이 아니다. 하나님은 나를 잊거나 외면하지 않으셨다. 나의 선택 때문에 징벌을 받은 것도 아니고, 그릇된 결정 때문에 당연한 결과를 겪게 된 것도 아니었다. 나의 이야기는 죄로 인해 심각하게 훼손된 세상에 살고 있는 우리 모두가 흔히 겪는 일들에 관한 것이다.

이 세상에는 질병과 우환이 존재하고, 육체는 쇠약해지거나 기능을 상실한다. 우리는 이 세상에서 종종 만성적인 고통에 시달리기도 하고, 때로는 예리한 고통으로 괴로워하기도 하면서 거의 살아갈 수 없는 지경에 이르곤 한다.

우리는 사람들이 죽고, 음식물이 썩고, 전쟁이 일어나고, 정부가 부패하고, 남의 것을 강탈하고, 서로에게 폭력을 가하고, 배우자들이 서로를 증오하고, 어린아이들이 보호가 아닌 학대를 당하고, 사람들이

굶어 죽거나 갑작스레 질병으로 죽고, 성적으로 난잡하고, 성 정체성이 혼란스럽고, 마약에 중독되어 파멸하고, 험담을 일삼아 타인의 명예를 깎아내리고, 정욕과 탐심이 마음을 지배하고, 앙심과 원한이 암처럼 자라는 등 온갖 악과 재난이 난무하는 세상에서 살아가고 있다.

성경은 소심하게 이야기하지 않는다. 언제나 우리 모두의 현주소인 세상의 본질을 있는 그대로 보여 주며 정확하게 경고한다. 극적인 삶의 이야기든, 교훈을 주는 교리든, 잘 사는 법을 가르치는 지혜의 원리든, 성경은 항상 우리를 옳게 준비시켜 두려워하지 않고 우리에게 닥칠 일들을 대비하도록 이끈다. 하나님은 우리가 현실적인 기대를 가지고 살면서 어려움이 닥치더라도 충격과 두려움과 공포에 완전히 짓눌리지 않고, 믿음과 침착함과 자신 있는 선택으로 그것을 견뎌 내도록 우리에게 필요한 모든 것을 공급하신다.

나의 신학은 틀리지 않았지만 나의 기대는 비현실적이었다. 비현실적인 기대는 고난을 더욱 힘들게 만든다. 내 말의 요점은 나 자신이 "단순히 현재 일어난 고난을 겪는 것이 아니라 스스로가 그 일을 대하는 방식대로 고난을 겪는다는 것"을 보여 주는 산 증인이라는 것이다.

우리는 우리 자신이 고난을 대하는 방식대로 고난을 겪는다. 모두가 고난을 겪지만 그것을 겪는 방식은 제각각 다르다. 그 이유는 고난을 대하는 태도와 생각이 자신의 고난에 영향을 미치기 때문이다.

이 점을 이해하는 것은 매우 중요하다. 우리의 고난이 우리의 육체나 주변 세상에 있는 것보다 우리의 마음속에 있는 것에 더 큰 영향을 받는다는 것이 이 책에서 말하려는 핵심 주제다. 내 말을 오해하지 말기 바란다. 나의 고난은 현실이었고, 육체의 기능이 장애를 일으킨 것도 현실이었다. 나의 신장이 망가진 것도 현실이고, 내가 겪었던 고통도 현실이었으며, 이제 나의 일상이 된 연약함도 엄연한 현실이다. 그러나 내가 이 모든 혹독한 현실을 경험하는 방식은 내 마음속에 있는 생각과 기대와 꿈과 두려움과 바람과 전제에 의해 형성된다.

이는 다른 사람들도 똑같다. 육체적이든, 관계적이든, 우연이든, 상황에 대한 우리의 반응은 언제나 우리가 겪는 일보다 우리 안에 있는 것에 더 크게 영향을 받는다. 이것이 똑같이 어려운 상황에 처했는데도 사람들의 반응이 제각기 다른 이유다. 이런 이유 때문에 잠언의 저자는 다음과 같이 조언했다.

> 모든 지킬 만한 것 중에 더욱 네 마음을 지키라. 생명의 근원이 이에서 남이니라(잠 4:23).

무슨 일을 겪든지 그에 대한 우리의 반응과 결정과 태도와 선택은 시냇물처럼 우리의 마음에서 흘러나온다. 마음은 인격의 중추다. 시냇물이 마른 땅을 적시는 것처럼 마음은 모든 것에 영향을 미치는 원천이다. 고난을 당하면 마음의 참된 생각과 태도와 전제와 소원이 그 모습을 드러낸다. 따라서 고난에 대한 우리의 어떤 생각과 태도가 우리에게 어려움을 안겨 주는지를 생각하면 도움이 될 수 있다.

고난을 대하는 사람들의 생각과 태도

고난에 대한 사람들의 생각과 태도 가운데 고난의 고통을 더욱 가중시키는 몇 가지 요인을 간추려 나열하면 다음과 같다.

1. 그릇된 신학

모든 인간은 신학적으로 생각하며 살아간다. 의식하든 의식하지 못하든 우리는 각자가 경험하는 모든 일을 해석하고 처리하는 방식에 영향을 미치는, 잘 다듬어진 개인의 세계관을 소유하고 있다. 그런 세계관을 통해 우리는 '하나님은 어떤 분이신가?' '그분은 지금 무엇을 하고 계시는가?' '그분이 그 일을 하시는 이유는 무엇인가?' '나는 누구인가?' '내 삶의 이유는 무엇인가?' '어떻게 사는 것이 성공적인 삶인가?' '무엇이 옳고, 무엇이 틀렸는가?' '어떤 일들이 일어나는 이유는 무엇인가?' '어디에서 희망과 목적과 동기를 발견할 수 있는가?'와 같은 질문에 대답한다. 이것은 모든 사람이 묻고 대답하는 문제들 가운데 몇 가지만 추린 것이다.

언제나 생각이 먼저 떠오르고, 그것이 행동을 결정하기 때문에 고난과 시련의 때에 우리가 지니고 있는 신학은 매우, 참으로 매우 중요하다. 두 가지 사례를 들어 그릇된 신학이 고난을 어떻게 더 악화시키는지 설명하겠다. 첫 번째는 '내가 고난을 겪는 이유는 하나님이 내 죄를 징벌하고 계시기 때문이다.'라는 생각이다.

수(Sue)는 자신의 육체를 괴롭히는 심각한 질병뿐 아니라 고통스런 죄책감과 수치심에 시달려야 했다. 그 이유는 자신의 병이 스스로가 저지른 잘못된 선택과 결정에 대한 하나님의 징벌이라고 생각했기 때문이다. 그녀는 하나님께로 달려가야 할 때 오히려 그분과 그분의 백성으로부터 도망쳐 숨으려고 애썼다. 그녀는 자신이 마땅히 받아야 할 징벌을 받고 있다고 생각했다. 수와 같은 생각은 그릇된 신학에 근거한다. 성경은 그리스도께서 우리 죄에 대한 죄책감과 수치심과 징벌을 단번에, 완전하게 짊어지셨다고 가르친다. 그리스도 예수 안에 있는 자들에게는 결코 정죄함이 없다(롬 8:1-4 참조). 우리의 고난은 우리가 저지른 죄에 대한 직접적인 징벌이 아니다.

혹독한 상황, 심지어 삶을 완전히 뒤바꿔 놓는 상황을 견디는 중에 하나님의 기준에 미치지 못한 탓으로 그런 고통을 겪고 있다는 생각에 시달린다면 크게 낙심할 수밖에 없다. 하나님께 징벌을 받고 있다고 생각하면 그분께로 달려가서 도움을 구하거나 그분의 돌보심에 의지하거나 그분의 사랑을 확신하기 어려워질 뿐 아니라 언제든 그분의 긍휼을 매일 새롭게 구할 수 있다는 믿음을 갖기가 불가능해진다. 또한 하나님께서 내가 받아 마땅한 형벌을 내리고 계신다고 생각하면 그분의 은혜를 기대하기 힘들어진다. 성경은 우리의 고난을 결코 그런 식으로 해석하지 않는다. 오히려 성경의 해석은 그와 정반대다.

성경은 고난을 우리가 저지른 그릇된 일과 연관시키지 않는다. 우리 삶의 시련과 어려움을 하나님께서 우리를 위해 원하시고, 또 우리 안에서 이루려고 애쓰시는 선한 일과 연관시킨다(약 1:2-4 참조).

두 번째 경우는 로마서 8장 28절("우리가 알거니와 하나님을 사랑하는 자 곧 그의 뜻대로 부르심을 입은 자들에게는 모든 것이 합력하여 선을 이루느니라")을 잘못 이해한 데서 비롯한다. 안타깝게도 이 구절을 우리가 겪는 모든 일이 결국에는 다 잘될 것이라는 약속으로 이해하는 사람이 많다. 그런 이해는 우리가 겪는 고난이 행복한 결말을 맞이하게 될 것이라는 비현실적인 기대감을 품게 함으로써, 고난이 멈추지 않고 지속되거나 삶을 영구적으로 바꾸어 놓는 결과를 가져다줄 경우 하나님께서 약속을 이루지 못하셨다고 결론짓게 만든다.

짐(Jim)은 로마서 8장 28절에 대해 배운 적이 있기 때문에 자신이 잃어버린 것들이 확실하게 복구될 것이라고 믿어 의심하지 않았다. 그는 믿었던 사람에게 사기를 당해 재산을 모두 잃었다. 안정적인 회사 임원의 신분에서 시간제 근로자로 전락했지만 처음 몇 년 동안은 모든 것이 다 잘될 것이라는 생각으로 버텼다. 그러나 해가 거듭되면서 짐의 분노와 실망도 점차 커져 갔다. 그는 성경공부 소그룹 모임에 나가지 않더니 급기야 교회 출석을 아예 중단했다. 그릇된 이해에 근거한 기대감 때문에 하나님을 원망하는 마음이 생겨났다. 그런 기대감은 결국 짐의 삶에 그가 겪은 막대한 손실보다 훨씬 더 큰 영향을 미쳤다.

문맥을 고려하지 않고 로마서 8장 28절을 해석하면 그 의미를 잘못 이해할 수밖에 없다. 성경구절을 옳게 이해하려면 성경으로 성경을 해석한다는 원리를 기억해야 한다. 이 구절이 전하는 참된 소망을 바르게 이해하려면 바울이 말한 "선"의 의미를 정확하게 파악해야 한다.

그 의미는 로마서 8장 29절과 30절에 나와 있다. 즉 이 구절에 보장된 "선"은 우리의 구원을 가리킨다. 하나님은 세상을 창조하시기 전에 이미 어떤 일이 있어도 우리 안에서 시작하신 구원사역을 이루기로 작정하셨다. 이는 고난의 때에도 우리가 의지해야 할 은혜가 불확실하거나 위태롭게 되는 일은 결코 없을 것이라는 의미다.

이처럼 선은 창세전에 작정된 하나님의 구원 계획을 뜻한다. 우리 안팎의 일들이 손상되거나 위태로워지더라도, 그 무엇도 우리의 궁극적인 안전을 침해하거나 방해하거나 해칠 수 없다. 이 놀라운 구절을 옳게 이해하면, 주위를 아무리 돌아봐도 희망이 보이지 않을 때조차 희망을 잃지 않을 수 있다.

지금까지 두 가지 사례를 들어 그 자체만으로도 이미 충분히 힘든 고난을 겪는 동안에 그릇된 신앙이 어떤 해로운 영향을 미치는지 살펴보았다. 수와 짐은 고난을 겪었을 뿐 아니라 자신들의 그릇된 신학으로 그 고통을 더욱 가중시켰다.

2. 하나님에 대한 의심

고난은 마음속에 있었던 것을 드러낸다. 시련은 우리 안에 있는 것을 드러내는 놀라운 능력을 지녔다. 시련을 통해 우리의 참된 생각과 욕망이 드러난다. 우리가 삶의 목적을 어디에 두고, 어디에서 의미를 추구하며 소망을 찾으려 했는지가 선명하게 나타난다. 특히 고난은 우리가 하나님과 어떤 식으로 관계를 맺고 있는지 분명하게 보여 준다.

다음 장에서 이 주제를 자세하게 다룰 것이므로 여기에서는 길게 언급하지 않겠다. 한마디만 덧붙인다면 하나님의 임재나 약속, 그분의 선하심이나 신실하심을 의심할 경우에는 고통이 훨씬 더 가중된다는 것이다.

3. 삶에 대한 비현실적인 기대

1장에서 이미 비현실적인 기대에 대해 말했지만 여기에서 다시 이 주제를 두 가지 범주로 나눠 살펴보려 한다. 이 두 가지를 오랫동안 의식하지 못한 채 그냥 지나치는 사람들이 많다. 첫 번째는 현재의 상태가 그대로 늘 지속될 것이라는 기대다. 로마서 8장 21절은 우리가 살고 있는 세상이 "썩어짐의 종노릇"을 하고 있다고 말한다. 여기에서 "썩어짐"은 현실의 본질적 속성을 가리킨다. 그대로 머물러 있는 것은 아무것도 없다. 우리 주위에 있는 선한 것들은 어떤 식으로든 항상 공격을 당한다. 변화는 지속적인 현실이다. 그러나 우리는 오늘 우리가 가지고 있는 것이 내일은 물론 앞으로도 계속 우리에게 머물러 있을 것이라고 착각하는 경향이 있다.

두 번째는 우리가 살고 있는 세상이 철저하게 망가진 상태라는 점을 진지하게 생각하지 않는 데서 비롯되는 기대다. 로마서 8장 22절은 우리가 "탄식하는" 세상에 살고 있다고 말한다. 우리는 무력함을 느낄 때 탄식하며, 고통스러울 때 탄식한다. 또한 무언가를 잃었을 때나 실망스러울 때도 탄식하고, 격한 감정을 표현할 말을 찾기 어려울 때도 탄식하며, 우리를 탄식하게 만든 일이 언제 끝날지 알 수 없을 때도 탄식한다. 탄식을 자아내는 이 세상의 상태를 진지하게 받아들이지 않으면 미래에 대한 순진한 기대를 품고 살다가 무방비 상태로 고난을 맞이하게 되고, 수많은 유혹에 이끌릴 가능성이 높다.

4. 다른 사람들에 대한 비현실적인 기대

우리는 우리를 포함한 모든 사람이 죄인이라는 사실을 잊을 때가 많다. 올바른 생각을 일관되게 유지하거나 순수한 마음이나 동기를 늘 지니고 살아가는 사람은 아무도 없다. 심지어 신자들의 경우에도 그들 안에 있는 죄의 권세는 깨어졌지만 죄는 여전히 남아 있다. 이 죄는 하나님의 은혜를 통해 점진적으로 제거된다. 이런 사실은 우리가 서로에게 죄를 짓고 살아갈 수밖에 없다는 의미를 갖는다.

우리 모두는 서로의 관계에서 발생하는 오해와 갈등과 상처와 그릇된 판단과 배척 등의 문제를 안고 있다. 따라서 어떤 사람을 우리의 개인적인 구원자로 삼으려는 노력은 헛수고에 지나지 않는다. 우리의 정체성을 다른 사람에게서 찾으려 하거나 누군가가 우리에게 의미와 목적을 제시해 주기 바라는 것은 아무런 유익이 없다. 다른 사람을 통해 내적인 평화를 얻으려는 시도는 비현실적이다. 완전하지 않은 인간을 행복의 원천으로 삼으려는 것은 헛된 망상이다. 우리에게는 언제나 신실하신 구원자가 계시다. 우리 주위에 있는 사람들 가운데 우리를 위해 그분 대신, 그분만이 하실 수 있는 일을 해 줄 수 있는 사람은 단 한

명도 없다. 마음속으로 누군가를 너무 크게 우러러봤다가 그를 통해 기대가 충족되지 않으면 고통만 더 가중될 뿐이다.

5. 교만

여기에서 교만은 오만함이 아닌 자만심, 곧 자기의존을 의미한다. 나처럼 자신감을 그리스도를 믿는 믿음으로 착각하는 사람들이 많다. 우리는 육체적인 힘과 건강, 명석한 생각, 사회적인 능력, 지도력과 통제력, 성공 따위를 자랑스럽게 생각한다. 우리의 힘만으로 만들어 내거나 이룰 수 없는 일에 대한 공로를 독차지하려는 경향이 있다. 우리 몸에 있는 세포와 우리 두뇌에 있는 신경 조직이 모두 하나님께 의존한다는 사실을 망각한다. 우리가 이룬 모든 성공이 우리가 결코 통제할 수 없는 힘에 의존하고, 타고난 우리의 모든 능력이 하나님의 선물이라는 사실을 쉽게 잊는다. 우리의 공로를 너무 많이 주장하면 자기 자신을 지나치게 신뢰하는 잘못을 저지를 수밖에 없다.

우리는 자신을 의지하며 살다가 느닷없이 계획하지 않은 일이나, 예기치 못한 일이나, 원하지 않은 일이나, 고통스러운 일이 닥치면 깜짝 놀란다. 그 이유는 우리의 보잘것없음과 연약함과 취약함이 그대로 드러나기 때문이다. 우리가 깜짝 놀라는 이유는 상황을 통제하기 어렵고, 무슨 일이 일어나고 있는지 이해할 수 없고, 빠져나갈 수 있는 길이 불확실하고, 준비가 전혀 안 된 상태에서 심한 무력감과 당혹감을 느끼기 때문이다.

고난은 자기의존의 위험성을 고스란히 드러낸다. 고난은 우리가 독자적으로 살지 않고, 하나님과 다른 사람들을 의존하며 살도록 설계되었다는 사실을 상기시켜 준다. 이것은 단지 죄가 세상에 들어왔기 때문이 아니다. 타락 이전의 아담과 하와도 그렇게 살아야 했다. 하나님께서 사람을 그런 식으로 살도록 창조하셨기 때문이다.

6. 물질주의

이 말에는 정의가 필요하다. 여기에서 말하는 물질주의는 물질이라는 우상을 추구하는 것, 곧 물리적인 것을 탐하는 것을 의미하지 않는다. 내가 말하려는 물질주의는 우리의 집과 소유, 육체의 건강과 직업, 예금통장과 은퇴 계획 같은 물리적인 것에서 우리의 안전과 소망을 찾으려는 경향을 가리킨다.

모든 인간은 자신의 안전을 보장해 줄 것을 찾는다. 물리적인 것에서 안전을 찾으려 하면 그것이 사라지거나 그것에 걸었던 기대가 무너질 때 모두가 갈망하는 근원적인 행복감을 상실할 수밖에 없다. 그동안 나와 상담한 사람들을 생각해 보면 직장을 잃었을 때 자포자기에 빠진 사람이 너무나도 많았다.

어떤 상황에서도 흔들리지 않는 마음의 행복은 오직 창조주 하나님을 통해서만 얻을 수 있다. 하나님께서 창조하신 물질은 우리를 위해 오직 그분만이 하실 수 있는 일을 할 수 없다. 물질이 제공할 수 없는 것을 물질을 통해 얻으려고 애쓴다면, 그것이 사라지는 순간 물리적인 손실보다 훨씬 큰 정신적인 타격을 입게 될 것이 뻔하다.

7. 이기심

죄의 핵심은 이기심이다(고후 5:15 참조). 죄는 우리 자신을 세상의 중심에 세우고, 삶이 온통 우리를 중심으로 돌아가게 만든다. 죄는 일상의 일들을 우리의 사소한 필요와 욕구와 감정을 충족시키는 데 집중시키도록 부추긴다. 죄는 사사로운 욕구와 개인적인 권리 주장과 마음에서 일어나는 온갖 요구에 이끌려 살도록 유도한다. 죄는 우리 자신의 방식을 고집하고, 우리에게 권한이 주어지지 않은 일들을 통제하기 원하며, 다른 사람들을 이용해 우리의 목적을 달성하라고 충동한다. 이 세상에서 사는 한 죄의 이기적인 본성을 온전히 극복할 수 있는 사람은 아무도 없다. 그리고 그와 같이 자기중심적인 마음의 성향은 언제나 고난을 더욱 힘겹게 만든다.

고난은 삶이 우리가 아닌 하나님에 관한 것이라는 사실을 깨우쳐 준다. 삶은 우리의 영광이 아닌 하나님의 영광을 위한 것이고, 우리의 기쁨이 아닌 그분의 기쁨을 위한 것이며, 우리를 위한 우리의 계획이 아닌 우리를 위한 그분의 뜻을 위한 것이고, 우리의 작은 왕국이 아닌 그분의 왕국을 위한 것이다. 삶은 우리의 성공이 아닌 하나님의 장엄하심을 드러내고, 우리가 아닌 그분에 의해 통제된다.

만일 삶이 우리에 관한 것이고 우리의 통제를 받는다면 고난을 당하는 일이 아예 없게 할 수 있을 것이다. 고난에 종종 믿음의 위기가 뒤

따르는 이유는 우리의 뜻과 하나님의 뜻, 우리의 영광과 하나님의 영광이 서로 충돌을 일으키기 때문이다. 우리는 이기심 때문에 어떤 종류의 고난도 유익하게 여기지 않고, 그런 일을 허락하신 하나님이 과연 선하신지 의심하기 시작한다. 우리를 세상의 중심에 세우면 우리가 겪는 고난이 훨씬 더 괴롭게 느껴질 수밖에 없다.

사라(Sarah)는 몹시 힘든 일을 겪었다. 그녀는 남편에게 속아서 버림받았고, 자녀들에 대한 양육권을 상실했으며, 경제적으로 궁핍한 처지에 이르렀다. 그녀에게 닥친 일은 참으로 끔찍했다. 그러나 그녀의 감정과 영혼이 심하게 황폐해진 이유는 단지 그런 일을 겪었기 때문만이 아니었다. 삐뚤어진 신념으로 그 상황을 바라보았기 때문이었다. 그녀는 신자였지만 하나님을 자신의 안전이나 소망의 원천으로 삼지 않았다. 그녀는 부와 사치에 매료되어 결혼했고, 아름다운 집과 유쾌한 친구들을 소유하는 것에서 만족을 느꼈다. 매일 아침 그녀를 일어나게 만든 것은 복음이 아닌 즐거운 삶이었다. 그녀를 행복하게 만든 것은 그녀 주위에 있는 것들과 그녀가 경험하는 일들이었다. 예수 그리스도의 복음은 단지 그녀의 신학이었을 뿐, 그녀가 살아가는 방식을 이끌거나 마음의 평화를 제공하는 능력이 아니었다. 그녀는 은혜로 죄를 용서받아 영원히 주님과 함께 살 것이라고 생각했지만 복음에 대한 그녀의 이해에는 커다란 공백이 존재했다. 그녀는 자신의 삶을 개인적인 구원자로 삼고, 그것이 결코 줄 수 없는 것을 얻기 위해 애썼다.

그녀의 남편인 헨리(Henry)가 결별을 선언하고 모든 것을 가져갔을 때 사라는 남편과 집, 자녀는 물론 자기 자신마저 잃고 말았다. 사라의 말을 듣고 있자니 그녀가 모든 것을 잃으면서 그동안 구원자로 여겼던 것을 잃고, 그 구원자를 잃으면서 살아갈 의지마저 잃어버린 것 때문에 그녀에게 가해진 끔찍한 죄가 더욱더 큰 위력을 떨치게 된 것이라는 생각이 들었다. 사라의 마음이 다시 힘을 얻기 시작하고, 그녀의 소망이 되살아나 다시 살기로 결심하게 된 것은 그녀가 뒤늦게나마 그런 사실을 깨달았을 때였다.

우리는 어떤 경험도 빈손으로 맞이하지 않는다. 고난이 닥쳤을 때도 우리는 항상 무엇인가를 가지고 그것을 맞이한다. 자신을 돌아보라. 지금 겪는 시련을 더욱 어렵게 만드는 무언가를 붙들고 있지 않은가? 아무리 고통스런 일을 겪더라도 우리는 하나님의 자녀이기 때문에 결코 혼자서 그 일을 감당하지 않는다는 사실을 망각하게 만드는 것이 무엇인가? 이 세상을 창조하시고 지혜와 의와 사랑으로 다스리시는 하나님께서 우리 안에, 우리와 함께 계시며, 우리를 위하신다. 그 무엇도 우리를 그분의 사랑에서 끊을 수 없다.

질 문 과 적 용

1. 신뢰와 정체성은 어떤 관련이 있는가? 당신은 지금까지 하나님 외에 다른 무엇을 신뢰해 왔는가?

2. 저자는 "우리가 두려워해야 할 것은 우리가 강하다는 망상이다."라고 말했다. 이번 장의 내용을 고려할 때 이 말은 어떤 의미를 지니는가?

3. "성경은 우리를 옳게 준비시켜 두려워하지 않고 우리에게 닥칠 일들을 대비하도록 이끈다." 고난의 때에 의지할 수 있는 성경 본문이나 성경 이야기를 찾아보라.

4. 고난을 당하면서 그것이 징벌이라는 생각 때문에 하나님을 의심해 본 적이 있는가? 그런 생각이 틀렸다는 것을 보여 주는 성경 구절은 무엇인가?

5. 고난을 대하는 생각과 태도에 영향을 미치는 요인(그릇된 신학, 하나님에 대한 의심, 삶에 대한 비현실적인 기대, 다른 사람들에 대한 비현실적인 기대, 교만, 물질주의, 이기심)을 생각해 보라. 하나님께 "저의 연약함을 알게 하시고, 제가 무엇을 의존하고 있는지 깨우쳐 주시며, 저를 보살펴 주소서."라고 기도하라.

더 깊 이 묵 상 하 기

로마서 8:1-4
고린도후서 12:9
야고보서 1:2-4.

03 분노의 덫
04 두려움의 덫
05 시기심의 덫
06 의심의 덫
07 현실 부정의 덫
08 절망의 덫

Part 2 모든 고난에는 영적 싸움이 있다

고난은 우리의 상황뿐 아니라 우리의 영혼에도 압력을 가한다. 고난은 우리가 한 번도 생각하지 않은 것을 생각하게 만들고, 우리 안에 안정되게 자리 잡고 있다고 생각했던 것들마저 의심하게 만든다. 너무도 많은 사람이 고난의 이유를 알기 위해 고심하느라 마음을 지키기 위해 싸워야 한다는 중요한 사실을 잊어버린다.

3
분노의 덫

고난은 현실이다. 고통도 현실이다. 거기에서 벗어나고자 하는 것은 정상이다.

그런 생각이 셜리(Shirley)의 뇌리에서 한시도 사라지지 않았다. 그녀는 사람들이 이 모든 일이 현실이라는 것을 실제로 이해하고 있는지 궁금했다.

어느 여름 날, 잠시 쇼핑을 하기 위해 길을 건너던 그녀를 덮친 자동차도 현실이었고, 그녀가 입은 부상이나 그녀가 매일 겪는 사고의 후유증도 모두 피할 도리가 없는 현실이었다. 그녀가 느끼는 만성 통증은 관념이 아니었다. 그녀가 매일 아침 눈을 뜨는 순간부터 온종일 겪는 정신적 외상도 엄연한 현실이었다. 그로 인해 밤잠을 설치며, 뜬눈으로 밤을 지새우는 것은 참으로 견디기 힘든 고역이었다.

셜리는 다른 사람들에게 자신의 고통을 말할 때마다 그들이 단지 말, 곧 현실이 아닌 개념만을 듣고 있다고 생각하며 돌아서야 했다. 그녀는 선의를 지닌 사람들이 마치 말로 자신의 문제를 해결해 줄 수 있는 것처럼 생각하는 듯한 인상을 수없이 받았다. 신앙적인 말이나 그렇지 않은 말이나 진부하고 상투적이기는 마찬가지였다. 그녀는 자기에게 너무나도 생생한 현실이 주위 사람들에게는 현실이 아닌 것처럼 보이는 상황을 어떻게 이해해야 할지 몰라 너무 답답했다.

셜리와 같은 사람이 셀 수 없이 많다. 우리도 그중 한 사람일 수 있다. 우리에게 정상인 것이 다른 사람들에게는 정상이 아닌 것처럼 보이고, 우리가 매일 겪는 현실이 그들에게는 공허한 관념처럼 들리며, 그들이 건네는 말에는 우리가 없애기 원하는 것(고통)을 제거해 줄 능력이 없다.

물론 그들이 의도적으로 그렇게 하는 것은 아니다. 하지만 그들은 우리가 경험하는 일의 심각성을 언제나 과소평가하는 것처럼 보인다. 그들은 도움을 주고 싶어 하고, 도움을 주었다고 생각하지만 사실은 그렇지 못하다. 우리는 그들이 단번에 이해할 수 있는 말로 우리의 고통을 표현할 수 없기 때문에 좌절감을 느낀다. 우리의 현실과 다른 사람들의 이해 사이에 존재하는 괴리가 우리의 고난과 고통을 한층 더 가중시킨다.

내 경험을 잠시 언급하면 다음과 같다. 사람들이 내게 어떻게 지내냐고 안부를 물으면 뭐라고 대답하기가 어렵다. 좀 나아졌다고 대답하면 실제로는 그렇지 않은데 마치 내가 완쾌된 것처럼 받아들인다.

앞으로 나는 죽을 때까지 신장 손상의 후유증을 안고 살아가야 한다. 나의 질병에 대해 지식이 조금 있는 사람이 내게 수술을 또 해야 하냐고 물을 때 아니라고 대답하면 나의 물리적인 문제가 어느 정도 해결되었고, 내가 계속 잘 버텨 나갈 것처럼 이해한다. 지나치게 극적인 표현을 사용하지 않으면서 내가 계속 견뎌야 할 현실을 다른 사람들에게 인식시킬 수 있는 방법을 찾는 일이 결코 쉽지 않다.

나는 지금 당장 또다시 수술을 받아야 할 처지가 아닌 것이 감사하다. 기분이 좀 더 나아진 것도 감사하다. 그러나 남은 생애 동안 내가 짊어지고 살아가야 할 한계와 주위 사람들이 그런 한계를 짊어지고 사는 것의 어려움을 진정으로 이해하기 어렵다는 사실을 또렷하게 의식하고 있다.

고난은 현실이고, 그것이 육체와 정신과 관계에 미치는 영향도 분명한 현실이다. 우리는 성경이 종종 고난을 누군가의 삶을 바꾸는 중대한 현실적 경험으로 간주한다는 사실에 위로를 느껴야 마땅하다. 성경 도처에서 고난의 이야기가 발견된다. 성경은 인간의 현실적 고통을 다룬다. 질병, 강간, 연약함, 살인, 부패한 정권, 인종차별, 기근, 가정 폭력, 불의, 전쟁, 고문, 배신, 가난, 죽음 따위를 사람들이 실제로 겪는 현실의 고통으로 묘사한다.

성경은 고난당하는 자들의 역사를 기록할 뿐 아니라 그들의 부르짖음을 묘사하는 데 많은 지면을 할애한다. 나는 시편이 성경 안에 존재하는 이유가 이 불완전한 세상에서 믿음이 지닌 복잡한 속성을 정직하게 인식하도록 하기 위해서라고 생각해 왔다.

시편의 내용 중 가장 큰 비중을 차지하는 것은 탄식시(詩)다. 시편 기자는 그런 시를 통해 자신이 처한 상황과 자신이 겪는 괴로움을 탄식하고 슬퍼했다. 시편에 있는 탄식시는 약 67편에 달한다. 이것은 시편의 약 44퍼센트가 고난과 슬픔에 관한 이야기라는 의미다. 성경은 우리의 고난을 경시하지 않고, 오히려 우리의 부르짖음을 묘사하는 데 많은 비중을 둔다. 시편은 고난을 당하는 모든 사람의 영적, 감정적 경험을 생생하게 표현한다.

뿐만 아니라 성경은 거기에서 그치지 않고 고난당하는 구원자를 제시한다. 예수님의 고통에는 조금의 위로도 없었다. 그분은 비천하게 출생하셨고, 목숨을 부지하기 위해 부모와 함께 도망쳐야 했고, 집 없이 유랑생활을 했고, 멸시와 배척을 당했고, 가장 가까운 사람들의 배신으로 잔혹한 불의를 겪었고, 고문을 받은 후 십자가에 처형되었고, 급기야 성부 하나님께 외면을 당하는 극심한 고통을 감당하셔야 했다. 우리 중 가장 힘든 삶을 살고 있는 사람이라도 자신의 삶과 예수님의 삶을 바꾸겠다고 나설 사람은 아무도 없을 것이 틀림없다. 그분은 단지 한 가지 고난이 아니라 모든 고난을 다 겪으셨고, 인생의 한 시기뿐 아니라 사는 내내 고난의 길을 걸어가셨다. 그래서 주님은 우리가 괴로워하며 부르짖는 고통을 너무도 잘 아신다. 태어날 때부터 죽으실 때까지 모든 고난을 몸소 겪으셨기 때문이다.

배후에서 이루어지는 싸움

다시 말하지만 성경은 고난을 경시하지 않는다. 내가 계속해서 고난이 현실적인 경험이라는 점을 힘써 강조하는 이유는 이 책이 고난의 물리적 측면이 아닌 그 배후에 놓인 영적 측면에 우선적으로 초점을 맞추기 때문이다. 나는 어느 누구의 고난도 경시할 의도가 없다. 우리 모두가 어떤 식으로든 고통을 당한다. 때로는 그것이 말로 형용하기 어려운 고통일 수 있다. 나는 우리 모두가 고난의 경험이 단지 물리적인 차원에만 머물지 않는다는 사실을 깨닫고, 거기에서 위로를 발견하기 원한다. 우리 삶에 제동을 걸어서 살고 싶은 의욕을 모조리 꺾어 놓고, 때로는 죽고 싶은 마음까지 들게 만드는 고통은 단지 물리적인 차원에만 국한되지 않는다.

여기에서 이해해야 할 중요한 사실 하나는 고난이 영적 싸움이라는 것이다. 고난을 당할 때에는 단지 육체의 건강이나 관계나 인종차별이나 불의나 결혼생활이나 명예나 일자리를 위해서만 싸우는 것이 아니라는 점을 기억해야 한다. 그런 것들을 위해 싸우는 동안 마음으로는 또 다른 싸움을 치러야 한다.

고난은 항상 우리의 마음을 공격한다. 고난은 우리를 유혹에 취약하게 만든다. 그런 유혹은 고난이 없을 때와 달리 우리에게 막강한 영향력을 발휘한다. 고난은 단지 육체의 문제만이 아닌 마음의 문제다. 고난은 우리의 상황뿐 아니라 우리의 영혼에도 압력을 가한다. 고난은 우리가 한 번도 생각하지 않은 것을 생각하게 만들고, 우리 안에 안정되게 자리 잡고 있다고 생각했던 것들마저 의심하게 만든다. 너무도 많은 사람이 고난의 이유를 알기 위해 고심하느라 마음을 지키기 위해 싸워야 한다는 중요한 사실을 잊어버린다.

이 책의 목적은 싸움의 배후에서 이루어지는 싸움, 곧 마음을 지키기 위한 싸움을 해야 한다는 것을 일깨우고, 주님이 우리의 싸움을 도와주시는 놀라운 방식을 깨닫게 하는 것이다.

왜 고난이 영적 싸움일까?

그 이유는 우리가 기계가 아니기 때문이다. 기계는 고장이 나도 슬픔을 느끼거나, 근심하거나, 오랫동안 믿어 온 신념을 의심하거나, 다른 기계의 삶을 부러워하거나, 미래를 염려하지 않는다. 하지만 우리는 그렇지 않다. 우리는 기계적으로 살거나 본능대로 살지 않는다. 우리는 생각하고, 궁금해하고, 바라고, 느끼고, 성찰하고, 꿈꾸고, 해석하고, 인식하고, 열망하고, 상상한다. 우리는 마음을 좇아 산다(잠 4:23; 막 7:14-23; 눅 6:43-45 참조). 마음은 상호 교류적인 작용이 끊임없이 이루어지는 근원지다. 우리 안에는 풍부하고 다채로운 내면세계가 존재하기 때문에 무슨 경험을 하든지 그 안에서 생각과 욕구와 감정이 일렁인다. 우리는 우리 자신과 주위에서 일어나는 일들을 수수방관하지 않는다. 우리는 개념적이고, 감정적이고, 영적인 틀로 모든 것을 우리 자신과 우리의 삶 속으로 투과시킨다. 우리는 알게 모르게 우리 자신의 틀을 우리의 삶과 관련된 모든 것에 적용한다. 이것은 우리가 우리 자신의 경험으로 형성되고, 또 그 경험을 다시 형성해 나간다는 뜻이다.

우리는 우리가 겪는 고난에 영향을 받는 데서 그치지 않고, 우리의 틀로 고난을 겪는 방식에 영향을 미친다.

우리가 우리의 고난에 적용하는 틀은 고난을 보고 이해하는 방식을 형성하면서 단기적, 장기적인 영향을 남긴다. 이것이 똑같은 어려움을 당하는 두 사람의 경험과 반응이 서로 크게 엇갈리는 이유다.

존(John)과 조지(George)는 몇 년 전 주식 시장이 붕괴되는 바람에 둘 다 큰돈을 잃었지만 고통을 겪는 방식은 판이했다. 존은 물질적인 부를 개인적인 안전에 대한 보장책으로 삼았기 때문에 단지 돈을 잃은 것에 그치지 않고 개인적인 안전감마저 상실한 채 불안과 분노에 사로잡혔다. 그와 달리 조지는 자신을 하나님께서 맡기신 돈을 관리하는 선한 청지기로 간주했기 때문에 물질을 안전의 근원으로 여기지 않았다. 그래서 많은 돈을 잃고 실망했지만 그 일이 그의 일상에 크게 영향을 미치지는 않았다.

인간은 하나님의 형상으로 창조되었기 때문에 온전히 경험한 사실에만 근거하여 살지 않는다. 그런 사실에 대한 자신의 해석에 근거해 살아간다. 따라서 고난이라는 전쟁터도 물리적, 경제적, 상황적, 관계적인 영역에만 국한되지 않는다. 물론 고난이 그런 영역에 미치는 영향은 실제적이며 장기적일 때가 많고, 때로는 견디기 힘들 정도로 어렵다. 그러나 물리적인 고난은 언제나 마음의 고난으로 발전한다. 즉 생각과 감정의 싸움으로 바뀐다. 고난은 우리의 마음에서 깊은 의문과 갈망이 솟구치게 만든다. 이전에는 한 번도 적용한 적 없는 새로운 방식으로 상황을 살피고 생각하도록 강요한다. 고난을 당하면 한 번도 궁금하게 여긴 적 없는 일이 궁금해지고, 한 번도 바란 적 없는 것을 갈망하게 되며, 한 번도 생각해 본 적 없는 것을 생각하게 되고, 이전에는 당연시하던 전제를 의심하게 된다.

고난은 우리가 미처 의식하지 못했던, 우리의 틀 안에 포함되어 있는 요소들을 밝히 드러낸다. 과거의 전제들을 의문시하게 만들고, 그것을 새로운 질문들로 대체시킨다. 하나님께서 침묵하시는 일에 대한 대답을 요구하도록 부추기고, 이미 말씀하신 것보다 더 많은 것을 원하도록 유도한다. 또한 고난은 감정을 쇠진시키고, 영혼을 고통스럽게 한다. 우리가 강하다고 생각했던 곳에서 우리를 연약하게 만든다. 물리적인 차원에만 국한되지 않고, 언제나 마음의 싸움으로 발전한다. 한 차원 더 깊은 이 싸움이 바로 이 책을 쓰게 된 이유다.

내가 생각하지 못했던 고난을 당했을 때 마음만은 평화와 안식을 완전하게 유지했다고 말할 수 있으면 좋으련만 전혀 그러지 못했다. 나의 마음도 고난이 야기한 울부짖음과 혼란으로 고통을 받았다. 오랫동안 믿어 온 전제들이 나의 고통을 더욱 가중시켰고, 마음의 갈망이 그 짐을 더 무겁게 만들었다. 나는 도무지 이해하기 어려운 일을 곰곰이 생각하기 시작했고, 해답 없는 질문들을 제기했으며, 이전에는 겪어 보지 못한 유혹을 느꼈다. 주님을 멀리하거나 배척하지는 않았지만 나의 고난은 단지 육체적인 차원에만 머물지 않았다. 그것은 분명 마음의 싸움이기도 했다.

우리는 대개 마음이 고난에 미치는 영향이 고난 자체만큼이나 강력하다는 사실을 잘 이해하지 못한다. 우리는 수동적으로 고난을 당하지 않는다. 우리가 겪는 고통은 단지 물리적, 감정적인 차원에만 머물지 않는다. 고난은 신학적이고 심원한 영적 경험이다. 고난은 깊숙이 뿌리내린 신념을 흔들고, 오랫동안 품어 온 의심을 강화한다.

논의가 필요한 요소는 이것이 전부가 아니다. 성경은 우리의 삶과 관련된 다른 모든 것과 마찬가지로 고난을 단지 우리 자신만의 문제로 다루지 않는다. 우리는 혼자 고립되어 스스로 삶을 이해하고 이끌어 나가려 애쓰는 단독적인 존재가 아니다. 우리는 하나님의 피조물이자 그분의 주권적인 통치를 받는 백성, 그리고 그분의 구원받은 자녀로서 고난을 겪는다.

이것은 하나님께서 우리의 고난에 깊이 관여하신다는 뜻이다. 우리가 겪는 다른 모든 일처럼 고난도 하나님의 주권적인 통치 아래에서 일어나며, 그분의 구원 계획 안에서 발생한다. 내 말의 요점은 하나님께서 우리의 고난에 관여하신다고 생각하는지, 우리의 고난에 그분의 목적이 있다고 생각하는지, 그분이 우리를 도우실 능력이 있고, 또 우리를 염려하신다고 생각하는지 여부에 따라 고난에 대한 우리의 경험이 크게 달라진다는 것이다.

성경이 하나님과 우리의 고난을 어떻게 연결시키는지에 대해서는 나중에 좀 더 자세하게 다룰 기회가 있을 것이다. 우선 여기에서는 다음의 두 가지만 간단하게 언급하고 싶다.

덫과 위로

존(John)은 아내를 잃고 분노했다. 그녀는 그의 이상형이었다. 그는 회사 야유회에서 그녀를 처음 만났고, 그녀를 보자마자 한눈에 반했다. 그는 그녀가 자기에게 시간을 내 줄 것이라고 기대하지 않았지만 그녀는 선뜻 그렇게 했다. 그들의 연애는 무르익어 갔고, 존은 자신을 세상에서 가장 큰 행운아로 여겼다. 그녀는 그와 많은 관심사를 공유했고, 가장 중요한 신앙마저 같았다. 그는 신혼여행을 떠나는 비행기 안에서 자신이 그녀와 결혼했다는 사실이 믿어지지 않을 정도로 감격했다. 그녀와 남은 인생을 함께 살아가게 되었다는 사실이 마치 꿈처럼 마냥 즐겁기만 했다. 처음 4년의 신혼생활은 너무나도 행복했다. 전에는 각자 즐기던 것들을 이제 둘이 함께 즐길 수 있게 되었다.

결혼한 지 5년 후 첫아이가 태어났고, 2년이 더 지난 후에는 둘째가 태어났다. 그들의 자녀도 여느 아이들처럼 그들의 삶을 정신없게 만들었지만, 그는 이보다 더 행복할 수는 없다고 생각했다. 존의 사업도 날로 번창했고, 그의 아내 지니(Jeannie)도 능숙한 주부가 되어 만족스런 삶을 누렸으며, 그들의 교회 생활도 행복하고 충만했다. 아들이 열일곱 살 되던 해에 지니는 속이 메스껍고 기력이 약해지는 것을 느꼈지만 크게 개의치 않았다. 하지만 날이 갈수록 증상이 심해졌고, 결국 존의 적극적인 권유에 못 이겨 병원 진료를 예약했다. 그녀는 의사가 걱정하는 듯한 눈치라고 말했다. 그러나 존은 검사 당일에 아내를 병원에 보내면서 걱정하지 말고 결과를 기다려 보자고 말했다.

마침내 검사 결과가 나왔다. 좋은 소식이 아니었다. 지니의 몸에는 이미 상당히 진전된 악성 암세포가 자라고 있었다. 존은 아내와 함께 울었지만 "우리가 할 수 있는 모든 방법을 동원해 병마와 싸워 보자"고 말했다. 그들은 병원을 전전하며 실험 단계에 있는 약을 복용하면서 분투했지만 지니의 상태는 빠르게 악화되어 6개월 후에 이 세상을 떠나고 말았다. 존은 극심한 충격을 받았고, 슬픔으로 넋을 잃었다. 그는 부엌에서 지니의 목소리가 들려오기를 기다리며 거실에 우두커니 앉아 있었고, 침실에 들어갈 때는 옷장 앞에서 옷을 고르는 아내의 모습을 그리워했다. 주변이 온통 그녀가 남긴 삶의 흔적뿐이었지만 그녀의 모습은 어디에서도 찾아볼 수 없었다. 도저히 믿을 수 없는 잔인한 농담처럼 느껴지는 현실이었다.

지니의 장례를 치르고 그녀를 땅에 묻기 전까지는 가족과 교회의 사랑에 힘입어 그럭저럭 버틸 수 있었다. 그러나 모두가 각자의 삶으로 돌아가고 그와 십대 자녀 둘만 덩그러니 남게 되자 상황이 일순간에 달라졌다. 존은 짧았지만 행복했던 옛 생활을 생각할수록 마음이 더욱 우울해지고, 분노가 솟구쳤다. 그의 머릿속에서는 '왜 내게 이런 아름다운 삶을 주었다가 아무 이유도 없이 빼앗아가는 거지? 왜 나의 행복을 가지고 장난을 치는 거지? 내가 무슨 잘못을 저질렀기에 이런 징벌을 당해야 하지? 이제 앞으로 어떻게 해야 하지? 이 상태로 두 아이를 어떻게 돌보지? 왜 우리 아이들이 이런 일을 당해야 하는 거지?' 하는 생각이 마구 떠올랐다. 그는 이러한 질문을 멈출 수 없었고, 그에 대한 답을 찾을 길이 없어서 더욱더 화가 났다. 그는 계속해서 교회에 다닐 수 없었고, 사람들이 선의로 건네는 질문이나 형식적인 위로의 말도 더 이상 듣고 싶지 않았다. 자신의 인생에서 완전히 깨어진 것처럼 보이는 약속들을 노래하는 찬송가도 더 이상 부르기 어려웠다.

존은 혼자 남은 것이 화났고, 홀아비로 살아야 하는 것도 화났다. 다른 가족들이 행복하게 사는 모습을 보는 것이 화났고, 지니의 편지나 뒤적거려야 하는 신세가 된 것이 화났다. 집안일에 서툰 것도 화났고, 사람들이 자기와 함께해 주겠다는 말만 하고 약속을 지키지 않는 것도 화났다. 혼자 있는 아침과 잠 못 이루는 밤이 화났고, 십대 자녀들의 끊임없는 질문을 들으며 그들의 뒤치다꺼리를 해야 하는 것도 화났다. 어느 곳을 보아도 온통 자기를 화나게 하는 일만 가득한 것 같았다.

그는 단지 사람과 상황에만 분노를 느낀 것이 아니었다. 하나님에 대해서도 분노를 느꼈다. 때로는 하나님께서 아무 이유도 없이 자기에게 이런 일이 일어나게 하신 것 같은 생각이 들고, 때로는 자기가 믿었던 것이 모두 거짓말이며, 하나님이 존재하시지 않을 수도 있고, 설령 존재하시더라도 너무 멀리 떨어져 있거나, 아무런 관심도 없거나, 무능력한 탓에 있으나 마나 한 존재일지도 모른다는 생각이 들었다. 그렇게 존은 자신이 전에 믿었던 진리들을 혐오했다.

어느 날 밤 절망감으로 인해 분노가 솟구치자 존은 침대 곁에 있던 성경책을 집어 들어 있는 힘껏 벽에 내던졌다. 성경책은 몇 주 동안 그렇게 바닥에 구겨진 채 나뒹굴었다. 그것은 마치 존의 마음속에서 일어나고 있는 일을 보여 주는 상징과도 같았다. 존은 친구들을 멀리했고, 대부분의 다른 활동도 중단했다. 자녀들에게는 인스턴트 음식을 데워 주고, 자신은 혼자 식사를 했다. 저녁 시간은 거의 대부분 자기 방에서 텔레비전을 보며 보냈다.

얼마 지나지 않아 존의 분노는 자녀들과 직장 동료들에게로 향했다. 집에서는 하찮은 일로 버럭 화를 냈고, 일터에서는 상대하기 힘든 사람이 되었다. 자녀와 직장 동료들은 가급적 그를 피하려고 했지만 번번이 그의 화풀이 대상이 되어야 했다.

어느 날 저녁 존은 분노를 달래기 위해 위스키 두 잔을 마셨다. 그것이 어느새 습관으로 굳어졌고, 급기야 중독으로 발전했다. 그는 거의 매일 밤마다 술에 취해 잠자리에 들었다가 숙취를 느끼며 일어났다. 그의 자녀들은 빈 술병들을 보며 아버지가 너무 많이 변했다는 것을 알았지만 두려워서 아무 말도 하지 못했다. 그토록 혼란스런 상황과 아버지로부터 스스로 벗어날 능력을 갖출 때까지 묵묵히 견딜 수밖에 없었다.

첫 번째 음주 운전은 위험 신호였다. 존은 별로 개의치 않았지만 그의 사장은 우려를 느끼고 그에게 도움을 구하라고 조언했다. 그러나 술과 분노가 그의 눈을 가려 자신의 참된 실상을 보지 못하게 만들었다. 그는 자신에게 필요한 것은 3년 전으로 돌아가 다시 행복해지는 것뿐이라고 생각했다.

마침내 존은 직장과 자녀들을 잃고 나서야 어쩔 수 없이 상담을 받게 되었고, 그렇게 해서 나와의 만남이 이루어졌다. 그때부터 비로소 기나긴 변화의 과정이 시작되었다.

프레다(Freda)는 혼자 있기를 좋아했다. 그녀는 한 번도 자신의 외모가 매력적이라고 생각한 적이 없었고, 사람보다는 책과 더불어 지내는 것이 더 편안했다. 그녀는 자신이 평생 독신으로 교회와 회사를 오가며 살 것이라고 생각했다. 프레다는 공부를 잘했기 때문에 전액 장학금을 받으며 좋은 대학과 대학원을 졸업했다. 그녀는 실험실에서 연구만 하며 살았고, 동료들과 교회의 소그룹 친구들을 가족처럼 여기며 지냈다. 그렇게 자신의 일에 만족했고, 독신 생활에 익숙했다. 저녁이면 이따금 외로운 생각이 들기도 했지만 애견 잭(Jack)이 무릎 위로 껑충 뛰어올라오면 그런 생각이 말끔히 사라지곤 했다.

그러던 어느 날 프레다는 일류 연구 팀으로 발탁되어 새로운 동료들과 일을 시작했고, 그만큼 삶의 만족도도 높아졌다. 더욱이 그곳에는 뜻밖의 일이 그녀를 기다리고 있었다. 그녀는 에스겔(Ezekiel)을 만났던 그날을 평생 잊지 못할 것이다. 그녀와 에스겔에게 연구 과제가 주어졌고, 그들은 단번에 서로 마음이 통했다. 그들의 성격은 서로를 보완했고, 관심사와 학문적 배경도 잘 어울렸다. 둘이 함께 처음으로 저녁 식사를 하고 나서 집으로 돌아가던 중 프레다는 자기를 좋아할 뿐 아니라 이해까지 해 주는 남자를 만나게 되었다는 사실이 도무지 믿어지지 않았다. 그들의 관계는 깊어졌고, 미래에 대해 진지하게 대화를 나누는 데까지 발전했다. 프레다는 더할 나위 없이 행복했다. 두 사람이 함께 시간을 보낼 때면 늘 결혼 문제를 상의하는 대화가 이루어졌다.

그런데 생각지도 않은 일이 일어났다. 에스겔에게 3년 동안 해외 연구 팀에서 일하라는 발령이 떨어진 것이다. 너무나도 당혹스런 일이었지만 프레다는 서로의 관계를 잘 유지해 나갈 수 있을 것이라고 생각했다. 에스겔이 떠나야 할 때가 다가오자 프레다는 그가 크게 고민하는 것이 느껴졌다. 그리고 마침내 충격적인 상황이 벌어졌다. 눈물을 흘리며 한 차례 격렬하고 극적인 대화가 이루어지는 과정에서 에스겔은 프레다에게 자신은 3년 동안이나 멀리 떨어진 채로 관계를 유지할 자신이 없다고 말했다. 자신의 열정을 모두 쏟아 바쳐야 할 일을 하면서 그런 식으로 정신을 산만하게 만드는 일은 감당하기 벅차다고 했다. 프레다를 너무나 아끼고, 또 너무 미안하지만 자신의 결심은 확고하다고 말했다.

에스겔의 말을 듣고 있던 프레다는 정신이 아득해졌다. 그것은 상상조차 할 수 없는 악몽과도 같았다. 에스겔과 함께 있는 동안 그녀의 얼굴을 타고 하염없이 흘러내리던 눈물이 집에 도착할 즈음에는 주체할 수 없는 흐느낌으로 바뀌었다. 그 후 며칠 동안 프레다의 눈에서는 눈물이 가시지 않았다. 오랫동안 미뤄 온 휴가를 떠났지만 그것은 전혀 휴가가 아니었다. 농락을 당했다는 생각이 들면서 배신감이 크게 느껴졌다. 그녀는 에스겔이 그동안 자신과 나누었던 사랑을 그토록 쉽게 저버릴 수 있다는 것이 도무지 믿어지지 않았다. 우울한 감정과 분노가 치솟아 마음을 옥죄는 것이 두렵게 느껴지기 시작했다. 에스겔이 그토록 쉽게 더 이상 관계를 유지할 수 없다고 말한 것이 너무나 분하고 비통하기만 했다. 프레다는 자신이 매우 심각한 상황에 처했다는 것을 깨달았다. 그런 식으로 살면 안 된다는 것을 알고, 거기에서 도망치기로 결심했다. 그러나 자신의 삶으로부터 도망쳐서 그 끔찍한 순간을 더욱 심각하게 만들지는 않았다. 그녀는 고통스런 상황에서 더 깊은 분노와 절망을 느끼는 데로 나아가지 않았다. 자신의 마음이 제멋대로 움직이게 방치하지도 않았다.

프레다는 하나님께로 도망쳐야 한다고 생각했다. 자신이 처한 상황과 감정을 스스로의 힘으로 처리할 수 없다고 생각했다. 그녀는 거짓과 유혹의 힘이 너무나도 크고 강력하다는 것을 알았다. 의심과 두려움과 분노와 절망의 덫이 자신의 삶 곳곳에 놓여 있다는 것을 의식했다. 그녀의 상심한 마음 깊은 곳에서 자신이 혼자가 아니라는 생각이 들었다. 그래서 자신의 구원자에게로 도망치기로 결심했다. 그녀는 그분의 임재와 능력과 약속과 은혜를 통해 위로를 얻는 데로 나아갔다. 하나님께서 마음이 상한 자들을 반겨 맞으신다는 사실을 기억했다.

그때부터 프레다는 하나님의 말씀에 온전히 몰입했다. 소그룹 모임에 가서 자신의 사연을 말하고, 도움이 필요하다고 고백했다. 목회자를 찾아가 위로와 인도를 구했고, 매일 아침 자신을 엄습하는 마음의 어둠과 싸우기 위해 일어나자마자 찬송가를 틀었다. 하나님과 그분의 백성들로부터 도망치려는 충동을 억눌렀고, 하나님을 원망하기보다 신뢰하기로 결심했다. 하나님을 아는 축복을 누리고 그분의 사랑과 은혜를 받는 일이라면 무엇이든 기꺼이 받아들였다.

그렇게 생활하는 동안 프레다의 마음속에서는 에스겔이 자기에게서 사랑을 거두어 갔을지언정 생명은 거두어 갈 수 없다는 확신이 날마다 강해졌다. 또 다른 변화는 그녀가 주위 사람들을 생각하기 시작한 것이었다. 그녀는 새로운 눈과 달라진 마음으로 사람들을 바라보았다. 자기 자신만 그토록 가혹한 절망을 느끼는 것이 아니라는 사실을 깨달았다. 주위 사람들을 돌아보고 그들의 말을 들으면 들을수록 자기 혼자만 고통을 당하는 것이 아니라는 사실이 분명하게 의식되면서 도움을 구하고 싶은 마음이 간절해졌다. 프레다는 다른 사람들도 자기가 받았던 도움을 받고, 가장 어두웠던 절망의 순간에 비추었던 위로의 빛을 경험하기를 바랐다. 그렇게 그녀는 하나님의 위로를 경험했을 뿐 아니라 다른 사람들의 삶에 그런 위로를 전달하는 도구가 되었다.

존과 프레다 둘 다 계획하지도 않았고, 생각하지도 않았고, 원하지도 않았던 뜻밖의 일을 당했지만 그에 대한 반응은 크게 달랐다. 존의 경우에는 고난이 하나님에 대한 신뢰를 무너뜨리는 계기가 되었고, 프레다의 경우에는 더욱 깊고 성숙한 믿음을 지니게 만드는 계기가 되었다. 이것이 바로 고난의 영향력이다. 고난을 겪으면 우리는 이전과 달라진다. 고난당하는 사람 누구나 유혹의 덫에 직면한다. 개중에는 그 덫에 걸려 마음과 관계에서 큰 손실을 경험하는 사람도 있고, 고난의 어둠 속에서 가장 밝게 빛나는 은혜의 위로를 경험하고 복된 결과를 거두는 사람도 있다. 여전히 고난을 당하는 상황일 수 있고, 고난의 여파가 채 가시지 않은 상황일 수도 있지만 얼마든지 변화된 마음과 더욱 굳건해진 믿음으로 기쁨을 누리며 살 수 있다.

고난을 당하는 사람은 누구나 유혹의 덫에 직면하고, 질병과 배신과 절망과 손실로 신음하는 사람 누구나 은혜의 위로를 받을 수 있다. 또한 우리가 걸려서 넘어지는 덫이나 경험하는 위로에 의해 고난에 대한 우리의 반응이 결정된다. 나는 이 책의 남은 장에서 이러한 점들을 좀 더 자세하게 살펴볼 생각이다.

고난이 위험한 이유는 전에 없던 유혹을 느끼게 하기 때문이다. 한편으로 고난은 은혜가 역사하는 계기가 된다. 이 책의 목적은 고난을 당할 때 무엇이 위험한지 깨닫고, 그것으로부터 자기 자신을 지키면서 하나님이 주시는 은혜의 위로를 높이 우러르며 힘써 구하게 하는 것이다. 모쪼록 고난 때문에 오랫동안 무기력과 환멸을 느끼며 살기보다는 더욱 강해지고 더 큰 기쁨을 느끼며 사는 사람들이 더욱더 많아지기를 기도한다.

질문과 적용

1. 저자는 고난을 영적 싸움으로 다루었다. 고난을 영적 싸움으로 이해하면 어려움을 견뎌 내는 데 어떤 유익이 있는가?

2. 고난당하는 구원자가 계시다는 것이 어떤 의미를 갖는가?

3. '싸움의 배후에서 이루어지는 또 다른 싸움'은 무슨 뜻인가?

4. 하나님께서 우리의 고난에 관여하신다는 사실과 그분에 대한 우리의 관점이 고난을 겪는 데 어떤 영향을 미친다고 생각하는가?

5. 고난이 어떻게 '은혜가 역사하는 계기'가 될 수 있는가?

더 깊이 묵상하기

잠언 4:23
마가복음 7:14-23
누가복음 6:43-45

고난이 너무도 크게 보여서 마음의 눈을 지배하고 생각을 통제하게 되면 주님의 위대하심과 능력이 왜소해 보인다. 하나님이 너무 위대해 보여서 고통을 느끼는 사람은 아무도 없다. 하나님의 놀라운 영광과 경이로운 능력과 임재의 위로가 보이지 않는 이유는 우리의 관점과 생각이 눈앞의 어려움에 묶이기 때문이다. 바로 그 순간 두려움이 엄습하게 된다.

4
두려움의 덫

나는 내가 병실에 누워 앞으로 닥칠 일을 걱정해야 하는 신세가 되었다는 사실에 큰 충격을 받았을 뿐 아니라 몸에서 전해 오는 느낌에 모든 촉각을 곤두세웠다. 작은 통증 하나하나가 나의 관심을 자극했고, 특이한 느낌이라도 있으면 곧 불안감이 엄습해 왔다. 의사가 검진하거나 묻는 모든 것이 나의 궁금증을 유발시켰다. 몸 상태에 이전보다 훨씬 더 신경이 많이 쓰였다. 다음에는 또 무엇이 잘못될지 몰라 두려웠다. 그러한 관심과 의식은 나에게 축복이 아니라 무거운 짐이었다. 이와 같이 고난은 우리의 눈을 열어 주고, 생각을 한 곳에 집중하게 만들며, 전에 없던 새로운 의식을 일깨운다.

브래드(Brad)는 심장 마비 증세를 겪은 후부터 심장 박동 소리 하나 하나에 신경이 쓰였고, 가슴에서 찌릿한 통증이 느껴질 때마다 불안해했다.

쉴라(Sheila)는 남편이 외도 사실을 고백한 후부터 그가 한 말을 모두 곱씹어 생각했고, 그가 집 밖으로 나갈 때마다 행선지를 물었으며, 기회가 있을 때마다 그의 뒤를 밟았다.

줄리(Julie)는 아들의 자동차 안에서 마약을 발견한 뒤로 자신에 대한 아들의 태도뿐 아니라 아들이 어울리는 사람들과 그가 가는 장소에 과민 반응을 나타냈다.

샐리(Sally)는 사기를 당해 그동안 일한 것을 모두 잃었다. 그 후로는 경각심이 일어 누구에게도 돈을 맡기려 하지 않았다.

린다(Linda)는 짐(Jim)이 죽은 후부터 자신이 사랑하는 사람들에 대한 생각을 잠시도 멈출 수 없었다. 그녀는 지나치게 자주 전화를 걸어 많은 질문을 쏟아 냈다. 또 다른 누군가를 잃을까 봐 노심초사했다.

톰슨(Thompson)은 가장 친한 친구이자 동료에게 배신을 당한 뒤 사람들을 경계하며 무슨 말을 듣든 잔뜩 신경을 곤두세웠다. 그러면서 다시는 그런 일을 당하지 않겠다고 다짐했다.

빌(Bill)은 사고로 아내를 잃은 뒤 다시 결혼하는 것을 겁냈고, 특히 도로 위에서 과도하게 긴장했다. 그에게는 운전이 가장 큰 스트레스를 야기하는 요인 중 하나가 되었다.

프랭크(Frank)는 직장을 잃고 나서 자신의 실패와 무기력을 지나치게 의식한 나머지 다른 직업을 찾는 것이 거의 불가능했다.

민디(Mindy)는 임신한 사실을 즐거워하며 기대감에 부풀기보다 두려움과 걱정에 사로잡혔다. 전에 겪은 유산의 경험 때문에 임신의 위험성을 새롭게 의식하여 모든 기쁨을 잃고 말았다.

톰(Tom)은 첫 번째 교회 개척이 실패로 끝나자 전에는 생각하지 못한 것들을 고려하기 시작했고, 자신이 목회 사역에 적합한지도 의심하게 되었다.

사라(Sarah)는 강도를 당한 뒤부터 주위의 모든 것과 모든 사람을 지나치게 의식한 나머지 결국 극심한 스트레스를 견디지 못하고 먼 교외로 거주지를 옮겨 새로운 직업을 찾았다.

샘(Sam)은 주디(Judy)가 없는 텅 빈 집에 있고 싶지 않아 계속 집 밖을 어슬렁거렸다. 더 이상 그녀와 함께할 수 없다는 슬픔이 그를 무기력하게 만들었고, 그 어떤 일에도 의욕을 갖지 못했다.

피터(Peter)는 위탁 가정을 여러 번 옮겨 다닌 뒤부터 사람들이 약속을 종종 어길 뿐 아니라 절대로 하지 않겠다고 말한 일을 자주 한다는 것을 알게 되었다. 그래서 새로운 가정에 위탁될 때마다 매처럼 날카로운 눈빛으로 모두를 경계하며 마음을 열려고 하지 않았다.

살면서 어떤 고난과 어려움을 경험하고 나면 경계심이 곤두설 수밖에 없다. 이전에 관심을 기울이지 않았던 일에 관심이 집중되고, 염려하지 않았던 것을 염려하게 된다. 이 새로운 의식은 두려움이 싹트게 만들어 삶을 해석하고 이끌어 가는 방식에 크게 영향을 미친다.

그런 의식과 두려움을 좀 더 자세히 설명하면 다음과 같다.

새로운 의식이 생각을 지배하기 시작한다

생각을 어디에 집중하느냐에 따라 자신의 삶에서 일어나는 일들을 해석하는 지혜의 수준과 그에 대한 반응의 건전성 여부가 형성되고, 통제되고, 결정된다. 생각은 잠시도 멈추지 않기 때문에 우리의 삶 속에서 생각을 사로잡는 강력한 힘을 발휘하는 요인이 무엇인지 파악하는 일은 참으로 중요하다. 우리는 나쁜 일이 일어날 때뿐 아니라 좋은 일이 일어날 때도 영향을 받는다. 우리의 관심을 자극하는 것이 아무 것도 없을 때 우리는 그런 일을 거듭 떠올리는 경향이 있다. 따라서 우리의 생각은 항상 무언가에 지배를 받기 마련이다.

고난은 우리의 생각을 사로잡아 감정과 반응에 강력한 영향을 미친다. 이 역학 관계는 분명하다. 즉 문제를 생각하면 할수록 더 무섭고, 더 크고, 더 해결하기 어려워 보인다. 고난당하는 사람들의 삶 속에서 생각을 다스리는 싸움이 그토록 중요한 이유가 여기에 있다.

아브라함은 수십 년 동안 약속의 아들을 기다렸다. 그 아들에게 자신의 모든 소망과 모든 언약의 약속이 달려 있었다. 결국 아들을 얻었지만 하나님은 그에게 상상조차 할 수 없는 일을 요구하셨다. 오랫동안 기다린 것만으로는 충분한 시험이 아니었다는 듯 하나님은 그에게 약속의 아들을 희생 제물로 바치라고 명령하셨다(창 22:1-19; 히 11:17-20

참조). 우리가 아브라함의 입장이었다고 생각해 보자. 과연 무슨 생각이 들고, 어떤 심정이었겠는가? 상황 자체에만 생각을 집중하면 잔인하기 이를 데 없는 속임수처럼 보여 강렬한 분노가 솟구칠 수밖에 없다. 상황을 이해하려고 애쓸수록 의문이 더 많이 떠오른다.

그러나 아브라함은 그런 순간에 하나님의 선하심과 신실하심을 의지했고, 그분이 약속하신 일을 기꺼이 이루실 의도와 능력을 지니고 계신다고 믿어 의심하지 않았다(롬 4:18-21 참조).

그가 상상조차 할 수 없는 일을 차분히 실행에 옮길 수 있었던 이유는 오랫동안 날마다 하나님의 선하심과 신실하심과 능력만을 생각해 왔기 때문이다. 그 상황에서 당황하거나 곤혹스러워하거나 놀라지 않았던 이유도 하나님의 신실하심과 놀라운 능력이라는 렌즈를 통해 상황을 바라보았기 때문이다.

아브라함의 태도와 블레셋의 용장 골리앗이 두려워 40일 동안 숨을 죽인 채 웅크리고 있었던 이스라엘 군사들의 태도를 비교해 보라. 그들은 자기들이 전능하신 하나님의 자녀라는 사실과 원수들을 물리쳐 주겠다는 그분의 약속을 기억함으로써 스스로의 생각을 다스려야 했는데도 불구하고, 오히려 그런 용사를 꺾는 것이 불가능하다는 생각에만 사로잡혀 있었다(삼상 17장 참조). 그 결과 골짜기로 나아가 골리앗에 맞서겠다고 나서는 사람이 한 명도 없었다. 그 40일 동안 이스라엘 군사들은 골리앗에게는 패하지 않았을지언정 스스로의 생각에는 이미 패배한 것이나 다름없었다.

고난은 생각을 지배하는 힘을 지니고 있다. 이 힘은 고난당하는 모든 사람에게 커다란 영적 문제를 야기한다. 당신의 생각을 지배하는 것이 하나님과 당신 자신과 다른 사람들과 당신의 상황은 물론 삶의 본질에 관한 생각까지 통제한다. 고난을 겪는 상황만을 생각하면 기쁨이 사라지고, 희망이 없어지고, 하나님이 멀게만 느껴진다. 그러는 동안 하나님은 조금도 변하지 않으시고, 그분의 진리도 여전히 사실이며, 우리가 당하는 어려움이 더 크게 불어나지도 않는다. 단지 우리가 보기에 더 크고, 더 암울하고, 더 불가능하게 보일 뿐이다. 고난 자체가 하나님과 그분의 진리를 밀쳐 내고, 삶을 바라보고 이해하는 렌즈가 된다. 결국 우리가 겪는 고난뿐 아니라 그것을 이해하려는 우리의 생각에서 비롯한 고통까지 짊어져야 하는 셈이다. "나의 반석이시요 나의 구속자이신 여호와여 내 입의 말과 마음의 묵상이 주님 앞에 열납되기를 원하나이다"(시 19:14)라고 기도해 본 적이 언제인가?

지금 자신의 생각, 곧 마음의 묵상을 지배하고 있는 것이 무엇인지 생각해 보라.

편향된 생각이 두려움을 불러일으킨다

마음의 생각을 어디로 향하느냐에 따라 우리가 두려워하는 것이 결정된다. 우리가 생각하는 것과 두려워하는 것은 서로 밀접하게 관련된다. 이것이 잠언 4장 23절이 "네 마음을 지키라. 생명의 근원이 이에서 남이니라"고 말씀하는 이유 중 하나다. 이미 살펴본 고난의 다른 측면과 마찬가지로 고난을 당할 때 경험하는 두려움의 정도도 고난의 규모나 심각성보다는 그것을 감당하는 동안 마음과 생각이 어디에 집중되느냐에 더 크게 좌우된다. 즉 고난 자체에 생각을 집중할수록 그것이 더 커지고, 복잡해지고, 불가능해 보일 뿐 아니라 한 걸음 더 나아가 삶에 큰 영향을 미치는 훨씬 더 중요한 일이 일어나기 시작한다.

고난이 너무도 크게 보여서 마음의 눈을 지배하고 생각을 통제하게 되면 주님의 위대하심과 능력이 왜소해 보인다. 하나님이 너무 위대해 보여서 고통을 느끼는 사람은 아무도 없다. 하나님의 놀라운 영광과 경이로운 능력과 임재의 위로가 보이지 않는 이유는 우리의 관점과 생각이 눈앞의 어려움에 묶이기 때문이다. 바로 그 순간 두려움이 엄습하게 된다. 고난을 당하면 우리는 자신이 지극히 무력한 존재라는 것과 상황을 통제할 능력을 지니고 있지 않다는 사실을 의식한다. 바꾸어 말해 우리의 마음 깊은 곳에서 우리의 힘으로 고난을 어찌 해 볼 도리가 없다는 것을 인식한다. 그런 상태에서 하나님이 왜소하고 멀리 계시는 존재, 곧 우리에게 절실히 필요한 능력을 지니고 있지 않은 무기력한 존재라는 생각이 들기 시작하면 영적으로 엄청난 충격이 가해지고, 감정적으로도 극심한 절망감이 느껴질 수밖에 없다. 고난을 당하는 사람들에게 자주 듣는 말은 하나님이 작아 보이는 까닭에 '하나님이 이 정도밖에 되지 않는다면 더 이상 신뢰할 수 없어.'라는 생각이 떠오른다는 것이다. 그들이 두려움에 사로잡히고 크게 놀라는 이유는 형식적인 신학이 그대로 유지된 상태에서 하나님을 바라보는 그들의 기능적인 관점이 크게 달라졌기 때문이다.

그들이 연약해지고, 혼란스러워하며, 고통 속에서 홀로 허우적대는 이유는 그들의 생각이 하나님의 영광과 임재를 즐거워하는 마음을 앗아간 탓이다. 물론 그들이 두려워하는 것은 너무도 당연하다. 하나님은 그들에게 현실을 부정하라고 요구하지 않으신다. 그러나 고난에만 생각을 집중하면 절망과 두려움에 휩싸일 수밖에 없다.

고난이 지금까지 당신의 생각에 어떻게 영향을 미쳐 왔는지 생각해 보라.

두려움은 영적 싸움이다

이 세상의 삶은 끊임없는 영적 싸움으로 점철된다. 누군가로부터 영적 싸움이 색다르고, 특이하고, 이상한 기독교의 어두운 일면인 것처럼 말하는 소리를 들을 때면 좀 거북하다. 영적 싸움은 지극히 일상적이고 정상적인 그리스도인들의 삶이다. 그 이유는 우리의 마음이 두려움과 믿음, 의심과 소망, 진실과 거짓이 항상 충돌을 일으키는 전쟁터와 다르지 않기 때문이다.

두려움에 지배되면 어떻게 될까? 어떻게 두려움으로부터 우리 자신을 보호해야 할까? 만일 하나님이 초라하고, 우리와 동떨어져 있고, 냉담하고, 무능하다면 온 우주에 우리 혼자만 덩그러니 남게 된다. 불치병, 인종차별, 간음, 경제적 손실, 사랑하는 사람의 죽음, 배신과 같은 어려움을 겪게 되면 우리에게 그것을 극복할 힘이 없다는 것을 알기 때문에 두려움을 느낄 수밖에 없다. 나 혼자 온 세상과 맞서 싸워야 한다고 생각하면 두려움이 엄습하는 것을 막을 도리가 없다.

그동안 신자들이 마치 하나님이 계시지 않는 것처럼 자신의 사연을 말하는 소리를 수없이 들었다. 그들이 하나님의 임재나 약속이나 능력을 조금이라도 인정하는지 들어 보려고 귀를 기울였지만 결국에는 '이 사람이 그런 두려움을 느끼는 것이 조금도 무리가 아니구나.'라는 결론에 이를 때가 많았다. 어려움이 너무 커 보이는 탓에 그들의 눈이 가려져 유일한 소망이신 하나님을 볼 수 없기 때문이다.

우리가 독자적으로 살도록 창조되지 않았다는 사실을 기억하는 것이 중요하다. 죄가 세상에 들어오고, 그로 인해 온갖 고난이 발생하기 전에도 아담과 하와는 하나님을 의존하며 살도록 창조되었다. 오직 자신만의 능력으로 성공적인 삶을 살아갈 수 있다는 생각은 망상이다. 모든 것이 내 어깨 위에 놓여 있다고 생각하는 상태에서 내가 직면한 일이 나의 지혜와 능력을 넘어선다는 것을 알게 되면 두려움을 느낄 수밖에 없다. 이것이 시편 37편 8절이 "불평하지 말라. 오히려 악을 만들 뿐이라"고 말씀하는 이유다. 이 말씀은 "두려움이 마음을 지배하게 하지 말라. 두려움은 악을 만들 뿐이다."라고 풀어서 말할 수 있다. 두려움에 쫓겨 결정을 내리면 후회하게 될 가능성이 높다. 우리는 마음속에 있는 믿음을 지키기 위해 힘써 싸워야 한다. 그렇게 할 수 있는 방법을 설명하는 것이 이후의 내용이다.

고난을 겪으면서 믿음이 아닌 두려움에 쫓겨 내린 결정이나 반응이 얼마나 많은지 생각해 보라.

두려움은 망각을 부추긴다

아마도 고난당하는 사람의 마음과 삶을 가장 무기력하게 만드는 것은 다름 아닌 망각일 것이다. 고난이 닥치면 생각하고, 처리하고, 결정하고, 궁금해하고, 두려움을 느끼는 일이 많이 생기기 때문에 지금까지 위로와 안전과 동기와 소망의 근거로 삼았던 것들을 잊어버리기 쉽다. 시련당할 때 믿음을 지키기 위한 싸움을 묘사한 시편들이 거듭해서 기억의 필요성을 강조하는 이유도 그만큼 이 문제가 중요하기 때문이다. 특히 시편 118편과 136편은 망각을 물리치는 싸움의 중요성을 강조하는 데 모든 초점을 맞추고 있다. 다음에 인용한 시편 136편의 교훈적인 말씀에 귀를 기울여 보기 바란다. 망각과 그로 인한 두려움을 물리치려면 조용히 앉아서 하나님께서 사랑으로 우리를 인도하시고, 보호하시고, 보살피시고, 은혜와 긍휼을 베풀어 주셨던 일들을 곰곰이 생각하는 습관을 길러야 한다. 망각을 극복하려면 그런 일을 자주 해야 한다. 그렇게 하는 것은 현재의 고난을 부정하지 않고, 오히려 구원자의 임재와 능력과 사랑의 렌즈로 고난을 바라보도록 돕는다. 외로움과 망각과 두려움이 엄습할 땐 "여호와께 감사하라. 그는 선하시며 그 인자하심이 영원함이로다"(시 136:1)라는 구절을 떠올리는 것이 필요하다. 그러면 이제 마음을 가다듬고 시편 136편을 읽어 보자.

여호와께 감사하라. 그는 선하시며 그 인자하심이 영원함이로다.
신들 중에 뛰어난 하나님께 감사하라. 그 인자하심이 영원함이로다.
주들 중에 뛰어난 주께 감사하라. 그 인자하심이 영원함이로다.
홀로 큰 기이한 일들을 행하시는 이에게 감사하라.
그 인자하심이 영원함이로다.
지혜로 하늘을 지으신 이에게 감사하라. 그 인자하심이 영원함이로다.
땅을 물 위에 펴신 이에게 감사하라. 그 인자하심이 영원함이로다.
큰 빛들을 지으신 이에게 감사하라. 그 인자하심이 영원함이로다.
해로 낮을 주관하게 하신 이에게 감사하라. 그 인자하심이 영원함이로다.
달과 별들로 밤을 주관하게 하신 이에게 감사하라.
그 인자하심이 영원함이로다.
애굽의 장자를 치신 이에게 감사하라. 그 인자하심이 영원함이로다.
이스라엘을 그들 중에서 인도하여 내신 이에게 감사하라.
그 인자하심이 영원함이로다.
강한 손과 펴신 팔로 인도하여 내신 이에게 감사하라.
그 인자하심이 영원함이로다.
홍해를 가르신 이에게 감사하라. 그 인자하심이 영원함이로다.
이스라엘을 그 가운데로 통과하게 하신 이에게 감사하라.

그 인자하심이 영원함이로다.

바로와 그의 군대를 홍해에 엎드러뜨리신 이에게 감사하라.

그 인자하심이 영원함이로다.

그의 백성을 인도하여 광야를 통과하게 하신 이에게 감사하라.

그 인자하심이 영원함이로다.

큰 왕들을 치신 이에게 감사하라. 그 인자하심이 영원함이로다.

유명한 왕들을 죽이신 이에게 감사하라. 그 인자하심이 영원함이로다.

아모리인의 왕 시혼을 죽이신 이에게 감사하라.

그 인자하심이 영원함이로다.

바산 왕 옥을 죽이신 이에게 감사하라. 그 인자하심이 영원함이로다.

그들의 땅을 기업으로 주신 이에게 감사하라.

그 인자하심이 영원함이로다.

곧 그 종 이스라엘에게 기업으로 주신 이에게 감사하라.

그 인자하심이 영원함이로다.

우리를 비천한 가운데에서도 기억해 주신 이에게 감사하라.

그 인자하심이 영원함이로다.

우리를 우리의 대적에게서 건지신 이에게 감사하라.

그 인자하심이 영원함이로다.

모든 육체에게 먹을 것을 주신 이에게 감사하라.

그 인자하심이 영원함이로다.

하늘의 하나님께 감사하라. 그 인자하심이 영원함이로다.

고난을 겪는 중에 망각을 물리치는 싸움을 얼마나 잘하고 있는지 생각해 보라.

두려움이 새로운 관점과 기준이 된다

나는 두려움에 시달려 본 적이 없다. 삶을 뒤바꿔 놓은 육체적인 고난을 당하기 전까지만 해도 가끔 걱정은 했지만 두려움을 느낀 적은 없었다. 그러나 지금은 두려워해야 할 충분한 이유가 있다고 인정하지 않을 수 없다. 어린 자녀가 높은 계단에서 굴러 떨어지면 그때부터 부모의 생각과 반응은 두려움에서 촉발된다. 그런 일을 당하면 다칠 것이라는 두려움 때문에 서둘러 아이를 보호하고 보살피려는 행동을 취하기 마련이다. 두려움은 타락한 세상에 살면서 겪는 위험한 일들에 대한 적절한 반응일 수 있다. 그러나 그것이 마음을 지배하도록 허용하는 것은 결코 옳지 않다. 위험에 직면했을 때의 두려움은 자연스런 현상이지만 자칫 잘못하면 삶을 파괴하는 요인이 될 수 있다.

이 세상에서 사는 한 어느 누구도 두려움으로부터 자유로울 수 없다. 언제나 하나님을 믿는 믿음 안에서 안전하고 평안하게만 살아가는 사람은 아무도 없다. 우리 모두는 정신과 나아갈 방향을 잃게 만드는 일을 겪는다. 따라서 그렇게 되지 않도록 힘써 싸워야 한다. 두려움이 삶을 바라보는 렌즈와 우리의 결정을 좌우하는 규준이 되도록 허용하면 안 된다. 예수님은 상상할 수 없는 고난을 앞두고 "보라, 너희가 다

각각 제 곳으로 흩어지고 나를 혼자 둘 때가 오나니 벌써 왔도다. 그러나 내가 혼자 있는 것이 아니라 아버지께서 나와 함께 계시느니라"(요 16:32) 말씀하셨다.

고난을 당하는 것만으로도 충분히 힘들지만 고난의 때에 홀로 모든 어려움을 감당해야 한다는 것을 알면 그 고통이 훨씬 더 가중된다. 그러나 예수님은 홀로 있는 두려움에 굴복하지 않으셨고, 그것을 삶을 바라보는 렌즈로 삼지 않으셨다. 그분은 자기 자신에게 하나님의 임재라는 복음을 일깨우셨다. 두려움이 마음을 지배하면 삶을 정확하게 보거나 생각하기가 어려워진다. 왜곡된 관점으로 그릇된 결론을 내리고, 좋지 않은 결정을 내리기 쉽다. 두려움으로 인해 관점이 뒤틀리면 자신의 어려움이 더욱 심하게 느껴진다. 나는 사람들을 상담할 때 상황은 생각만큼 심각하지 않은데 그릇된 방식으로 반응할 경우 상황을 더욱 심각하게 만들 수 있다고 말하곤 한다. 따라서 우리는 두려움의 렌즈가 아닌 믿음의 눈으로 삶을 바라보려고 노력해야 한다.

고난에 대한 자신의 반응 때문에 두려움이 렌즈와 규준이 되어 버린 것은 아닌지 생각해 보라.

두려움은 오직 두려움으로만 물리칠 수 있다

상황이나 장소나 사람들에 대한 두려움을 극복할 수 있는 지속적이고 실천적인 해결책은 오직 하나님에 대한 두려움뿐이다. 우리가 겪고 있는 상황보다 더 강력한 힘을 지닌 누군가에 대한 두려움과 그런 엄청난 힘을 지닌 존재가 우리를 위해 그 힘을 발휘할 것이라는 확신만이 우리보다 더 강한 사람이나 상황에 직면했을 때 우리에게 용기를 줄 수 있다. 힘들고 절망스러워 보이는 상황에 직면했을 때 감사와 경외로 하나님의 영광과 주권과 권능을 인정하고 그분을 두려워하는 마음을 가지면 큰 소망과 위로를 발견할 수 있다.

잠언 15장 16절은 "가산이 적어도 여호와를 경외하는 것이 크게 부하고 번뇌하는 것보다 나으니라"고 말씀한다. 고난을 당하는 사람은 누구나 피조물을 두려워하려는 유혹의 덫에 걸리기 쉽다. 생명에 이르는 가장 안전한 길은 주님을 신뢰하는 것이다. 물론 하나님을 두려워한다고 해서 고난이 사라지는 것은 아니다. 그러나 하나님에 대한 두려움을 가지면 고난에 대한 반응과 태도가 극적으로 달라진다. 하나님을 두려워하면 고난을 우리 자신이 아닌 하나님과 연관 짓게 된다. 하나님은 우리가 이해하지 못하는 것을 이해하시고, 우리가 통제할 수 없는 것을 통제하시며, 우리가 가지고 있지 않은 능력을 지니시고, 우리가 이룰 수 없는 것을 이루어 주신다. 하나님은 언제 어디에나 계시며, 은혜와 사랑이 무궁하시다. 그분은 자신의 모든 것을 자기 자녀들에게 부어 주신다. 어떤 종류의 두려움이든 그것을 극복할 수 있는 유일한 해결책은 하나님에 대한 두려움뿐이다.

지금 이 순간 어떤 두려움을 하나님에 대한 두려움으로 물리쳐야 할지 생각해 보라.

두려움은 일시적이고, 하나님의 돌보심은 영원하다

이 타락한 세상에서 우리가 겪는 일들 가운데 궁극적이거나 영원한 것은 아무것도 없다. 그러므로 우리가 현재 두려워하는 것이나 겪고 있는 고난이 영원히 지속되지 않는다는 사실을 기억하는 것이 중요하다. 반면 하나님은 영원하시다. 하나님은 그분의 자녀들과 영원히 함께 계신다. 그분의 은혜는 다 없어지거나 소진되지 않고, 그분의 능력도 영원히 줄어들지 않는다. 궁극적으로 고난이 아닌 하나님께서 우리의 운명을 결정하신다. 그분의 권능과 은혜는 지극히 크고 놀랍다. **고난이나 두려움이 하나님보다 당신의 운명에 더 큰 영향을 미치는 것처럼 행동하고 있지 않은지 생각해 보라.**

모든 고통에는 두려움이 따르기 마련이다. 하지만 그 두려움이 우리의 마음을 지배하거나 소망을 빼앗아 가도록 허용해서는 안 된다. 왜냐하면 우리는 하나님의 은혜로 우리가 두려워하는 그 어떤 것보다 더 강력한 능력을 지니신 하나님의 자녀가 되었기 때문이다. 하나님은 우리 안에, 우리 곁에, 우리를 위해 항상 존재하시며, 우리의 유익을 위해 그분의 영광을 드러내신다. 참으로 하나님은 고난당하는 사람 모두에게 필요한 복음이 아닐 수 없다.

질문과 적용

1. 지금 고난을 당하고 있는가? 그렇다면 믿음을 가진 아브라함과 골리앗을 두려워했던 이스라엘 백성에 관한 성경 이야기에서 무엇을 배울 수 있는가?

2. 무엇이 당신의 생각을 지배하고 있는가?

3. "조용히 앉아서 하나님께서 사랑으로 우리를 인도하시고, 보호하시고, 보살피시고, 은혜와 긍휼을 베풀어 주셨던 일들을 곰곰이 생각해" 보라는 저자의 말을 염두에 두고 시편 136편을 천천히 읽어 보라.

4. 저자는 시편 37편 8절을 근거로 두려움이 악을 만든다고 했다. 이 말에 대해 어떻게 생각하는가?

5. 저자는 삶의 두려움은 오직 하나님에 대한 두려움으로만 극복할 수 있다고 했다. 이 말에 대해 어떻게 생각하는가?

더 깊이 묵상하기

사무엘상 17:1-58
잠언 15:16
요한복음 16:32

옳은 일을 하면 축복을 얻고, 그릇된 일을 거부하면 시련을 피할 수 있다는 생각은 틀렸다. 축복은 우리가 행한 것에 대한 보상이 아니고, 시련은 우리의 잘못에 대한 징벌이 아니다. 이런 인과관계의 등식은 잘못된 영적 셈법에 해당한다. 우리가 누려 온 축복은 우리의 공로로 얻어진 것이 아니다. 그리고 하나님의 자녀들이 감당하는 시련은 그분의 사랑에서 비롯한 결과다. 그 이유는 시련이 하나님의 구원과 우리의 삶을 변화시키는 은혜의 도구로 사용되기 때문이다.

5
시기심의 덫

캣(Cat)과 주드(Jude)는 오랫동안 사귀어 온 절친한 친구였다. 그들은 초등학교 시절부터 알고 지냈고, 같은 고등학교에 다니면서 모든 활동에 함께 참여했으며, 같은 대학교에 진학해서 같은 학문을 전공했고, 대학 4년 동안 3년이나 한 방에서 지냈다. 졸업 후에는 같은 도시에서 직업을 찾았고, 셋집을 마련해 함께 살았다.

그런데 어느 끔찍한 날 밤에 모든 것이 변하고 말았다. 주드가 직장 회식을 마치고 집으로 돌아오다가 술에 취한 무면허 운전자가 몰던 자동차에 정면으로 받히는 사고가 일어났다. 그녀는 3주 동안 중환자실에서 치료를 받고, 6개월의 재활 훈련을 거쳤다. 그 후로도 몇 달 동안이나 외래 진료를 받으며 하반신 마비 상태로 사는 법과 휠체어 작동 방법을 배우고, 일터로 복귀하는 데 필요한 일들을 익혀야 했다.

캣은 주드가 그 모든 시련을 겪는 동안 정성 어린 사랑으로 도움을 베풀었고, 처음 몇 주 동안은 병원에서 함께 살다시피 했다. 그러나 주드의 상태가 조금씩 호전되면서 캣과 함께 살던 장소는 주드가 생활하기에 적합하지 않다는 사실이 분명해졌다. 그 즈음 캣은 결혼을 고려하는 남자친구가 있었기 때문에 두 번 이사하는 번거로움을 피하고 싶어 하며 주드와 함께 다른 곳으로 이사하려 하지 않았다. 그것은 주드에게 큰 타격이었다.

장애인이 살기에 적합한 구조를 갖춘 거처에서 주드는 몹시 외롭고 암울한 시간을 보냈다. 주드는 자기 인생에 닥친 일을 도무지 이해할 수 없었다. 그녀는 매우 간단한 일조차 처리하기 힘들었다. 그런 상황이 앞으로도 계속될 것이라는 사실이 너무나도 견디기 힘들었다.

처음 몇 주 동안 캣은 주드를 자주 방문했다. 그녀의 방문이 주드의 삶에 유일한 즐거움인 것처럼 보였다. 그러나 캣과 남자친구인 조지(George)와의 관계가 더욱 진지해지면서 그녀의 방문 횟수가 차츰 줄어들었다. 캣은 주드를 방문하기 어려울 때면 전화라도 걸어 주었다. 하지만 그마저도 갈수록 뜸해졌다.

주드는 극심한 외로움과 무기력함과 버림받은 듯한 심정을 느꼈다. 그러는 동안 캣의 삶은 더 행복하고 충만해져 갔다. 조지는 좋은 남자였고, 캣을 끔찍이 사랑했다. 아마도 주드에게는 캣의 결혼식 날이 가장 견디기 힘들었을 것이다. 그녀는 휠체어에서 꼼짝도 할 수 없는 처지였기 때문에 신부의 들러리가 될 수도 없었고, 피로연 자리에서 홀에 나가 춤을 출 수도 없었다. 그녀는 그런 현실이 너무나도 서글펐다. 캣의 결혼식 날 밤 주드의 절망감은 좀 더 위험한 단계(분노)로 발전했다. 그것은 절망감과 외로움 때문이 아닌, 시기심 때문에 생겨난 분노였다. 그 분노는 몇 주 동안 가시지 않다가 급기야 그녀의 마음속으로 깊숙이 파고들었다. 인생을 뒤바꾼 상해를 입은 주드는 그 과정에서 상황을 수평적으로만 바라보는 심각한 영적 실수를 저지르고 말았다.

캣은 주드의 삶에서 큰 비중을 차지해 왔기 때문에 늘 그녀를 생각하는 것이 이상하거나 위험한 일은 아니었지만, 그러다 보니 결국 그녀의 희망이 서서히 무너져 내렸고, 믿음도 약화되었다. 하지만 당사자인 주드는 그런 사실을 의식하지 못했다. 주드가 캣을 생각하지 않은 날은 단 하루도 없었다. 그녀는 휠체어에 앉은 채 혼자 부엌에 있으면서 캣이 새 집에서 남편과 함께 즐겁게 아침 식사를 하는 모습을 상상하곤 했다. 주드가 자신의 삶을 캣의 삶과 비교하면 할수록 시기심이 더욱더 강렬하게 솟구쳤다. 그녀는 캣의 결혼과 새 집과 사회적인 경력은 물론 무엇보다도 그녀의 정상적인 두 다리를 시기했다.

주드가 품고 있던 시기심은 곧 그녀 주변의 모든 사람에게까지 번져 나갔다. 그녀는 주위를 돌아볼수록 다른 사람처럼 되고 싶은 열망을 더욱 강렬하게 느꼈다. 그녀가 다른 사람들의 삶을 생각할수록 절대로 빠져나올 수 없는 휠체어에 대한 증오심이 더욱더 커졌다. 그녀는 주위 사람들이 자기가 누리지 못하는 모든 것을 누린다는 생각에 화가 났다. 그것은 일반적인 분노가 아니었다. 그녀의 분노는 특정한 대상이 있었다. 그녀 스스로도 이해하지 못하는 방식으로 하나님께 깊은 분노를 느꼈다.

시기심은 제자리에 그대로 멈추어 있지 않는다. 단지 시기심으로 마음속에 가만히 머물러 있지 않는다. 시기심은 신속하게 분노로 바뀌고, 분노는 대상을 찾고, 결국에는 마음을 굳게 닫아 하나님을 신뢰하지 못하게 만든다. 주드는 더 이상 캣을 생각하지 않았고, 그 대신 하나님을 생각하기 시작했다. '하나님이 왜 나는 잊으시고 캣만 풍성하게 축복해 주셨을까? 왜 다른 사람의 기도는 들어주시면서 나만 외면하셨을까? 왜 하나님께 관심조차 기울이지 않는 사람들이 그동안 그분을 성실하게 믿어 온 나보다 더 나은 삶을 사는 것일까?' 하는 생각이 떠올랐다. 주드에게 하나님은 냉담하고, 무정하고, 편파적인 것처럼 보였다. 결국 그녀는 더 이상 하나님을 신뢰할 수 없다고 생각했다.

주드 이전에도 그런 고민과 갈등을 겪은 사람들이 있었다. 삶을 수직적으로 보지 않고 수평적으로만 바라보려는 유혹이 예리한 통찰을 지닌 시편 73편에 생생하게 묘사되어 있다. 이 시편은 심령을 쇠약하게 만드는 시기심의 분노를 정확하게 파헤쳤다. 주의를 기울여 천천히 읽어 보자.

하나님이 참으로 이스라엘 중 마음이 청결한 자에게 선을 행하시나
나는 거의 넘어질 뻔하였고 나의 걸음이 미끄러질 뻔하였으니

이는 내가 악인의 형통함을 보고 오만한 자를 질투하였음이로다.

그들은 죽을 때에도 고통이 없고 그 힘이 강건하며

사람들이 당하는 고난이 그들에게는 없고

사람들이 당하는 재앙도 그들에게는 없나니

그러므로 교만이 그들의 목걸이요 강포가 그들의 옷이며

살찜으로 그들의 눈이 솟아나며 그들의 소득은 마음의 소원보다 많으며

그들은 능욕하며 악하게 말하며 높은 데서 거만하게 말하며

그들의 입은 하늘에 두고 그들의 혀는 땅에 두루 다니도다.

그러므로 그의 백성이 이리로 돌아와서

잔에 가득한 물을 다 마시며 말하기를

"하나님이 어찌 알랴? 지존자에게 지식이 있으랴?" 하는도다.

볼지어다. 이들은 악인들이라도 항상 평안하고 재물은 더욱 불어나도다.

내가 내 마음을 깨끗하게 하며

내 손을 씻어 무죄하다 한 것이 실로 헛되도다.

나는 종일 재난을 당하며 아침마다 징벌을 받았도다.

내가 만일 스스로 이르기를 "내가 그들처럼 말하리라." 하였더라면

나는 주의 아들들의 세대에 대하여 악행을 행하였으리이다.

내가 어찌면 이를 알까 하여 생각한즉 그것이 내게 심한 고통이 되었더니

하나님의 성소에 들어갈 때에야 그들의 종말을 내가 깨달았나이다.

주께서 참으로 그들을 미끄러운 곳에 두시며 파멸에 던지시니

그들이 어찌하여 그리 갑자기 황폐되었는가 놀랄 정도로

그들은 전멸하였나이다.
주여, 사람이 깬 후에는 꿈을 무시함같이
주께서 깨신 후에는 그들의 형상을 멸시하시리이다.
내 마음이 산란하며 내 양심이 찔렸나이다.
내가 이같이 우매 무지함으로 주 앞에 짐승이오나
내가 항상 주와 함께하니 주께서 내 오른손을 붙드셨나이다.
주의 교훈으로 나를 인도하시고 후에는 영광으로 나를 영접하시리니
하늘에서는 주 외에 누가 내게 있으리요.
땅에서는 주밖에 내가 사모할 이 없나이다.
내 육체와 마음은 쇠약하나
하나님은 내 마음의 반석이시요 영원한 분깃이시라.
무릇 주를 멀리하는 자는 망하리니
음녀같이 주를 떠난 자를 주께서 다 멸하셨나이다.
하나님께 가까이함이 내게 복이라.
내가 주 여호와를 나의 피난처로 삼아
주의 모든 행적을 전파하리이다.

지금 고난을 겪고 있다면 이 시편에서 자신의 모습을 발견할 수 있겠는가? 시기심의 덫에 걸려든 징후가 있는가? 고난당하는 모든 사람의 경각심을 일깨우는 이 시편이 시기심에 관해 어떻게 가르치고 있는지 생각해 보라.

시기심은 자연스러운 것이다

모든 인간은 해석자다. 우리 모두는 날마다 상황적, 도덕적, 영적, 개인적인 셈을 하며 살아간다. 우리는 끊임없이 삶의 상황과 세부 내용을 낱낱이 더해 우리의 신념과 결정과 행동의 총합을 구하려 애쓴다. 우리는 우리가 투자한 믿음에 얼마의 배당이 주어지는지 계산하는 영적 회계사다. 우리는 우리의 영적 투자와 개인적인 결정이 가치를 지니기 원한다. 그래서 '내 마음을 헌신하고 살아가면서 결정한 것에 대해 무슨 보상을 받았는가?'라고 묻는 경향이 있다.

우리의 마음과 생각 속에 그런 질문이 존재하기 때문에 다른 사람들이 어떻게 살고 있는지 살피는 것은 지극히 자연스러운 일이다. 그러나 바로 그것이 종종 우리에게 문제를 일으킨다.

우리의 삶을 다른 사람들의 삶과 비교하기 시작하면 우리가 마음으로 헌신하고 삶을 결정한 것의 가치를 옳게 평가하기 어렵다. 그런 방법을 취하면 우리의 헌신과 결정이 올바른 것이었다는 확신에 도달하기는커녕 오히려 다른 사람들을 시샘하는 것으로 끝나기 십상이다. 즉 다른 사람들의 시련이 더 수월하고, 다른 사람들의 복이 더 크다는 생각이 들기 마련이다.

그와 같이 잘못된 결론에 도달하면 자연스레 다른 사람들이 가진 것, 곧 우리가 갖지 못한 것을 원할 수밖에 없다. 다른 사람의 삶을 원하는 것은 우리의 심령을 유익하게 못할 뿐 아니라 계속해서 옳은 것을 추구하고 행하려는 마음을 앗아간다.

시기심은 하나님께 충성하는 삶을 회의하게 만든다

삶이 불만스러워 시기심을 느끼게 된 신자 대부분은 시편 73편의 저자인 아삽처럼 "내가 내 마음을 깨끗하게 하며 내 손을 씻어 무죄하다 한 것이 실로 헛되도다"(13절)라는 식으로 말하는 경향이 있다.

고난으로 인해 고통과 괴로움과 극심한 피로감을 느끼면 "그동안 내가 이것을 위해 복종했단 말인가? 하나님을 헌신적으로 믿어왔는데 얻은 것이 고작 이것이란 말인가?"라고 한탄하기 쉽다.

고난을 당할 때는 도덕적으로 큰 사기를 당한 것 같은 생각이 들 때가 있다. 주위를 돌아보면 착한 사람들이 고난을 당하고 악한 사람들이 축복을 받는 것처럼 보인다. 그럴 때면 정의와 도덕이 온통 무너져 내린 듯한 생각이 든다.

그런 생각이 잘못된 이유는 믿음과 복종을 보상의 관점에서 생각하기 때문이다. 옳은 일을 하면 축복을 얻고, 그릇된 일을 거부하면 시련을 피할 수 있다는 생각은 잘못이다. 축복은 우리가 행한 것에 대한 보상이 아니고, 시련은 우리의 잘못에 대한 징벌이 아니다.

이런 인과관계의 등식은 잘못된 영적 셈법에 해당한다. 우리가 누려온 축복은 우리의 공로로 얻어진 것이 아니다. 그리고 하나님의 자녀들이 감당하는 시련은 그분의 사랑에서 비롯한 결과다. 그 이유는 시련이 하나님의 구원과 우리의 삶을 변화시키는 은혜의 도구로 사용되기 때문이다.

선한 아버지가 자녀들을 엄하게 다스리는 이유는 그들을 미워하기 때문이 아니라 사랑하기 때문이다. 선한 아버지는 자녀들에게 꼭 필요한 일을 행한다. 그 일이 항상 자녀들이 원하는 안락한 것만은 아니다.

시기심은 감당하기 힘든 고통이다

아삽은 수평적인 관점에서 비롯된 시기심을 "심한 고통"(시 73:16)으로 묘사했다. 시기심은 항상 이런 식이다. 즉 나에게만 유독 시련이 주어졌고, 그런 시련이 부당하며, 내가 받아야 할 축복을 다른 사람들이 누리고 있다고 생각하여 고통이 더욱 가중된다. 잠시만 그런 생각을 해도 분노를 억누르기가 어려운데 한동안 그런 분노를 품고 지내면 영적으로 크게 우울할 수밖에 없다. 물리적이고, 관계적이고, 상황적인 세계가 온통 다 무너져 내릴 뿐 아니라 지금까지 구원과 소망을 주었다고 생각하는 것을 더 이상 믿을 수 없게 된다. 고난이 부당하다고 생각되면 그 고통이 훨씬 더 심해진다. 시기심은 결코 고난당하는 자의 고통을 덜어줄 수 없다.

시기심은 이 세상의 위로가 일시적이라는 사실을 무시한다

"사람이 깬 후에는 꿈을 무시함같이"(시 73:20)라는 아삽의 말이 이 점을 이해하는 데 도움을 준다. 꿈은 아무리 생생하고 현실처럼 보이더라도 아침에 눈을 뜨는 순간 흔적도 없이 사라진다. 위로와 슬픔, 편안한 때와 괴로운 때, 쉬운 길과 어려운 길은 모두 일시적이다. 지금 존재하는 것은 영원히 지속되지 않는다. 도저히 피할 수 없어 보이는 것도 우리를 영원히 속박할 수 없다. 영원히 지속될 것처럼 보이는 것도 끝이 있다.

시기심은 다른 사람들이 이 세상의 위로를 마치 영원히 누릴 것처럼 생각하게 만든다. 그리고 우리가 부러워하는 모든 것이 일시적이라는 사실을 망각하게 만든다.

이런 사실을 망각하는 것이 매우 위험한 이유는 우리의 가치 체계를 왜곡시키기 때문이다. 현재 주어진 물리적인 위로의 일시적인 속성을 망각하면 그것을 우리가 하나님의 자녀로서 누리게 될 영원한 축복(이 축복은 고난을 당할 때에도 여전히 우리의 것이다)과 똑같이 여기거나, 심지어 그보다 훨씬 더 귀하게 생각할 수밖에 없다. 시기심은 영원한 것을 무가치하게 여기고 일시적인 것을 탐하도록 유혹한다.

시기심은 원망하는 마음을 부추긴다

시기심을 느끼면 모든 것이 부당하고 편파적이라는 생각이 들기 때문에 마음의 위로를 느끼기 어렵다. 시기심에 사로잡힌 사람들은 평화나 희망을 찾지 못하고, 하나님의 보살핌 안에서 안식을 누리지 못한다. 원망 때문에 약해진 마음으로 고난을 겪으면 그로 인한 고통이 더욱 심해진다.

아삽은 자신이 원망하는 마음을 가졌다고 고백했다. 그는 단지 자신이 겪은 시련뿐 아니라 원망하는 마음 때문에 고통당했다. 그런 마음은 그가 겪는 시련을 더욱 감당하기 어렵게 만들었다.

부당한 대우를 받았다고 생각하는 순간 분노가 싹트고, 그 분노를 오랫동안 품고 있으면 원망으로 변한다.

욥의 말은 원망의 본질과 그로 인한 결과를 이해하는 데 도움을 준다. 그는 이렇게 말했다.

내 영혼이 살기에 곤비하니 내 불평을 토로하고 내 마음이 괴로운 대로 말하리라(욥 10:1).

무엇보다 원망은 고난을 개인적인 세계관으로 바꾸어 놓는다. 욥은 단지 자신의 고난이 매우 힘들다고만 하지 않고, 그보다 훨씬 더 근본적인 것을 말했다. 즉 그는 주위를 둘러보며 "내 삶과 관련된 모든 것이 혐오스럽다"고 말했다. 이와 같이 원망은 모든 것을 바라보는 관점에 영향을 미친다.

또한 원망은 축복에 대한 관점을 흐리게 만들어 그것을 더 이상 생각하지 않도록 유도한다. 마음에 원망을 품는 것은 마치 해가 밝게 비치는 날에 어두운 지하실에 있으면서 "어두운 세상에서 사는 게 싫어."라고 말하는 것과 같다. 실제로는 어두운 세상에 살고 있지 않지만 주위를 둘러싼 모든 것이 햇빛을 볼 수 없게 만든다.

시기심이 원망이 싹트는 온상이 되는 순간, 우리의 고난이 모든 것을 바라보는 렌즈로 둔갑한다.

그러나 욥은 우리가 관심을 기울여야 할 또 다른 말을 덧붙였다. 그것은 "내 불평을 토로하고"라는 말이다. 원망은 개인적인 세계관을 형성할 뿐 아니라 결국 마음의 습관으로 굳어지기 마련이다. 그렇게 되면 희망적인 태도, 곧 상황이나 장소나 사람에 대한 기대감이 모두 사라지고 오직 불평만 일삼는 태도가 형성된다. 원망하는 사람들은 좀처럼 기쁨을 느끼지 못한다. 그들은 더 나쁜 상황만을 예측하고 찾으며, 그런 상황을 발견한다. 원망은 삶을 부정적으로만 보게 만들기 때문에 모든 희망을 앗아간다. 고난과 시련을 당할 때 길을 잃지 않으려면 선하고 건설적인 일을 계속해 나가야 한다. 그러나 희망이 사라지면 그렇게 하려는 의욕마저 사라지고 만다. 희망이 없는 사람은 믿음의 용기를 가지고 고통스런 일에 맞설 수 없다.

시기심은 하나님의 선하심을 의심하게 만든다

나는 샐리(Sally)와 윌리엄(Wiliam)을 만나 그들의 사연에 귀를 기울였다. 그들이 겪고 있는 시련은 참으로 끔찍했다. 그들의 사연을 들으면서 코끝이 찡했다. 그들의 고난은 힘들었을 뿐 아니라 그 기간이 매우 길었고, 어디에도 해결책이 없는 것처럼 보였다. 그들은 우울하고, 낙심되고, 너무도 절망스러운 나머지 냉소적인 태도를 드러냈다. 그들은 내가 자신들을 위해 해 줄 수 있는 일이 많지 않을 것이라는 생각을 서슴없이 내비쳤다. 윌리엄은 "그동안 많은 조언을 들었지만 실제로 도움이 되거나 변한 것은 아무것도 없었습니다."라고 말했다. 하지만 그들의 말을 유심히 듣다 보니 그들의 말에 무엇인가가 빠져 있었다. 그들이 말을 길게 이어 갈수록 그 빠진 부분이 더욱 선명하게 드러났다. 그것은 너무나도 선명해서 어떤 때에는 그들이 말하지 않은 것이 그들이 말한 것만큼이나 중요하게 느껴질 정도였다.

샐리와 윌리엄은 헌신적인 그리스도인이었다. 그들은 신학적인 지식도 있었고 성경에도 밝았다. 그들은 의식적으로 믿음을 저버리거나 하나님을 배척하지 않았지만 그들이 자세하게 들려주는 사연 속에는 하나님에 관한 내용이 전혀 없었다. 겉으로 볼 때 편안하게 사는 것처럼 보이는 사람들과 자신들의 삶을 오랫동안 비교하다 보니 마음이 가려져 하나님의 임재와 선하심을 보지 못했던 것이다. 하지만 그들의 사연을 듣고 있는 나에게는 곳곳에서 하나님의 선하심이 느껴졌다. 그 순간부터 '하나님의 선하심을 일깨워 주는 안내자'가 되는 것이 그들의 조력자인 내가 해야 할 임무라는 확신이 들었다. 나는 그들이 들려준 이야기를 다시 되짚어가면서 하나님의 임재와 선하심이 분명하게 드러났던 상황들을 상기시켜 주었다.

계획하지도, 원하지도 않은 뜻밖의 일을 당하는 사람에게 하나님의 변함없는 임재와 선하심을 기억하는 것보다 더 중요한 일이 어디에 있겠는가? 아무런 대비책도 없는 상태에서 홀로 감당하기 어려운 짐을 짊어지고 답답해할 때 하나님 외에 그 누가 다시 믿고 다시 살아갈 수 있는 용기와 희망을 되찾을 수 있도록 도와주겠는가?

우리 자신과 다른 사람들과 상황에 걸었던 희망이 다 사라진 상태에서는 버티고 설 수 있는 바위와 붙잡을 수 있는 도움의 손길이 절실히 필요하다. 반석이신 그리스도 예수만큼 굳건한 반석도 없고, 성부 하나님의 손길만큼 강하고 자애로운 손길도 없다. 하나님의 은혜의 보살핌과 그분의 임재와 선하심을 의식하지 못하면 고난의 무거운 짐이 훨씬 더 감당하기 어렵게 보일 수밖에 없다.

시기심은 영원을 망각하게 만든다

고난은 힘들다. 고난은 삶을 지배하는 물리적이고 감정적인 현실이기 때문에 현재의 고통스런 순간 외에 다른 것을 생각하기가 어렵다. 육체의 고통은 마음과 삶을 지배할 수 있다. 그 고통은 아침에 눈을 뜨는 순간부터 온종일 지속되다가 마지막 괴로운 신음을 토해 내면서 어렵게 잠이 들 때까지 사라지지 않는다. 육체를 벗어날 도리가 없기 때문에 그 고통에서 도망칠 수가 없다.

배우자나 사랑하는 사람의 죽음을 맞이하면 우리의 마음은 그 고통의 볼모가 되어 시달리기 쉽다. 어디를 둘러보아도 한때 존재했던 사람에 대한 고통스러운 기억이 떠오르고, 도처에 그와 함께했던 추억이 서려 있다. 떠나간 사람이 심었던 나무, 입었던 옷, 좋아했던 책, 그림,

노래, 귀금속 등 도저히 없애 버리기 힘든 추억거리들이 관심을 자극하고, 슬픔을 자아낸다.

이혼의 고통도 우리의 마음을 옥죌 수 있다. 아침마다 전과 다름없는 큰 침대에서 눈을 뜨면 혼자 남았다는 서글픈 현실이 새롭게 인식된다. 옛 친구들과 만날 때도 낯선 느낌이 든다. 전에는 부부가 함께 만났기 때문에 그런 만남이 어색하기만 하다.

이 모든 고통은 내가 잃어버린 것, 곧 과거에 누렸지만 지금은 다른 사람들만 누리고 있는 것을 원하고 갈망하게 함으로써 감정적, 영적 에너지와 시간을 너무나도 많이 허비하게 만든다. 육체적으로 고통을 받으면 그런 고통이 없는 것처럼 보이는 주위 사람들이 부럽고, 배우자를 잃으면 함께 늙어 가는 부부들이 의식되고, 이혼의 충격을 겪고 난 뒤에는 왜 다른 사람들은 여전히 함께 잘 지내고 있는지 의아한 생각이 든다.

나 자신은 의식하지 못해도 다른 사람들에 대한 시기심과 그로 인한 고통 때문에 미래를 보지 못한 채 오로지 불행한 과거와 고통스런 현재만을 생각하게 된다. 마치 현재의 상태가 앞으로도 계속될 것 같은 느낌이 들고, 인생은 승리자와 패배자로 나뉘는데 나는 패배자의 범주에 속하며, 그런 상황을 돌이킬 수 있는 방법이 없는 것처럼 생각된다.

그러나 온 마음을 기울여 믿고, 이해하고, 나 자신에게 일깨워 주어야 할 한 가지는 현재의 상태가 앞으로도 계속되지는 않는다는 사실이다. 성경의 이야기는 둥근 원처럼 끝없이 순환되지 않는다. 성경의 이야기는 완전한 시작과 암울하고 고통스러운 중간과 영광스러운 종말로 이루어진다. 그 암울하고 고통스러운 중간의 시기에 역사상 유일하게 완전한 삶을 살다 간 한 사람의 형상을 통해 밝은 빛이 비추었다. 그분은 둘째 아담으로 오셔서 첫째 아담이 실패한 곳에서 성공을 이루셨고, 우리를 위해 범죄자가 되어 십자가 위에서 영원한 승리를 거두셨다. 이런 사실은 내가 승리자 범주에 속한다는 것을 보여 준다. 그분의 승리는 곧 나의 승리다. 이 승리로 인해 피할 수 없을 것처럼 보이는 지금의 고통이 영원히 계속되지 않을 것이라는 사실이 확실하게 보장된다.

모든 것이 새롭게 된 완전한 세상에서 영원한 삶을 누리게 되면 감당할 수 없고 피할 수 없어 보이는 고통의 시간이 한순간에 불과했다는 것을 알게 될 것이다. 이해하기 어렵겠지만 노력해 보라. 언젠가는 이 엄청나고 끔찍한 일이 지극히 사소한 일처럼 보이게 될 날이 올 것이다. 바울은 고린도후서 4장 16-17절에서 "그러므로 우리가 낙심하지 아니하노니 우리의 겉사람은 낡아지나 우리의 속사람은 날로 새로워지도다. 우리가 잠시 받는 환난의 경한 것이 지극히 크고 영원한 영광의 중한 것을 우리에게 이루게 함이니"라고 말했다.

영원의 관점에서 바라봐야만 현재의 고통스런 현실을 바르게 이해할 수 있다. 이것이 시기심이 그토록 심각한 문제인 이유다. 시기심은 날마다 우리의 삶과 다른 사람들의 삶을 비교하는 악순환을 거듭하게 만들어 영원이라는 영광스럽고 소망 가득한 위로를 앗아간다. 영원은 우리가 다른 사람들보다 더 불행한 삶을 사는 것이 아니라 현세에서 우리가 보고 부러워하는 그 어떤 것보다 더 영광스러운 삶을 보장받았다는 사실을 상기시켜 준다. 우리를 위한 승리가 이미 이루어졌기 때문에 바로 내일 무슨 일이 생기든 상관없이 우리의 미래는 밝다.

시기심은 진실을 가린다

고난을 당할 때는 내가 견디는 것과 다른 사람들이 누리는 것을 비교하고 싶은 마음을 갖기 쉽다. 그렇게 되면 다른 사람의 인생을 살고 싶은 생각이 들기 마련이다. 그러나 시기심은 결코 좋은 결과를 가져오지 않는다. 시기심은 이미 겪고 있는 고난을 더욱 가중시킬 뿐이다. 시기심은 희망을 앗아가고 믿음을 파괴한다.

무엇보다 시기심은 하나님의 임재와 선하심을 확신할 때마다 늘 발견했던 소망을 빼앗는다(이 책의 후반부에서 이 점을 좀 더 자세히 다룰 것이다). 시기심이 이 모든 해악을 초래하는 이유는 진실을 가리기 때문이다. 시기심은 우리의 삶과 다른 사람들의 삶과 하나님의 속성에 대한 올바른 관점을 흐리고, 우리를 무기력하게 만드는 위험한 거짓말을 속삭인다. 시기심은 고난당하는 우리를 빛으로 이끌지 않으며, 은혜 받을 수 있는 곳을 가리키지 않는다. 시기심은 온통 나쁜 일만 떠올리게 하고, 우리의 눈을 가려 선한 것을 보지 못하게 만든다. 시기심은 이미 숨이 다해 가는 우리의 숨통을 끊어 놓고, 더 이상 아무것도 감당할 여력이 남지 않은 순간에 결정타를 날린다. 이와 같이 시기심은 소망의 원수이며, 피해야 할 치명적인 위험이다.

고난 속에서 주위를 둘러보며 비교하고픈 유혹을 느낄 땐 위를 올려다보며 찬양하려고 노력해야 한다. 그저 불평만 토로하고 싶은 생각이 들 때에는 찬양할 이유를 생각하려고 힘써야 한다. 버림받아 혼자가 되었다는 느낌이 들 때에는 하나님의 무한하고 영원불변한 사랑을 스스로에게 일깨워 주어야 한다. 고난당하는 사람이 시기심에서 자유로워지려면 영적 싸움을 치러야 한다. 좋은 군사가 되고자 하는 의지와 힘을 허락해 달라고 하나님께 부르짖어야 한다. 시기심에서 자유로워지는 싸움은 크고 맹렬하지만, 하나님의 은혜는 그보다 무한히 더 크고 강력하다.

질문과 적용

1. 시기심과 고난은 어떤 관계가 있는가?

2. 수평적인 관점이 시기심을 유발시키는 이유는 무엇인가?

3. 자신에게 시기심의 덫에 걸린 징후가 있는지 살펴보라.

4. "축복은 우리가 행한 것에 대한 보상이 아니고, 시련은 우리의 잘못에 대한 징벌이 아니다."라는 저자의 말이 무슨 의미인지 설명해 보라.

5. '신학적인 지식도 있고, 성경에도 밝지만' 그것을 마음 다해 믿지 못하는 경향이 스스로에게 있는지 살펴보라.

더 깊이 묵상하기

욥기 10:1
시편 73:1-28
고린도후서 4:16-17

고난은 우리의 믿음을 약화시키고 하나님의 선하심과 능력을 의심하게 만들어 우리의 삶을 그릇된 방향으로 몰고 갈 수 있다. 따라서 고난을 당할 때 의심이 일면 힘써 싸워야 한다. 우리는 이 싸움을 우리 홀로 감당하지 않는다. 자신의 목숨을 내어주신 주님의 임재와 능력이 우리와 함께하기 때문에 이 타락한 세상에서 아무리 암울한 상황에 처하더라도 우리에게 필요한 모든 것을 가질 수 있다.

6
의심의 덫

그는 어깨를 움츠리고 고개를 푹 숙인 채 멍한 얼굴로 인사말조차 건네지 않고 내 사무실 소파에 털썩 주저앉았다. 영락없는 패배자의 몰골이었다. 그의 모든 곳에서 패배감이 물씬 풍겨 났다. 나와 대화를 나누는 일이 그에게는 고문과도 같은 고통을 유발시킬 것이 분명했다.

그날 그가 지금까지 자신의 삶 모든 것이 그랬던 것처럼 이 일도 시간만 낭비할 것이 뻔하다고 생각하면서도 여러 달 동안 집 안에만 틀어박혀 있다가 어렵사리 외출을 시도하게 된 이유는 순전히 나를 만나기 위해서였다. 그와 그의 세계는 처참하게 망가졌다. 그는 그것을 원상 복구할 방법이 없을 것이라고 확신했다.

그는 한때 전도양양한 젊은이였다. 고등학교를 수석으로 졸업했고, 명문 대학을 우수한 성적으로 마쳤으며, 별다른 어려움 없이 석사 학위를 취득했다. 그러나 회사와 자신의 분야에서 뛰어난 위치를 차지할 것이라 생각하며 직장 생활을 시작한 지 5년이 지날 무렵, 그의 몸에서 이상한 징후가 나타나기 시작했고, 알 수 없는 신체적 증상과 함께 갈수록 피로감이 커졌다. 처음에는 여느 때와 달리 약간의 피로를 느끼는 것에 그쳤지만 곧 몸이 마음대로 움직이지 않아 이곳저곳을 다니기가 힘들어졌다. 아침이 되면 침대에서 일어나기 어려웠고, 마음이 항상 우울했고, 일하는 것도 차츰 힘들어졌다.

그는 자기 스스로 삶을 이끌어 갈 수 없다는 생각에 몹시 부끄럽고 당혹스러웠다. 친구들에게 말하고 싶었지만 의사들이 피로의 물리적인 원인을 찾아내지 못했기 때문에 자신이 단지 감정적이고 심리적인 문제로 고민하고 있다고 오해할까 봐 두려웠다. 그는 감당할 수 없는 피로감으로 크게 낙심한 상태에서 친구들까지 자신을 얼간이로 생각하는 것이 싫었다. 그래서 이런저런 핑계를 둘러대며 친구들과 어울리며 함께했던 정신적, 관계적 활동을 기피하기 시작했다. 처음에 친구들은 그가 아무렇지 않다 생각하고 계속 그의 참여를 독려했지만, 그가 계속 거절하자 어느 순간부터는 더 이상 권유하지 않았다.

마침내 그는 한동안의 병가를 마치고 사장을 찾아가 더 이상 일을 할 수 없다고 말했다. 사장은 친절하게도 어떤 방법이든 자신이 할 수 있다면 돕겠다고 말했다. 그러나 사무실에서 그는 아무것도 할 수 없고, 모임에 참석해도 일을 제대로 논의하기 어려웠을 뿐 아니라 점심시간에 사람들과 어색한 대화를 나누는 등 날마다 창피한 모습을 보일 수밖에 없었다. 결국 그는 회사를 그만두는 것만이 해결책이라고 결론 지었고, 그가 회사를 그만둔 모습을 보며 사장은 크게 실망했다.

이제 그가 집 밖을 나서야 할 이유는 교회에 가는 일뿐이었다. 그는 자신이 속한 교회와 소그룹과 친한 교회 친구들을 사랑했지만 한때 기쁨을 주었던 그 모든 것이 이제는 고통으로 바뀌었다. 그는 아무와도 대화를 하지 않으려고 교회에 늦게 나가 뒷줄에 조용히 앉아 있었고, 마지막 찬송가나 축도가 있기 전에 슬그머니 일어나 피곤한 몸을 가능한 빠르게 움직여 주차장으로 향했다. 하지만 그 일도 그리 오래가지 못했다. 불안한 마음으로 예배를 드렸기 때문에 찬송가 가사나 설교 내용에 정신을 집중하기 어려웠다. 간혹 집중할 수 있을 때에도 찬송가나 설교의 내용이 자신이 직면한 문제와는 전혀 다른 세상의 일을 말하는 것처럼 들렸다.

그러던 어느 주일, 그는 교회에 가기 위해 옷을 입고 침대에 걸터앉아 신발을 신으려다가 그 자리에 드러누웠다. 교회에 가는 것이 부끄럽고 우울하게 생각되었다. 그것만은 포기하지 않아야 했지만 결국 그는 그날부터 교회에 나가지 않았다. 심신을 무기력하게 만드는 엄청난 피로감과 공허한 삶만이 남게 되었다. 그에게는 침대에서 일어나야 할 이유가 없었고, 설령 일어나더라도 몸을 씻거나 면도를 해야 할 이유가 없었다. 필요한 것을 모두 인터넷으로 주문해 사용했고, 집 안이 생활하기 어려울 정도로 지저분해졌을 때에는 인터넷에서 청소해 줄 사람을 구했다.

그는 사회와 결별하고 홀로 남았다. 우리 중 누구라도 빠져나오기 힘든 상황이었다. 그가 나누는 혼자만의 대화를 방해하거나 간섭할 친구도, 일도, 교회도 없었다. 깨어 있는 동안 대화를 나눌 사람이 아무도 없었다. 그는 절망감에 사로잡혀 있었기 때문에 스스로에게 긍정적인 말을 하는 것이 불가능했다. 그가 주위에서 보는 것은 온통 어둠뿐이었기에 날마다 자신에게 어두운 말만 했다.

그는 과거의 짧은 성공을 증오했고, 현재 상태에 분노를 느꼈으며, 미래를 두려워했다. 그와 같이 부정적인 대화의 중심에는 그를 더욱더 깊은 어둠 속으로 몰고 가는 무언가가 도사리고 있었다.

그가 나누는 혼자만의 대화는 그가 미처 의식하지 못한 채 점점 신학적인 양상을 띠기 시작했다. 그는 갈수록 하나님을 더 많이 생각하게 되었고, 그것을 토대로 자기 인생의 의미와 목적을 묻게 되었다. 그러나 하나님에 대한 성경의 가르침에 근거해 자신이 직면한 상황을 이해하려고 노력한 것이 아니라 자신의 상황에 근거해 그분에 대한 관점을 재조정하려고 시도했다. 그는 '어떻게 사랑의 하나님이 이런 시련을 허락하신단 말인가? 하나님의 약속은 모두 어디로 사라진 것인가? 하나님은 왜 내 기도에 응답하지 않으셨을까? 왜 나는 불행을 겪고 있는데 다른 사람들은 축복을 누리는 걸까? 왜 하나님은 놀라운 능력으로 나를 돕지 않으시는 걸까? 왜 하나님은 나를 징벌하시는가? 왜 하나님은 내게서 등을 돌리셨는가? 왜 하나님은 나를 돕지 않으시는가? 도대체 왜?'라는 질문들을 떠올렸다.

그는 성경에서 자신의 질문에 대한 답을 찾을 수 없었다. 더 이상 성경의 가르침을 믿지 않았기 때문이다. 그는 교회의 목회자나 그리스도인 친구들이 예전에 자신이 어려움에 처한 사람들에게 되풀이했던 상투적인 말을 들려줄 것이라고 생각했다. 하나님에 대한 그의 사랑은 분노로 바뀌었고, 그분을 향한 예배는 변화를 요구하는 분노의 마음으로 발전했다. 지금까지 그의 삶을 형성해 온 믿음이 연약한 사람들을 기만하는 속임수처럼 보였다. 그는 끝없이 계속되는 자신과의 어두운 대화를 통해 설령 하나님이 계신다 해도 그분이 선하거나 믿을 만한 존재는 아니라는 결론에 도달했다. 그 순간 그는 갈수록 힘을 쇠진하게 만드는, 감당하기 어려운 상황 속에 홀로 덩그러니 남게 되었다.

그가 내 사무실에 찾아온 것은 기적이었다. 그는 내게 쫓아낼 수도 없고, 물러서려고도 하지 않는 한 친구에 관해 말했다. 처음에는 옥신각신 다툼이 있었다. 그는 혼자 있기를 원했다. 심지어 그 친구가 예기치 않게 찾아올 때면 없는 척 침실에 숨기도 했지만 그 친구는 발길을 돌리지 않았다. 결국 그는 자신이 아무렇지도 않다는 것을 보여 주어 친구를 따돌릴 요량으로 그를 집 안으로 들어오게 했다. 그런데 놀랍게도 친구는 그가 도움을 받겠다고 동의할 때까지 한 발짝도 움직이지 않겠다고 말했다. 그는 친구가 그것으로 자기를 가만히 놔두게 된다면 한 시간 정도 고문을 당하는 것도 괜찮을 것이라 생각했다. 그러나 그가 포기했던 하나님은 그 한 시간의 '고문'을 통해 그와 그의 세계를 영원히 변화시키는 과정을 시작하셨다.

우리가 함께 여러 달을 보내며 겪은 일에 대해 할 말이 많지만 여기에서는 한 가지 핵심에만 초점을 맞추고 싶다. 그가 모든 관계를 끊고 절망에 사로잡혀 지낼 때 저지른 한 가지 치명적인 실수는 하나님이 선하시다는 믿음을 포기한 것이었다. 이보다 삶에 더 깊고 근본적인 영향을 미치는 의심은 없다. 만일 우리의 삶이 하나님이 선하시고, 그렇기 때문에 그분이 자신에 관해 말씀하시고, 우리에게 요구하시고, 우리를 위해 약속하신 것을 신뢰할 수 있다는 전제에 근거한다면, 그렇지 않다는 의심이 싹트는 순간 모든 것이 달라질 수밖에 없다. 왜냐하면 우리의 상황에 근거해 하나님이 선하시지 않다고 결론짓게 되면 그분의 말씀에 귀를 기울이거나 그분께 도움을 구하는 일을 중단할 수밖에 없기 때문이다. 자기가 더 이상 신뢰하기 어려운 사람에게 도움을 구할 사람은 아무도 없을 것이다. 따라서 고난을 당할 때 생겨나는 의심은 우리의 삶을 좋지 않은 방향으로 철저하게 바꿔 놓는 결과를 초래할 수 있다.

좋은 의심과 나쁜 의심

의심도 두려움과 마찬가지로 그 자체로는 나쁜 것이 아니다. 하나님은 우리에게 궁금해할 수 있는 능력과 알고 이해하려는 욕구와 의문을 해결하고 혼란을 없애려는 탐구 정신을 허락하셨다. 그분은 우리에게 불합리성과 모순을 용납하지 않는 성향을 심어 주셨다. 의심은 중요한 문제를 심도 있게 탐구하도록 이끈다. 의심은 중요한 일을 깊이 생각하도록 독려하고, 거짓을 밝혀내 거부하도록 이끌며, 조리 정연하고, 지혜롭고, 스스로를 보호할 수 있는 삶을 살도록 도와준다. 의심은 지나치게 순진하거나 속이는 자의 손쉬운 먹잇감이 되지 않도록 지켜 준다. 또한 알고 이해하려는 마음을 자극하기 때문에 모든 것을 알고 이해하시는 하나님께로 우리를 인도하는 힘을 지닌다. 의심할 수 있는 능력은 우리를 하나님께로 인도한다. 물론 항상 그러는 것은 아니다. 하나님께서 주신 능력이라도 그 기능이 잘못되면 많은 해악이 초래될 수 있다. 이것이 우리가 의심에 관해 생각해 봐야 하는 이유다.

의심의 종류는 두 가지다. 하나는 '궁금해하는 의심'이다. 하나님의 길은 우리를 혼란스럽게 만들 수 있다. 그분의 길은 우리의 길과 다르고, 그분의 계획은 우리가 세운 계획과 일치하지 않을 때가 많다. 하나님이 우리에게 유익하다고 생각하시는 것이 우리에게는 유익하지 않아 보일 때가 있고, 우리가 선택하지 않은 곳으로 우리를 인도하실 때도 있다. 때로는 하나님께서 약속하신 것을 이루시는 방식이 우리 눈에는 마치 약속을 어기는 것처럼 보이기도 한다. 하나님은 우리의 삶에 모종의 변화를 일으키고자 하실 때 미리 경고하지 않으시며, 자신의 비밀스런 뜻을 우리에게 알려 주지도 않으신다. 그분은 자신의 주권을 포기한 채로 우리가 가장 좋게 여기는 것을 무작정 허락하지 않으시고, 우리가 원하는 것이 아니라 우리에게 필요한 것을 주시기 위해 자신의 능력을 사용하신다.

이런 점에서 믿음의 삶은 늘 신뢰의 여부를 놓고 갈등한다. 그런 갈등 속에서 우리는 하나님이 하고 계시는 일에 의문을 제기한다. '궁금해하는 의심'을 느끼며 하나님께 진지한 질문을 제기하는 것은 믿음의 행위다. 그것은 하나님을 거역하는 것이 아니고, 그분에게서 도망치려는 시도도 아니다. 그것은 확실한 대답을 요구하는 것이라기보다 오직 하나님만이 주실 수 있는 도움으로 혼란을 극복하려는 노력의 일환이다. 따라서 '궁금해하는 의심'은 건전한 신앙생활의 정상적인 요소다. 하나님의 모든 일을 이해하는 것은 불가능하다. 그럴 때 하나님께 의문을 제기하는 것은 좋은 일이다. 그런 경우가 시편 4, 6, 7, 10, 13, 22, 42, 43, 44, 69, 73, 74, 77, 79, 80, 83, 85, 88, 90, 94, 102, 115편에 아름답게 묘사되어 있다. 사실 시편 대부분은 신앙생활의 현실적인 갈등을 바탕으로 기록되었다. 우리의 혼란스러움을 아무런 혼란도 느끼지 않으시는 절대자 앞에 솔직하게 고백하는 것은 영적으로 지극히 건강한 일이다.

그러나 두 번째 의심은 그렇지 못하다. 이 의심은 '판단하는 의심'으로 불린다. 이 의심은 하나님이 하고 계시는 일을 궁금해하는 의심과 다르다. 이 의심은 우리의 상황에 근거하여 하나님은 선하지 않으시므로 신뢰할 수 없다고 결론지을 때 생겨난다. 이 의심은 하나님을 우리의 재판정에 세워 놓고 그분이 사랑이 없고, 신실하지 못하고, 자애롭지 않으시다고 결론짓도록 유도한다. 우리의 기능적인 신학이 하나님이 선하시지 않다고 말하는 순간 그분의 선하심을 인정하는 고백적인 신학을 유지하기가 어려워진다. 일단 그런 일이 발생하면 한때 하나님에 관해 믿었던 것들을 더 이상 믿을 수 없게 되기 때문에 앞서 말한 대로 더 이상 그분께로 달려가 도움을 구하지 않게 된다. 즉 하나님이 나와 함께 계시지도 않고, 나를 사랑하지도 않으신다고 생각하기 때문에 한때 가졌던 '그분에 대한 믿음'을 포기할 수밖에 없는 상태에 이른다. 고난 때문에 하나님이 선하시지 않다고 생각하게 되면 그분을 따르거나 그분께 도움을 구할 수 없다.

고난당하는 사람들 가운데 이런 의심을 품는 사람이 생각보다 훨씬 많다. 또한 그런 사람 대다수는 자신이 그런 결론에 도달한 상태라는 것을 인식하지 못하고 있다. 자신이 하나님을 의지하는 것을 포기했다는 사실을 인식하지 못하는 이유는 신학적인 변화가 분명한 의식 속에서 이루어지는 합리적 과정이 아닌, 정신적 충격에 의해 일어난 감정적 과정에 해당하기 때문이다. 상황적인 고통이 너무나도 크고 심한 탓에 깊은 감정적 의문이 야기되어 신학적인 결론으로 치닫게 되지만, 그것은 강의실에서 진행되는 신학적 논의 같은 합리적인 사고 과정과는 전혀 다르다.

크게 낙심하며 우울해하는 그 젊은 친구와 대화를 나누는 동안 그는 내가 모르는 하나님, 곧 그 성품과 임재와 능력이 성경이 전하는 하나님과는 완전히 딴판인 하나님을 언급했다. 그의 말을 들어보니 왜 그가 더 이상 주님을 의지하지 않고 버림을 받아 홀로 되었다고 생각하게 됐는지 그 이유를 짐작할 수 있었다. 그가 생각하는 하나님이 사실이라면 나 역시 그분을 믿을 수 없을 것이고, 속았다는 심정을 느낄 것이 틀림없다. 하지만 그는 고난이 그의 신학을 근본적으로 바꿔 놓았다는 사실을 의식하지도, 두려워하지도 않는 것처럼 보였다. 또한 그는 자신의 신학 변화가 희망을 잃게 된 주요 원인이라는 사실도 깨닫지 못하고 있었다. 그는 당장이라도 자기 자신을 향해 "고난이 나의 신학에 어떤 영향을 미쳤을까? 고난이 하나님과 그분의 임재와 약속과 능력을 바라보는 나의 관점에 어떤 영향을 주었을까? 내가 여전히 하나님은 사랑이 많으시고, 선하시고, 지혜로우시고, 진실하시다고 믿는가?"라고 물어야 할 상태였다.

이러한 의심을 고난당하는 자들의 마음속에 뿌리는 것이 사탄의 가장 강력한 무기 중 하나다. 이런 사실이 베드로전서 5장 9절에 어렴풋하게 드러나 있다. "너희는 믿음을 굳건하게 하여 그를 대적하라. 이는 세상에 있는 너희 형제들도 동일한 고난을 당하는 줄을 앎이라."

베드로전서는 고난당하는 신자들을 위해 기록되었다. 편지의 마지막 부분에 베드로가 그렇게 말했다. 베드로는 왜 "주위를 둘러보라. 너희만 고난을 당하는 것이 아니다."라고 말했을까? "이 타락한 세상에서 고난당하는 이들이 너희뿐인 것처럼 불평하지 말라"고 하기 위해서였을까? 아니면 불행을 당하면 동병상련을 느끼는 사람들을 찾고 싶어 하기 때문에 우회적으로 그들을 위로하기 위해 그렇게 말했을까? 그렇지 않다. 베드로가 그렇게 말한 이유는 신학적으로 깊고 통찰력 있는 깨우침을 주기 위해서였다. 그는 고난을 당하는 상황에서는 사탄이 우리 귀에 속삭이는 거짓말에 쉽게 속아 넘어가는 경향이 있다는 것을 알고 있었다.

"네 하나님은 지금 어디에 있느냐?"
"왜 네가 고난을 당하도록 선택된 것이냐?"
"하나님은 편파적이다."
"왜 하나님이 네 기도를 들어주지 않느냐?"
"왜 다른 사람들은 너보다 훨씬 더 수월하게 사는 것이냐?"
"하나님이 너를 사랑하지 않을 수도 있다."

가장 연약한 상태에서 크게 두려워하며 절박한 심정으로 도움을 구할 때 이런 거짓말은 우리의 마음속에 의심의 씨앗을 뿌린다. 사탄은 하나님의 선하심과 임재와 사랑과 능력을 의심하도록 부추긴다. 그는 우리가 하나님의 성품과 능력을 의심하면 더 이상 그분께 나아가 도움을 구하지 않는다는 것을 너무나도 잘 알고 있다. 그의 거짓말은 우리의 믿음을 훼손하고 약화시켜, 고난을 당할 때 이전만큼 하나님을 사랑하고 섬기지 못하도록 유도한다.

베드로가 그렇게 말한 이유는 이 타락한 세상에서 삶의 고통스런 경험을 할 때 하나님을 어린아이같이 신뢰하는 믿음을 유지하려는 노력이 영적 싸움에 해당한다는 것을 알고, 신자들에게 그 싸움을 위한 무기를 제공하기 위해서였다. 그의 말에는 "주위를 둘러보라. 하나님이 너희에게서 등을 돌리시고, 너희의 필요를 도외시하시고, 너희의 어려움을 잊으시고, 너희만을 골라 고난을 당하게 하시는 것이 아니다. 너희 형제와 자매들이 세상 곳곳에서 각자 그 나름대로 어려움을 겪고 있다. '이미'와 '아직' 사이를 살아가는 동안에는 어떤 식으로든 고난을 당하기 마련이다. 너희의 고난은 너희가 버림받았다는 증거가 아니라 너희가 하나님께서 의도하신 대로 작동하지 않는 세상에 살고 있으며, 완전히 새로워져야 한다는 증거다."라는 의미가 담겨 있다.

베드로의 말은 신자들이 어떤 일을 겪고 있는지 알고 있는 사랑 많은 목회자의 지혜를 여실히 보여 준다. 그는 고난당할 때 육체나 관계나 소유나 상황보다 마음이 주로 공격받는다는 사실을 익히 알고 있었다. 육체는 훼손되어도 마음먹기에 따라 잘 살 수 있지만 마음이 훼손되면 정신적으로 건강하게 살 수 없다. 베드로의 말은 고난당하는 신자들의 마음이 영적으로 손상되어 하나님이 선하시지 않다고 결론짓지 않도록 보호하려는 의도를 지녔다.

'궁금해하는 의심'은 하나님께 정상적이고 상황적인 믿음의 질문을 제기하게 만들기 때문에 하나님을 의지하려는 마음을 더욱 강화시키지만, '판단하는 의심'은 믿음을 서서히 약화시켜 하나님을 더 이상 신뢰하지 못하게 만들기 때문에 다른 곳에서 소망과 도움을 구하거나 홀로 외롭게 고통을 짊어지도록 유도한다. 고난을 당할 때는 의심에서 자유롭기 어렵지만 어떤 종류의 의심이 마음속에 둥지를 틀고 있는지 파악하는 것이 무엇보다 중요하다.

마귀의 거짓말을 물리쳐라

　의심을 부추기는 거짓말에 대한 논의에 실천적인 조언을 몇 마디 덧붙이고 싶다. 고난을 당할 땐 자신과의 대화에 각별한 주의를 기울여야 한다. 다시 말해 아무도 듣는 사람이 없는 상태에서 자기 자신에게 무슨 말을 하고 있는지 예의 주시하는 것이 필요하다.

　우리는 항상 우리 자신, 삶, 하나님, 다른 사람, 의미와 목적, 관계, 시련, 해결책, 희망, 과거, 미래와 같은 문제에 대해 속으로 늘 어떤 말을 하며 살아간다. 이런 내적 대화가 끊임없이 이루어지는 까닭에 어느 누구보다도 우리 자신이 우리에게 많은 영향을 미치고, 다른 사람의 말보다 우리 자신이 하는 말을 더 많이 듣게 된다.

　고난당하는 사람이 해야 할 질문 중 하나는 '내가 고난 때문에 사실이 아닌 것을 믿고, 그로 인해 나 자신에게 사실이 아닌 것을 말하고 있지는 않은가?'이다. 고난당할 때 우리는 우리 자신의 생각을 의문시하고, 우리의 마음과 논쟁을 벌여야 한다. 혼자만의 대화 속에 불신앙의 증거가 드러난다면 당당하게 맞서야 한다. 마귀의 거짓말을 물리친다는 것은 마음속에서 이루어지는 대화에 주의를 기울여 하나님의 지혜와 사랑과 선하심과 은혜와 신실하심을 의심하게 만드는 모든 생각으로부터 마음을 지키는 것을 의미한다. 자신의 마음 상태를 올바로 의식할 수 있는 통찰력과 심한 무력감이 느껴지는 순간에 영적 싸움을 할 수 있는 힘을 달라고 하나님께 기도하라.

　갈등을 겪는 순간에 마귀의 거짓말에 속아 하나님에 대한 의심의 씨

앗이 마음속에 뿌려지도록 허용한 적이 있는지 생각해 보라.

받은 복을 세어 보라

심신을 무력하게 만드는 의심을 물리칠 수 있는 가장 강력한 무기는 감사다. 그동안 받은 복을 세어 보는 것이 가장 중요한 시간은 바로 축복을 받지 못했다고 생각하고픈 유혹이 느껴지는 순간이다. 감사하는 마음은 의심하는 마음을 막을 수 있는 가장 훌륭한 방어책이다. 하나님의 돌보심, 임재, 은혜, 약속에 대한 신실하심, 성경말씀의 신뢰성 등을 입증하는 증거들을 다시금 곰곰이 생각해 보면 하나님의 선하심이 새롭게 인식되어 그것을 의심하게 만드는 거짓말로부터 자기 자신을 보호할 수 있다.

고난이 아무리 힘들고 오래 지속되어도 우리는 그 속에서 여러 가지 축복을 발견할 수 있다. 의심을 물리치려면 지난 일을 돌이키거나 주위를 둘러보라. 그러면 하나님이 선하시고 기꺼이 의지할 수 있는 존재라는 증거를 찾을 수 있다. 옛 찬송가가 말하는 대로 해 보라.

받은 복을 세어 보아라. 크신 복을 네가 알리라.
받은 복을 세어 보아라. 주의 크신 복을 네가 알리라.[2]

---

2) Johnson Oatman Jr., 새찬송가 429장 '세상 모든 풍파 너를 흔들어'(Count Your Blessings), 1897.

혼자서 하기 어렵다면 가까운 곳에 사는 지인에게 도움을 청하라. 고난당하는 사람이라면 누구나 자신에게 주어진 중요한 영적 축복을 발견할 수 있다.

하나님의 자녀로서 누리는 많은 복을 세어 보는 시간을 가져 본 적이 있는지 생각해 보라.

믿음의 갈등을 날마다 고백하라

믿음의 갈등을 느낄 땐 죄책감이나 수치심으로 그것을 숨기려고 하지 말라. 왜냐하면 예수님께서 우리의 죄책감과 수치심을 십자가에서 모두 짊어지셨기 때문이다. 우리가 갈등을 겪는다 해도 하나님은 결코 놀라지 않으신다. 그분은 우리가 처한 상황과 그 상황이 우리에게 미치는 영향을 잘 알고 계신다. 그래서 우리의 연약함을 의아하게 여기시거나 못마땅해하지 않으신다. 우리의 연약함을 비웃기는커녕 우리에게 더욱 가까이 다가오셔서 가장 연약하다고 느끼는 순간에 가장 큰 은혜가 역사해 모든 갈등을 극복하게 해 준다는 사실을 상기시키신다.

따라서 마음속에서 의심과 믿음이 한바탕 싸움을 벌일 때는 하나님으로부터 도망치면 안 된다. 그분께 달려가면 그분이 은혜의 팔을 벌려 기꺼이 우리를 맞아 주신다. 고난을 당할 때 겸손히 믿음의 갈등을 고백하면 사랑으로 감싸 주시며, 우리에게 그분의 임재와 능력과 은혜의 축복을 내려 주신다. 예수님께서 우리 모두의 심판을 당하셨기 때문에 하나님은 더 이상 우리를 심판하지 않으시고, 아버지의 신실하시고 자애로우신 사랑만을 베풀어 주신다. 하나님은 우리가 솔직하기 원하시며, 우리의 고백을 언제나 긍휼히 여기신다.

믿음의 갈등이 일어날 때 자신이 하나님께로 달려가는지, 아니면 그분에게서 도망치는지 생각해 보라.

하나님의 일을 부지런히 행하라

베드로전서의 내용은 매우 흥미롭다. 베드로는 어려운 시련을 겪는 신자들에게 편지를 썼다. 동정과 위로와 격려가 담긴 편지일 것이라 기대할 수 있고, 또 그런 내용이 전혀 없는 것도 아니지만 그것이 편지의 핵심은 아니다.

베드로가 고난당하는 신자들에게 말한 것은 행군 명령이었다. 고난당하는 신자들을 위해 쓴 이 짧은 편지는 그들이 회심한 순간부터 본향으로 돌아가는 날까지 변함없이 그들을 축복하시는 하나님께서 그들에게 명하신 모든 일을 힘써 행하라고 요구한다.

베드로는 단지 신자들의 감정에만 호소하는 데 그치지 않고 '하나님의 자녀'라는 그들의 정체성을 분명하게 일깨워 주었다. 그는 그들이 겪고 있는 고난보다 하나님의 자녀라는 신분을 염두에 두고 스스로의 행동과 반응과 태도를 정하라고 당부했다. 이 편지는 하나님을 향한 복음의 의무를 충실하게 이행할 것을 강조한다. 다시 말해 하나님께서 부르신 일을 힘써 행하고, 그분의 자녀로서의 신분을 유감없이 발휘하라는 것이 이 편지의 핵심이다.

고난에 대해 동정을 표하는 것은 적절한 반응이지만, 고난에만 지나치게 관심을 집중하면 우리 자신과 하나님과 고통을 생각하는 방식에 고난이 미치는 영향을 과대평가하는 잘못을 저지를 위험이 있다. 따라서 고난당하는 사람들에게는 고난이 그들 자신과 그들이 사는 방식을 규정짓지 못하게 하라고 조언하는 것이 곧 지혜요 사랑이다. 하나님을 향한 복음 중심적인 의무를 힘써 이행하면 우리 자신이 하나님의 자녀라는 사실을 기억할 수 있고, 고난을 당하는 중에도 우리가 어떤 잠재력을 지니고 있는지 알 수 있으며, 하나님께서 명하신 일이 우리 자신이나 우리가 겪는 일보다 더 중요하다는 사실을 잊지 않을 수 있다. 그러나 고난을 당하는 상황에서는 하나님께서 그분의 이름으로 행하라고 명하신 선한 일들을 포기하고 싶은 유혹을 느끼기 쉽다.

성경적인 의무를 힘써 이행하는 것은 심신을 무기력하게 만드는 의심을 퇴치할 수 있는 강력한 방어책이다. 경건생활, 제자도, 그리고 하나님께서 그분의 자녀들에게 명령하신 일들을 열심히 추구할수록 하나님 자녀의 신분으로 중단 없이 전개되는 그분의 구원사역에 참여하는 것이 영원한 의미를 지닌 놀라운 축복이라는 사실을 더욱더 분명하게 기억할 수 있다.

또한 신앙의 의무를 충실히 이행하면 하나님의 임재와 능력을 경험할 수 있고, 하나님의 이름으로 행한 일들의 선한 결과들을 돌이켜 보면서 큰 기쁨을 느낄 수 있다. 그런 일을 경험하면 의심은 약해지고, 믿음은 더욱 강해질 것이다.

고난 때문에 하나님께서 그분의 자녀들에게 명령하신 선한 일을 행하려는 열정이 사라진 적은 없는지 생각해 보라.

의심하는 사람들을 격려하라

고난 속에서도 용기를 낼 수 있는 가장 좋은 방법 중 하나는 다른 사람들을 격려하는 것이다. 내가 경험한 이야기를 들어 보면 도움이 될 것이다.

여러 차례 수술을 받고 나서 심신이 극도로 연약해진 나는 앞으로 또 무슨 일이 일어날지 몰라 불안해하는 마음이 늘 가시지 않았다. 하지만 그런 중에도 나는 매주 개인적으로 젊은 목회자들을 만났다. 그 이유는 목회 경험이 부족한 상태에서 어려운 상황에 처한 교회를 이끌어야 하는 그들의 고충을 달래 주고 용기를 북돋아 주기 위해서였다. 그런 만남을 갖기가 무척이나 싫었던 아침도 있었고, 피로감이 너무 심해 다음 만남이 불가능했던 적도 있었다. 그래서 때로는 약속을 취소하기도 했지만 나는 고통을 겪는 중에도 충실하게 약속을 지키려고 노력했다.

놀랍게도 그런 만남이 이루어졌던 아침마다 나 자신이 용기를 얻는 결과가 나타났다. 젊은 목회자들에게 하나님과 그분의 자녀인 그들 자신과 성경의 탁월한 지혜와 하나님께서 그들에게 맡기신 놀라운 사역에 관해 말하는 동안 나 스스로 그런 사실을 다시 상기하는 기회를 가질 수 있었다. 선하신 하나님은 내가 어렵게 생각하는 일을 통해 나를 격려하셨다. 내가 어렵게 느꼈던 일(다른 사람들을 격려하는 일)이 오히려 하나님께서 나를 격려하시는 일이 되었다.

주위에 격려가 필요한 사람이 있는가? 길을 잃고 방황하는 사람이 있는가? 하나님의 자녀라는 신분을 잊고 자신의 삶과 심령을 유익하게 하는 일을 중단한 사람이 있는가?

그렇다면 우리 자신이 개인적으로 겪고 있는 경험 때문에 그런 사람들을 도울 수 있는 좋은 조건이 마련되어 있는 셈이다. 동정심과 진정성을 가지고 그들의 어려움을 논의할 수 있고, 우리 자신도 그들처럼 유혹을 느끼기 때문에 그들이 느끼는 유혹에 관해 말할 수 있다. 우리는 연약한 중에도 다른 연약한 사람을 도울 수 있는 강력한 힘을 지니고 있다.

주위에 있는 사람들에게 그들이 혼자가 아니라는 사실을 일깨워 주면서 우리 자신도 혼자가 아니라는 사실을 상기할 수 있고, 고난에 지배되지 말라고 조언하면서 우리 자신도 고난에 지배되면 안 된다는 사실을 기억할 수 있다. 우리가 그들에게 선한 일에 관해 말할 때마다 하나님은 그것을 이용하여 우리의 용기를 북돋우신다.

우리 자신에게 날마다 필요한 격려가 누군가에게도 똑같이 필요한 것은 아닌지 주위를 살펴보라.

의심이 생길 땐 예수님께 나아가라

앞에서 말했지만 한 번 더 강조하고 싶다. 의심이 드는 순간에는 주님에게서 도망치지 말고 힘써 그분께로 달려가야 한다. 주님은 언제나 우리를 기꺼이 맞아 주신다.

> 수고하고 무거운 짐 진 자들아 다 내게로 오라. 내가 너희를 쉬게 하리라. 나는 마음이 온유하고 겸손하니 나의 멍에를 메고 내게 배우라. 그리하면 너희 마음이 쉼을 얻으리니 이는 내 멍에는 쉽고 내 짐은 가벼움이라(마 11:28-30).

우리가 싸워야 할 대상은 우리가 당하는 고난이 아니라 그 고난이 우리의 마음에 미치는 영향이다. 고난은 우리의 믿음을 약화시키고 하나님의 선하심과 능력을 의심하게 만들어 우리의 삶을 그릇된 방향으로 몰고 갈 수 있다. 따라서 고난을 당할 때 의심이 일면 힘써 싸워야 한다. 우리는 이 싸움을 우리 홀로 감당하지 않는다. 자신의 목숨을 내어주신 주님의 임재와 능력이 우리와 함께하기 때문에 이 타락한 세상에서 아무리 암울한 상황에 처하더라도 우리에게 필요한 모든 것을 가질 수 있다. 주님께 부르짖으라. 주님은 우리의 부르짖음을 다 듣고 계신다. 주님께 달려가라. 주님은 필요한 순간에 우리에게서 등을 돌리지 않으시고, 우리를 기꺼이 보살펴 주신다.

질문과 적용

1. 의심이 우리의 신앙적 사고에 어떤 영향을 미치는가? 좋은 의심과 나쁜 의심에 관해 설명하라.

2. 저자는 "믿음의 삶은 늘 신뢰의 여부를 놓고 갈등한다"고 말했다. 당신의 삶 어디에서 그런 갈등이 가장 크게 나타나고 있는가?

3. 베드로 사도는 고난은 가장 먼저 우리의 마음을 공격한다고 말했다(벧전 5:9). 자신의 고난에서 이 점을 확인할 수 있는 증거는 무엇인가?

4. 저자는 스스로에게 '내가 고난 때문에 사실이 아닌 것을 믿고, 그로 인해 나 자신에게 사실이 아닌 것을 말하고 있지는 않은가?' 물어보라고 했다. 당신은 어떤 거짓말을 믿고 있는가? 자신에게 되풀이해서 말하고 있는 거짓말은 무엇인가?

5. 스스로에게 진실을 말하고, 받은 복을 세어 보고, 죄를 고백하고, 성경적인 의무를 이행하고, 다른 사람들을 격려하고, 의심을 하나님 앞에 솔직하게 털어놓는 등 나쁜 의심을 물리칠 수 있는 방법은 많다. 당신은 어떤 나쁜 의심을 품고 있는가? 그것을 찾아내 물리칠 수 있도록 도와 달라고 주님께 기도하라.

더 깊이 묵상하기

시편 90:1-17
마태복음 11:28-30
베드로전서 5:9

우리가 걱정과 의심과 두려움에 사로잡혀 연약해졌을 때 주님이 성부 하나님 앞에서 우리를 옹호하신다. 우리의 마음이 예배보다 분노로 치우칠 때도 우리를 옹호하시고, 하나님의 선하심을 의심하거나 다른 사람에게 주어진 복을 시샘할 때도 우리를 대신하여 호소하신다. 그러므로 우리의 고난과 그것이 우리에게 미치는 영향을 부정할 필요가 없다. 우리의 구원자께서 이미 그 모든 것을 다 겪으셨고, 은혜로 우리를 변호하시기 때문이다.

7
현실 부정의 덫

　그런 모습을 전에는 한 번도 본 적이 없었다. 사실 나는 아버지가 실내 운동용 자전거를 소유하고 계신지조차 알지 못했다. 아버지는 내게 매일 자전거를 탈 계획이라고 말씀하시면서 있는 힘껏 페달을 밟았다. 모두가 그 말에 격려를 받고, 그 보답으로 나 역시 아버지를 응원했을 것이라고 생각할지 모르지만 나는 전혀 격려를 받지 못했고, 아버지를 응원하는 말도 거의 해 드리지 못했다. 오히려 자전거에 올라 탄 아버지의 모습을 보며 슬픈 생각이 들었다. 왜냐하면 앞으로 일어날 일을 알고 있었기 때문이다.

　바로 그 전날 아버지는 암에 걸렸다는 진단을 받았다. 자전거를 타는 것은 그것에 대한 아버지의 반응이었다. 아버지가 자전거를 타시는 이유는 몸을 튼튼하게 단련하려는 새로운 결의가 생겨났기 때문이 아니었다. 자신이 병약한 상태가 아니라는 것을 스스로에게 입증해 보이기 위해서였다. 우리 중 많은 사람이 그렇듯 아버지도 두려운 진단 결과로 인한 심한 충격을 현실 부정(否定)으로 대처하려고 시도했다. 아버지가 무슨 생각을 하고 계셨는지는 알 수 없지만 자전거를 타기로 결심한 것이 어떤 의미였는지는 익히 짐작하고도 남았다. 아버지는 스스로를 안심시켜 고통스러운 마음을 조금이나마 달래려는 생각으로 자전거를 타셨다. 그런 아버지가 서글프게 느껴진 이유는 현실을 부정하는 것으로는 희망을 찾을 수 없다는 사실을 알고 있었기 때문이다.

수잔(Susan)은 여러 달 동안 매일 불안한 마음을 달래려고 애썼다. 그녀의 마음 깊은 곳에서 무엇인가가 크게 잘못되었다는 생각이 들었지만 그녀는 그런 생각이 틀렸고, 아무것도 문제될 것이 없다며 스스로를 위로하려고 노력했다.

그녀의 남편 제라드(Jared)는 늘 집 안에 있기 좋아하는 사람이었지만 이제는 더 이상 그러지 않았다. 전에는 직장에서 늦게 퇴근하는 일이 드물었지만 이제는 그런 일이 잦아졌다. 그는 주말에도 외출하는 것을 꺼렸지만 이제는 그런 일을 귀찮게 여기지 않는 것처럼 보였다. 신용카드 결제액이 늘어 갔고, 직장 여성 동료로부터 지나치게 친밀한 이메일이 전송되어 왔다. 집안일에도 점차 소원해져 갔고, 부부가 함께 보내는 시간이 차츰 줄어들었다. 수잔은 무엇인가가 잘못되었다는 것을 알았지만 자기에게 일어날지 모르는 일을 믿으려 하지 않았다. 그녀는 아무것도 아닌 일을 괜히 문제 삼으려 한다고 스스로 되뇌면서 그런 변화를 애써 무시했다.

그녀는 결혼생활이 잠시 냉각기에 접어들었을 뿐이고, 제라드는 언제나 열심히 일하는 성실한 사람이라고 생각했다. 그녀는 증거가 충분히 쌓여 제라드의 불성실한 행각이 명백하게 드러날 때까지는 진실을 인정하려 들지 않았다. 현실 부정은 그녀의 고통을 더욱 가중시켰고, 그녀에 대한 제라드의 죄를 더욱 심각하게 만들었다. 현실 부정을 통해 잠시 마음의 평화를 느낄 때마다 궁극적으로 나타나게 될 결과로 인한 고통은 더욱 커져만 갔다. 그녀는 내게 "제가 이런 일을 당하게 된 이유는 제라드와 우리의 결혼생활에 대한 진실을 직시하는 것을 두려워했기 때문이에요."라고 말했다.

샘은 가족들에게 사실대로 말할 용기가 나지 않았다. 그날 사장실에 들어가기 전까지만 해도 그는 승승장구했던 회사의 임원이었지만 그 방에서 나올 때는 실직자가 되어 있었다. 해고 수당은 그럭저럭 두둑하게 받았지만 언젠가는 바닥이 드러날 것이다. 그는 자신에게 일어난 일을 도무지 믿을 수 없었다. 그는 성실하고 성과 좋은 근로자였다. 매년 봉급과 직급이 올랐다. 마지막 승진이 이루어졌을 때는 생각했던 것보다 더 많은 봉급을 받았다. 그와 그의 아내는 대출금을 늘려 더 큰 집으로 이사했고, 자동차 두 대를 새로 구입했다. 다른 도시에 있는 본사 임원 일부가 샘의 부서를 폐쇄하기로 결정하기 전까지 그의 삶은 매우 순조로웠다.

그날 저녁 샘은 자동차를 몰고 집으로 가면서 아내에게 사실을 말하지 않기로 결심했다. 아내가 놀랄 것이 뻔했고, 그녀가 놀라면 아이들에게도 불행한 소식을 감추기 어려울 것이 분명했기 때문이다.

샘은 충격과 분노에 휩싸였다. 기만과 배신을 당한 심정이었다. 회사에 모든 것을 바쳤는데 회사는 단번에 그를 잘라냈다. 그는 주어진 일에 그토록 많은 열정을 기울였던 자신이 회사로부터 그토록 하찮게 버림받았다는 사실이 너무나도 분했다.

샘은 사장에게만 분노를 느끼지 않았다. 그의 분노는 하나님께로 향했다. 자신이 착한 사람이고, 올바른 일을 하려고 노력했으며, 하나님께서 자기를 사랑하신다고 믿었는데 그런 일을 당하게 되자, 그의 머릿속에서는 '하나님은 지금 어디에 계신 거지? 그분의 약속은 모두 어디로 사라진 거지? 자녀들에 대한 그분의 사랑은 도대체 어떻게 된 거지?'라는 의문이 꼬리에 꼬리를 물었다.

그날 저녁 샘은 곧바로 집으로 가지 않았다. 그동안 한 번도 해 보지 않은 일을 했다. 그는 동네 술집에 들러 술을 마셨다. 분노를 가라앉히고 머릿속을 정리할 필요가 있다고 생각했다. 그는 술잔을 두 차례 비우고 나서 집에 돌아가야겠다고 생각하고 자리에서 일어났다. 집에 도착했을 때 그의 아내는 여느 때와 다름없이 부엌에서 저녁 식사를 준비하며 하루를 잘 보냈느냐고 인사말을 건넸다. 샘은 "좋았어. 당신도 알다시피 늘 똑같지 뭐."라고 거짓말을 한 뒤 곧바로 옷을 갈아입으려고 위층으로 올라갔다. 그는 침대 위에 걸터앉아 의연하게 행동하기로 결심했다. 평소보다 텔레비전을 훨씬 더 많이 보고 난 후에 자신의 가정이 앞으로 겪게 될 시련을 조금도 눈치 채지 못한 채 침대에 누워 있는 아내의 곁으로 뛰어들었다.

샘은 머지않아 집이 압류되고, 할부 계약 불이행으로 자동차가 회수당할 일을 생각하니 잠을 이룰 수 없었다. 수년 동안 계획해 온 특별한 휴가를 떠날 수도 없고, 심지어 아이들의 학교 등록금도 계속해서 납부하기 어려울 것이라는 생각이 떠올랐다. 채무 이행을 독촉하는 채권자들의 전화가 걸려 오기 시작할 때를 상상하며 뜬눈으로 밤을 지새웠다. 악몽과도 같은 일이었다. 배신감과 외로움이 느껴졌고, 마치 덫에 걸린 듯한 심정이었다. 그는 잠든 아내를 바라보며 자신이 그녀를 불행하게 만들었다고 생각했다. '왜 내가 새 집과 새 자동차를 사자는 말에 동의했을까? 왜 좀 더 신중하지 못했을까?' 하는 생각이 들었다.

다음 날 잠자리에서 일어난 샘은 아내에게 진실을 말하지 않았기 때문에 출근하는 척 연기를 해야 한다고 생각했다. 그는 일단 나가서 직장을 구하기로 하고 새 직장을 찾으면 아내에게 말해야겠다고 생각했다. 그렇게만 된다면 아무 문제가 없을 것이라고 아내에게 말할 수 있을 것 같았다.

그는 옷을 입고 아내에게 입을 맞추며 인사를 한 뒤 직장을 찾으러 나갔다. 커피숍에 앉아서 가능성 있어 보이는 몇몇 회사에 전화를 걸었다. 오후에는 우울하고 두려운 마음을 가라앉히기 위해 술을 서너 잔 들이켰다. 그로부터 몇 주 동안 샘은 그런 식으로 시간을 보냈다. 그는 해직 수당이 거의 바닥날 때까지 술을 마셨다. 안타깝게도 샘의 현실 부정적인 태도는 거짓과 중독의 습관으로 굳어졌다. 그와 아내의 관계는 거짓말로 점철되었고, 하루에 몇 잔 마시던 술의 양이 나중에는 서류 가방에 술병을 통째로 넣어 가지고 다닐 만큼 늘어났다.

현실 부정은 샘의 문제를 조금도 해결하지 못했고, 오히려 더 많은 문제를 야기했다. 그런 태도는 아내와의 관계에도 전혀 도움이 되지 않았다. 샘은 언젠가 진실이 드러날 날이 오리라는 것을 알았다. 그는 직업과 가족을 부양할 능력을 잃은 고통을 겪으며 스스로를 영적으로 해롭게 하고 가족마저 피폐하게 만드는 길을 선택했지만, 그런 혼란에서 빠져나올 수 있는 길을 찾지 못했다.

이런 사람들이 고난을 대하는 태도를 보면 단지 우리가 겪는 일로 인한 고통뿐 아니라 그것을 받아들이는 우리의 방식 때문에 고통을 겪게 된다는 사실을 다시금 확인할 수 있다. 현실 부정은 고난당하는 사람 누구나 걸릴 수 있는 유혹의 덫 중 하나다. 우리는 고난이 우리와 우리가 사랑하는 사람들에게 미칠 잠재적인 영향과 규모와 세력을 축소시키려는 유혹을 느끼기 쉽다. 우리는 우리가 겪는 나쁜 일이 사실은 그리 나쁘지 않다고 자위하고 싶어 하며, 우리가 겪고 있는 현실을 부정함으로써 일시적인 위안을 얻으려고 애쓴다. 또한 우리 자신이 하나님의 보좌 위에 올라가서 주권을 행사하면서, 현실 세계에서는 통하지 않는 방식으로 우리 자신의 세계를 만들어 다스리려는 유혹에 쉽게 이끌린다. 병자들은 신체적인 증상을 부인하고, 결혼한 부부는 결혼생활의 실상을 부인하며, 빚을 진 사람들은 곧 닥칠 재정적인 시련을 부인하는 데 능숙하다.

가혹한 말처럼 들릴지 몰라도 우리 모두가 직시해야 할 한 가지 사실이 있다. 그것은 고난을 당할 때 우리를 가장 크게 속이는 사람이 바로 우리 자신이라는 것이다. 우리는 마음의 위안을 찾기 위해 교묘한 거짓말로 우리 자신을 속인다. 그래서 상황이 나아질 길이 보이지 않는데도 나아질 것이라 생각하고, 우리의 통제 범위를 넘어서는 일들을 스스로 다룰 수 있다고 생각하며, 행복하지 않은데 행복한 표정을 짓는다. 속으로는 하나님의 임재와 사랑을 의심하면서도 겉으로는 믿음이 있는 척 진부한 상투어를 늘어놓는다. 당면한 문제들을 잘 해결할 수 있을 것처럼 처신하면서, 눈을 질끈 감은 채 눈앞의 어려움을 처리하려고 애쓴다. 하지만 고난 중의 현실 부정은 우리 대부분이 생각하는 것보다 더 큰 유혹으로 작용할 뿐 아니라 조금도 유익하지 못하다.

현실을 직시하라

성경은 거짓을 말하거나 에둘러 말하는 법 없이 너무나도 솔직하다. 고난당하는 사람이라면 누구나 이 점을 깊이 생각해 보아야 한다. 창세기 3장부터 성경은 인간의 삶과 관련된 사실을 여과 없이 있는 그대로 묘사했다. 성경은 타락한 사람들이 살고 있는 타락한 세상, 곧 하나님께서 의도하신 대로 기능하는 사물이나 사람이 존재하지 않는 타락한 세상을 액면 그대로 보여 준다. 성경이 보여 주는 세상은 우리에게 매우 익숙하다. 우리가 온갖 역기능과 절망과 고통스런 시련과 보편적인 고난을 겪으며 살아가는 이 세상과 한 치도 다르지 않기 때문이다.

현실 도피를 위한 책을 원한다면 성경은 결코 적절하지 않다. 창세기 4장에 기록된 충격적인 형제 살해부터 다윗의 간통 행위와 예수님의 부당한 처형을 거쳐 사탄의 마지막 패배에 이르기까지 성경에는 속임수, 가족 간의 배신, 정치적인 부패, 질병, 기근, 강간, 살인 등 이루 말할 수 없는 영적 어둠에 관한 이야기들이 적나라하게 기록되어 있다. 지금까지 나는 이런 사실을 수없이 언급했지만 여기에서 또 다시 언급하고 싶다. 성경에는 어둡고 기괴한 이야기가 너무 많기 때문에 만일 생필품이 가득한 동네 편의점 진열대에 성경책이 놓여 있다면 아무도 그것을 선뜻 구입하려고 하지 않을 것이다.

이런 사실을 아는 것이 왜 중요할까? 그 이유는 우리 모두가 직면해야 하고 처리해야 할 삶의 참된 실상을 있는 그대로 다루는 성경의 정직한 태도가 우리 또한 정직한 태도를 취하도록 요구하기 때문이다. 성경적인 믿음은 혹독하고 암울한 현실을 부정하라고 요구하지 않는다. 성경적인 믿음은 고난을 축소하라거나, 조금도 괜찮지 않은데 얼굴에 행복한 미소를 띠고 아무렇지 않은 것처럼 행동하라거나, 고난을 실제보다 더 잘 감당하고 있는 것처럼 행동하여 하나님의 평판을 좋게 만들라고 가르치지 않는다. 이 불완전한 세상에 대한 하나님의 솔직한 태도는 우리 모두에게 솔직할 것을 요구한다.

사실 성경 중의 한 책인 시편은 하나님의 백성들이 외친 정직한 부르짖음(고통스런 삶의 시련을 당하면서 혼란과 의심과 두려움에 사로잡혀 외친 부르짖음)이 수록된 대본과도 같다. 하나님은 두려워한다는 이유로 우리를 나무라지 않으신다. 연약하다는 이유로 우리를 조롱하거나 우리가 겪는 고난을 축소하지도 않으신다. 우리가 하나님이 무엇을 하고 계시고, 왜 우리가 이런 고난을 당해야 하는지 의아하게 생각할 때 우리를 결코 외면하지 않으신다. 하나님은 우리의 정직한 태도에 일일이 관심을 기울이신다. 그분의 말씀은 정직한 태도를 적극 독려한다.

따라서 현실 부정은 고난에 대한 성경적인 태도와 거리가 멀다. 일시적인 위안을 얻기 위해 힘든 현실을 부정한다면 잠깐은 편할지 모르지만 그것은 결코 성경적인 믿음을 나타내는 것이 아니라는 사실을 기억해야 한다.

성경은 하나님의 권능과 임재와 은혜의 팔이 가장 어렵고 암울한 고난을 감싸 준다고 가르친다. 하나님은 그분의 이해와 보살핌 없이는 그 어떤 시련도 감당할 수 없다는 사실을 기억하기 원하신다. 하나님의 은혜는 단지 과거의 용서와 미래의 소망뿐 아니라 우리가 지금 겪고 있는 모든 일에 영향을 미친다. 그분의 은혜는 현재의 슬픔과 절망과 연약함과 뜻하지 않은 시련과 그로 인한 모든 고통에 적용된다.

친밀한 친구는 우리가 무슨 일을 겪고 있는지 정확하게 알고 있기 때문에 편안하게 이야기를 나눌 수 있다. 어려운 순간에 하나님께 부르짖는 것은 바로 그런 친구에게 말하는 것과 같다. 물론 하나님은 그 이상이시다. 하나님은 고난당하는 우리의 현실을 정확하게 이해하실 뿐 아니라 자기 아들인 예수 그리스도의 인격을 통해 우리의 현실을 친히 감당하셨다. 이는 우리의 부르짖음을 들으시는 하나님께서 경험을 통해 우리가 겪고 있는 일을 잘 알고 계신다는 뜻이다. 고난당하는 사람이 자신이 말하는 시련을 직접 경험해 보지 못하여 그것이 무엇인지 알 수도 없고, 말할 수도 없는 사람들과 자신의 고통을 나누려 한다면 크게 실망할 것이다. 그러나 예수님은 우리의 고난을 간접적으로 전해 들으시는 분이 아니다. 그분은 고난에 직접 참여하셨다. 이것이 히브리서 4장 14-16절이 전하는 강력한 위로의 메시지다. 다음의 말씀을 현재 겪고 있는 고난과 연관 지어 천천히 주의 깊게 읽으며 그 의미를 되새겨 보기 바란다.

> 그러므로 우리에게 큰 대제사장이 계시니 승천하신 이 곧 하나님의 아들 예수시라. 우리가 믿는 도리를 굳게 잡을지어다. 우리에게 있는 대제사장은 우리의 연약함을 동정하지 못하실 이가 아니요 모든 일에 우리와 똑같이 시험을 받으신 이로되 죄는 없으시니라. 그러므로 우리는 긍휼하심을 받고 때를 따라 돕는 은혜를 얻기 위하여 은혜의 보좌 앞에 담대히 나아갈 것이니라(히 4:14-16).

삶을 변화시키는 영광스런 말씀이요 고난당하는 사람들에게 실질적인 도움을 주는 이 말씀의 의미를 다 파악하는 것은 불가능하다. 그러나 현실 부정을 극복하는 데 도움이 되는 이 놀랍고도 강력한 격려의 말씀을 최선을 다해 풀이하면 다음과 같다.

우리를 돕는 분이 계시다

우리 자신이나 다른 사람들에게 우리의 어깨로 우리의 짐을 짊어지고 어떻게든 앞길을 헤쳐 나가야 한다고 말하면 안 된다. 혼자서 고난을 당하는 것처럼 느끼거나 행동해서도 안 된다. 왜냐하면 성부 하나님의 오른편에 앉아 계시는 주님께서 지금 우리가 겪고 있는 고난을 감당하셨을 뿐 아니라 고난당하는 사람 모두가 겪는 온갖 유혹을 다 겪으셨기 때문이다. 우리가 걱정과 의심과 두려움에 사로잡혀 연약해졌을 때 주님이 성부 하나님 앞에서 우리를 옹호하신다. 우리의 마음이 예배보다 분노로 치우칠 때도 우리를 옹호하시고, 하나님의 선하심을 의심하거나 다른 사람에게 주어진 복을 시샘할 때도 우리를 대신하여 호소하신다. 그러므로 우리의 고난과 그것이 우리에게 미치는 영향을 부정할 필요가 없다. 우리의 구원자께서 이미 그 모든 것을 다 겪으셨고, 은혜로 우리를 변호하시기 때문이다. 우리의 구원자께서 우리의 고난을 다 겪으셨는데 고난의 영향력을 애써 외면하려고 그분이 이미 알고 계시는 것을 부인하는 것은 어리석은 일이다. 도와 달라고 부르짖고, 갈등을 솔직하게 고백하면 참된 평화와 위로를 발견할 수 있다. 그 이유는 우리의 부르짖음과 고백을 들으시는 주님께서 우리가 처한 상황을 이미 경험하셨기 때문이다. 주님은 우리가 고난 때문에 믿음의 갈등을 느낄 때도 우리를 외면하지 않으신다. 그분은 부드러운 사랑으로 우리의 탄식을 성부께 고하신다. 구원자께서 우리를 옹호하시는 한, 현실을 부정할 필요가 조금도 없다.

주님의 도우심으로 굳건히 버틸 수 있다

"우리가 믿는 도리를 굳게 잡을지어다"(히 4:14)라는 말씀은 매우 큰 도움을 준다. 고난과 시련과 어려움이 믿음의 위기를 초래하는 데는 그리 오랜 시간이 걸리지 않는다. 고난을 당하면 하나님이 전혀 이해되지 않는 순간이 찾아온다. 하나님의 귀가 막혀 우리의 부르짖음을 듣지 못하시는 것처럼 생각될 때도 있고, 그분의 약속이 헛된 것처럼 보이는 상황도 생기고, 그분의 손길을 통해 주어진 좋은 선물이 우리와는 아무런 상관이 없어 보이는 순간도 있다. 그런 때에는 믿음이 쉽게 위기를 맞이할 수 있다.

"우리가 믿는 도리를 굳게 잡을지어다."라는 말씀이 유익한 이유는 상황을 이해하는 우리 자신의 능력을 통해 계속해서 하나님을 믿을 수 있고, 또 우리의 삶을 그분의 손에 맡길 수 있는 근거가 마련되는 것이 아니기 때문이다.

하나님이 우리에게 계시하지 않으신 것을 이해하려고 노력하는 것으로는 마음의 평화를 발견할 수 없다. 우리가 이해할 수 없는 일들을 겪는 동안 믿음 안에 굳게 설 수 있는 근거는 오직 한 가지 사실(하나님께서 우리를 향한 그분의 뜻을 알려 주신 것)에서만 찾을 수 있다. 하나님은 성경을 통해 그분이 우리를 대적하지 않고 오히려 위하신다는 사실을 다양한 방법으로 알려 주셨다. 그분은 히브리서에서도 자신을 우리의 옹호자라고 내세우셨다. 하나님이 십자가 위에서 우리의 죗값을 남김없이 감당하셨기 때문에 가장 암울한 갈등이나 가장 힘든 시련 중에도 우리는 심판이 아닌 긍휼을 얻을 수 있다. 이것이 혼란과 두려움이 엄습할 때에도 끝까지 믿음을 굳게 지켜 나가야 하는 이유다.

주님께서 우리의 연약함을 체휼하신다

고난은 언제나 우리의 연약함을 드러낸다. 고난은 우리가 삶 속에서 통제할 수 있는 것이 지극히 미미하다는 사실을 깨우쳐 준다. 고난을 당하면 육체의 무력함이 여실히 드러나고, 소중한 관계들이 신속하게 파괴된다. 고난은 우리의 개인적인 자원과 재정적인 자산의 한계를 인정하게 만들고, 우리에게는 우리의 통제 범위를 벗어난 일들을 극복할 만한 능력이 존재하지 않는다는 사실을 일깨운다.

고난이 주는 어려움 중 하나는 우리 자신이 너무나도 연약하고 무능하다는 느낌이다. 고난은 우리의 유한한 인간성을 강하게 드러낸다.

고난은 우리가 연약하고, 초라하고, 무능하고, 한정된 자원을 지니고 있다는 사실을 상기시킨다. 물론 고난 자체가 우리를 연약하게 만드는 것은 아니다. 고난은 단지 항상 있었던 우리의 연약함을 있는 그대로 보여 줄 뿐이다.

고난은 우리가 주권적이고 독립적인 능력을 지니고 있다는 생각이 헛된 망상임을 보여 준다. 우리의 참된 실상과 우리가 얼마나 하찮고 의존적인 존재인지를 깨닫는 것은 무척 고통스러운 일이다.

이것이 히브리서에 언급된 구원적인 사실이 그토록 큰 위로와 도움을 주는 이유다. 우리의 연약함을 인정하지 않을 수 없을 때 우리는 그런 연약함을 속속들이 알고 계시는 주님께로 달려갈 수 있다. 이 본문에서 연약함을 뜻하는 원어는 모든 종류의 연약함을 가리킨다. 따라서 우리의 대제사장이신 예수님이 우리의 '인간성'이나 '인간적인 조건'을 알고 계신다고 번역하는 것이 적절할 것이다.

우리의 구원자께서는 우리의 연약함을 멸시하지 않으신다. 그분은 우리의 한계를 비웃지 않으신다. 오히려 그분은 추상적이고 이론적인 동정이 아닌 직접적인 경험을 통해 얻어진 참된 이해심과 긍휼로 우리를 대해 주신다.

히브리서 4장 14-16절은 우리가 겪고 있는 일을 다 아는 분이 계시다고 말한다. 그분은 연약한 인간이라는 짐을 짊어지고 타락한 세상에서 살아야 하는 우리의 처지를 잘 아신다. 또한 그분은 자신이 그런 사실을 알고 계시다는 것을 우리가 알기 바라시고, 깊은 이해로 우리의 사정을 헤아려 위로를 주시며, 연약함을 부끄럽게 여기지 말고 선뜻 그분에게 달려와 도움을 구하기 바라신다. 그분은 우리의 인간성을 공유하셨다. 그분은 우리가 겪는 일을 겪으셨기에 우리의 고통을 그분의 마음속에 담고 계신다. 그분이 우리를 이해하시기 때문에 우리는 우리의 갈등을 부정하거나 우리가 실제보다 더 잘하고 있는 척 행동하는 것으로부터 영원히 자유로울 수 있다.

예수님은 가장 열악한 환경에서 태어나셨고, 일생 동안 오해와 학대와 배척을 당하셨다. 가장 친한 제자들까지도 상황이 어려워지자 그분을 버렸다. 의지해야 할 사람들에게 배신을 당하셨고, 굶주리신 적이 많았으며, 거처할 곳 없이 유랑하셨다. 또한 가장 사악한 불의로 인한 고통을 맛보셨고, 태어나면서부터 줄곧 잠시도 편안한 삶을 살지 못하셨으며, 죽으실 때도 사람들 앞에서 온갖 수치를 다 당하셨다. 그분을 옹호하고 나선 사람은 아무도 없었다. 그렇게 예수님은 혼자서 외롭게 고난을 당하셨다. 심지어 성부 하나님마저도 가장 큰 고뇌를 느끼는 순간에 그분을 외면하셨다. 예수님은 삶을 편안하게 하거나 불의와 고문을 피하기 위해 자신의 능력을 사용하지 않으셨다. 그분은 자신이 겪을 일을 미리 알고 세상에 오셨고, 그 모든 일을 우리를 위해 기꺼이 감당하셨다.

예수님께서 죄 없이 그 모든 일을 겪으셨다고 해서 고난으로 인한 실질적인 고통을 느끼지 못하셨을 것이라고 생각하면 안 된다. 그분은 우리가 겪는 고통과 똑같은 고통을 온전히 느끼셨다.

그분은 단지 고난만 겪지 않으셨다. 예수님께서 고난을 겪으신 이유는 우리 모두를 위해서였다. 따라서 우리에게는 고난 중에 도움을 구할 곳이나 주변에 사람이 전혀 보이지 않을 때에도 주저함 없이 달려가서 위로를 얻을 수 있는 피난처가 있다. 연약함을 친히 경험하신 주님께서 우리가 연약할 때 우리를 위하신다. 이것이야말로 가장 좋은 소식이 아닐 수 없다.

주님 앞에 담대히 나아갈 수 있다

전에 의지했던 것들을 더 이상 의지할 수 없게 되면 세상이 온통 무너져 내리는 것처럼 느껴지기 마련이다. 그럴 때면 아침마다 잠자리를 박차고 일어나게 만들었던 것들, 곧 힘차게 살아갈 수 있는 의욕을 자극하고 마음을 기쁘게 했던 것들이 눈앞에서 종적을 감추고 만다. 또한 전에는 견고하고 영원할 것처럼 보였던 것들이 물에 젖은 비탈의 잔디 조각처럼 와르르 흘러내린다.

그와 같이 암울한 순간에 우리가 영원히 의지할 수 있고, 삶의 의욕과 소망을 찾을 수 있는 유일한 근거는 바로 우리의 주권적인 구원자이신 주님의 이해와 사랑이다.

주님은 우리를 이해할 수 있을 만큼 경험이 충분하시고, 우리를 도울 수 있을 만큼 사랑이 풍성하시다. 더욱이 그분은 모든 상황을 바꾸어 놓을 수 있는 능력을 지니고 계신다.

어려운 순간에 꼭 맞는 은혜와 긍휼이 있다

고난당하는 사람 거의 대부분은 도움을 주고 싶어 하면서도 실제로 무엇이 필요한지 이해하지 못하는 선의의 사람들과 마주치게 된다. 어려움을 겪을 때 음식을 주면 고맙지만 실제로 필요한 것은 돈일 수 있고, 기도를 해 주겠다고 약속하는 것 역시 크게 감사할 일이지만 실제로 필요한 것은 함께 시간을 보내며 길고 긴 외로움을 달래 주는 것일 수 있다. 또한 조언을 듣는 일은 그저 식상할 뿐이고, 함께 시련의 아픔을 나눠 질 수 있는 사람을 간절히 원하는 상황일 수도 있다.

사람들은 선한 의도를 지니고도 고난당하는 사람이 겪는 일을 바르게 이해하지 못할 때가 많다. 그래서 고난당하는 사람에게 필요한 것을 정확하게 채워 주기가 어렵다.

이것 역시 히브리서 4장 14-16절 말씀이 그토록 큰 위로와 격려가 되는 이유다. 예수님은 친히 고난을 겪으셨기 때문에 우리가 겪는 일을 정확하게 이해하신다. 그분은 우리에게 필요한 것이 무엇인지 아시기 때문에 무작정 도움을 베풀지 않으신다. 우리 개개인에게 적합한 도움을 베푸신다.

기진맥진하고, 절망스럽고, 당혹스럽고, 소망을 찾기 어려울 때에는 상황이 눈에 보이는 것만큼 나쁘지 않다거나 실제보다 형편이 더 낫다고 자위하고픈 유혹을 느끼기 쉽다.

그러나 현실 부정은 눈앞의 상황을 직시하지 않고 도피하게 만들기 때문에 아무런 유익을 주지 못한다. 현실 부정은 우리에게 상상할 수 없는 일이 일어났을 때 우리에게 필요한 것을 제공하지 못하고, 또 그런 상황에 잘 대처할 수 있는 사람이 되도록 도와주지도 못한다.

그러나 예수님께서 우리의 입장이 되어 우리가 겪는 일들을 친히 겪으셨기 때문에 우리는 현실 부정의 덫에서 영원히 자유롭게 되었다. 따라서 우리는 겉으로 경건한 척 위장하지 않고 주님께 우리의 연약함을 솔직하게 드러낼 수 있을 뿐 아니라 스스럼없이 토로할 수 있다.

현실 부정의 반대는 솔직함이 아닌 담대함이다. 히브리서 4장 14-16절은 우리에게 구원적인 담대함을 일깨운다. 그런 담대함만이 어려움을 당할 때 하나님과 다른 사람 앞에서 솔직하게 행동할 수 있는 용기를 줄 수 있기 때문이다.

질문과 적용

1. 저자는 '이 불완전한 세상에 대한 하나님의 솔직한 태도는 우리 모두에게 솔직할 것을 요구한다'고 했다. 기도할 때 어떻게 하면 하나님께 좀 더 솔직해질 수 있을 것 같은가?

2. 저자에 따르면 일시적인 위안을 얻기 위해 우리의 어려움을 부정하는 것은 "성경적인 믿음을 나타내는 것이 아니다." 그렇다면 무엇이 성경적인 믿음인가?

3. 저자는 '하나님의 은혜는 단지 과거의 용서와 미래의 소망뿐 아니라 우리가 지금 겪고 있는 모든 일에 영향을 미친다'고 했다. 이런 사실이 당신의 신학적인 신념에 어떤 영향을 미치는가?

4. '연약함을 친히 경험하신 주님이 우리가 연약할 때 우리를 위하신다'는 말이 무슨 뜻인가?

5. 고난을 당할 때 "우리가 믿는 도리를 굳게 잡을지어다"(히 4:14)라는 말씀을 실천히면 이떤 유익이 있는가?

더 깊이 묵상하기

시편 3:3
히브리서 4:14-16, 11:1

살다 보면 터무니없게 삶이 힘들게 느껴질 때도 있고, 하나님이 전혀 이해되지 않을 때도 있고, 인생이 도무지 풀릴 것 같지 않은 수수께끼 같을 때도 있다. 그럴 때 우리는 절망감을 느낄 수 있다. 그러나 그 절망감을 어떻게 다루느냐에 따라 우리가 삶을 살아가는 방식이 결정된다.

8
절망의 덫

몇 차례의 수술 후 나는 병원으로부터 자유로울 수가 없었다. 수술을 받고 몸이 채 회복되기도 전에 또다시 수술을 받아야 하는 상황이 너무 절망스럽게 느껴졌다.

내 몸 안에서 일어나고 있는 일을 스스로 통제할 수 없는 것이 몹시 실망스러웠고, 건강한 상태였다면 나의 소명과 은사에 따라 열심을 다했을 일을 마음껏 할 수 없다는 사실이 너무도 안타까웠다.

또한 아침에 잠자리에서 일어나 아무것도 한 일이 없는데 손가락 하나 까딱할 힘이 남아 있지 않은 것이 절망스러웠고, 사역 일정을 차례로 취소해야 하는 것이 속상했다. 하나님이 무엇을 하고 계시고, 또 이와 같은 시련을 주시는 이유가 무엇인지 도통 이해할 수 없는 것이 참으로 서글펐다.

고난당하는 사람이라면 누구나 이런저런 방식으로 절망감을 느낀다. 절망감은 이미 겪고 있는 고난의 짐을 더욱 무겁게 만든다. 육체의 질병, 손실, 배신 등 불행한 일이 닥치는 고난의 저변에는 강력하고 위험한 무엇인가가 도사리고 있다. 즉 고난당하는 사람의 마음속에서는 영적 싸움이 벌어지고 있다. 이것이 내가 지금까지 설명한 것이다. 이 싸움은 우리의 마음을 장악하기 위한 싸움이다. 우리의 마음을 지배하는 것이 우리가 삶을 바라보는 방식과 마음의 소원에 영향을 미치고, 우리의 말과 행동을 규정한다.

고난을 당할 때 두려움을 느끼는 것은 자연스런 현상이지만 그 두려움이 마음을 지배하는 것은 매우 위험하고 파괴적인 결과를 낳는다.

원하지 않는 일이나 뜻하지 않은 어려움이 발생했을 때 의심이 생기는 것은 정상이다. 그러나 하나님에 대한 의심이 마음을 지배하고 삶의 방향을 결정짓기 시작하면 큰 위험이 초래될 수 있다. 고난을 당할 때 울타리 너머를 바라보며 이웃처럼 형통한 삶을 살고픈 심정을 느끼는 것은 자연스러운 일이지만 시기심이 가득한 마음을 안고 사는 것은 심각한 문제다. 고난은 절망감을 느끼게 만들지만 그런 중에도 우리는 그것이 고난당하는 사람 모두의 마음속에서 일어나는 영적 싸움의 주된 측면 중 하나라는 사실을 이해해야 한다.

문제는 '절망감을 느끼느냐, 아니냐'가 아니라 '그것이 우리에게 어떤 영향을 미치느냐'다. 다시 말해 문제는 우리 자신, 하나님, 다른 사람들, 우리의 현재, 우리의 잠재적 가능성, 우리의 미래, 하나님의 약속과 보살핌 같은 것에 대한 우리의 관점이 절망감으로 서서히 지배되어 가고 있는지 여부다.

조렌(Jolene)은 내 사무실을 향해 힘겹게 걸음을 옮겼다. 그녀의 뒤에서 걷고 있던 나는 그녀가 완전히 패배한 사람처럼 걷고 있다는 생각이 들었다. 그녀는 마치 몸을 질질 끌고 가는 것처럼 겨우겨우 한 걸음씩 떼어 놓았다.

사무실에 들어온 그녀는 소파에 털썩 주저앉았다. 앉은 자세가 나쁜 것이 아니라 아무런 자세도 취하지 않은 듯 보였다. 마치 물체 하나가 소파 구석에 놓여 있는 것 같았다. 그녀는 고개를 앞으로 푹 숙였다. 그녀의 눈은 아마도 꼭 감겨 있을 거라는 생각이 들었다. 내가 그녀를 찾아갔을 때도 그녀는 인사조차 하지 않았고, 내 질문에도 아무런 반응을 보이지 않았다. 영락없이 절망한 사람의 몰골이었다.

조렌은 그곳에 앉아 더듬거리는 말투로 내 질문에 조용히 대답했다. 울음을 터뜨리지는 않았다. 너무나 절망스러운 나머지 더 이상 울 기운조차 없는 듯했다. 그녀는 나와의 대화가 유익할 것이라는 희망도 품지 않았다. 그녀가 내 사무실에 온 이유는 단지 나를 만나 보라고 권했던 사람들이 귀찮았기 때문이었다. 아침에 일어나 무슨 일을 하는 것이 자신의 인생을 바꿀 수 있을 것이라고 생각하지 않았기 때문에 도무지 침대에서 일어나려 하지 않았다. 다만 내 사무실에 오기 위해 오랜만에, 어쩔 수 없이 옷을 차려 입었다.

그녀는 남편이나 친한 친구가 억지로 권할 때만 음식을 먹었기 때문에 체중이 크게 줄어든 상태였다. 하나님을 바라보아도 아무런 소망을 발견할 수 없었다. 교회에 나가거나 성경책을 읽거나 소그룹에 참석하거나, 심지어 가끔씩 기도를 읊조리는 일조차 이미 중단한 지 오래였다. 절망감은 조렌을 그녀 자신의 내면 깊숙한 곳으로 완전히 물러나게 만들었다. 과연 내가 그녀를 그곳에서 다시 나오게 할 수 있을지 의심스러웠다.

내가 처음 조렌을 만났을 때는(그녀의 상황과는 무관한 독자들이 많겠지만 그녀의 이야기는 매우 중요한 의미를 지닌다) 절망감이 마음을 장악하고, 그것이 삶의 모든 것을 바라보는 관점을 형성할 때 어떤 해악이 초래되는지 보여 주는 좋은 본보기였다.

절망감을 제재하지 않고 방치하면 그것이 우리의 눈과 귀가 되어 우리가 보고 듣는 모든 것과 모든 상황을 보고 듣는 방식에 지대한 영향을 미치게 된다. 절망감을 그대로 방치하면 우리의 감정을 지배하고, 우리의 선택과 행위를 규정하며, 우리의 희망과 동기를 앗아가고, 선한 일을 해야 하는 이유를 보지 못하게 만들며, 신뢰할 수 있는 능력을 빼앗는다.

절망감은 우리를 자기 방어적이고, 폐쇄적이며, 쉽게 당황하게 만든다. 또한 힘과 용기를 약화시키며, 부정적인 것이 전혀 없는데도 부정적인 것을 보게 만들고, 바로 눈앞에 긍정적인 것이 있는데도 그것을 보지 못하게 만든다. 절망감을 허용하면 삶을 파괴하는 힘을 지닌 거짓말에 쉽게 속는다. 고난을 당하는 사람이 절망감을 느끼는 것은 자연스러운 일이지만 자칫 잘못하면 그것이 그 사람을 지배하는 악한 주인이 되고 만다.

절망감이 얼마나 위험한 힘을 지녔는지 보여 주기 위해 그것과 관련된 구약성경 이야기를 하나 소개하겠다.

우리 하나님 여호와께서 우리에게 명령하신 대로 우리가 호렙산을 떠나 너희가 보았던 그 크고 두려운 광야를 지나 아모리 족속의 산지 길로 가데스 바네아에 이른 때에 내가 너희에게 이르기를 우리 하나님 여호와께서 우리에게 주신 아모리 족속의 산지에 너희가 이르렀나니 너희의 하나님 여호와께서 이 땅을 너희 앞에 두셨은즉 너희 조상의 하나님 여호와께서 너희에게 이르신 대로 올라가서 차지하라, 두려워하지 말라, 주저하지 말라 한즉 너희가 다 내 앞으로 나와 말하기를 우리가 사람을 우리보다 먼저 보내어 우리를 위하여 그 땅을 정탐하고 어느 길로 올라가야 할 것과 어느 성읍으로 들어가야 할 것을 우리에게 알리게 하자 하기에 내가 그 말을 좋게 여겨 너희 중 각 지파에서 한 사람씩 열둘을 택하매 그들이 돌이켜 산지에 올라 에스골 골짜기에 이르러 그곳을 정탐하고 그 땅의 열매를 손에 가지고 우리에게로 돌아와서 우리에게 말하여 이르되 우리의 하나님 여호와께서 우리에게 주시는 땅이 좋더라 하였느니라. 그러나 너희가 올라가기를 원하지 아니하고 너희의 하나님 여호와의 명령을 거역하여 장막 중에서 원망하여 이르기를 여호와께서 우리를 미워하시므로 아모리 족속의 손에 넘겨 멸하시려고 우리를 애굽 땅에서 인도하여 내셨도다. 우리가 어디로 가랴? 우리의 형제들이 우리를 낙심하게 하여 말하기를 그 백성은 우리보다 광대하며 그 성읍들은 크고 성곽은 하늘에 닿았으며 우리가 또 거기서 아낙 자손을 보았노라 하는도다 하기로 내가 너희에게 말하기를 그들을 무서워하지 말라. 두려워하지 말라. 너희보다 먼저 가시는 너희의 하나님 여호와께서 애굽에서 너희를 위하여 너희 목전에서 모든 일을 행하신 것같이 이제도 너희를 위하여 싸우실 것이며 광야에서도 너희가 당하였거니와 사람이 자기의 아들을 안는 것같이 너희의 하나님 여호와께서 너희가 걸어온 길에서 너희를 안으사 이곳까지 이르게 하셨느니라 하나 이 일에 너희가 너희의 하나님 여호와를 믿지 아니하였도다. 그는 너희보다 먼저 그 길을 가시며 장막 칠 곳을 찾으시고 밤에는 불로, 낮에는 구름으로 너희가 갈 길을 지시하신 자이시니라(신 1:19-33).

이 일화가 성경에 기록된 이유는 우리의 경각심과 주의를 일깨우기 위해서다. 하나님께서 우리를 위한 교훈과 본보기로 이런 일화를 기록하게 하신 이유는 그들도 우리와 똑같은 사람들이었기 때문이다.

이 역사적인 사건이 지니는 의미를 온전히 이해하려면 이 일의 배경을 아는 것이 중요하다. 이스라엘 백성은 오랫동안 힘든 광야 생활을 끝마치고 하나님께서 그들의 영구한 거처로 주겠다고 약속하신 비옥하고 풍요로운 땅 맞은편에 진을 쳤다. 보고에 따르면 그 땅은 매우 좋은 곳이었지만 이스라엘 백성보다 체구가 큰 백성들이 거주하는 요새

화된 성읍이 여기저기에 세워져 있었다. 모세가 백성들에게 하나님께서 그동안 어떻게 인도하시고, 보호하시고, 보살펴 오셨는지 상기시켜 주었지만 그들의 절망감은 극에 달했다.

그들은 '하나님께서 우리를 강한 족속들의 손에 넘기시려고 이 먼 곳까지 인도하신 건가? 왜 약속의 땅을 텅 빈 상태로 준비해 그냥 걸어 들어가게 하시지 않았을까? 왜 그런 사실을 미리 알려 주시지 않았을까? 이제 우리는 어떻게 해야 하나?'와 같은 생각을 떠올렸다. 어떤 길을 선택하더라도 결과가 좋지 않을 것이 뻔했다. 앞으로 나가서 싸우다가 전부 몰살당하거나 다시 광야로 돌아가서 유랑생활을 하거나 둘 중 하나였다. 참으로 낙심천만한 일이 아닐 수 없었다.

물론 낙심 자체는 죄가 아니다. 우리 모두는 언제든 예기치 않은 어려움을 겪을 수 있다. 그 이유는 우리를 위한 하나님의 계획이 우리가 세운 계획과 다를 때가 많기 때문이다. 우리는 우리보다 능력 있고 거대한 '원수들'과 맞부딪칠 수 있다. 그럴 때면 우리 눈에 조금도 좋아 보이지 않는 일을 하나님께서 우리 삶에 허락하신 이유를 궁금해하지 않을 수 없다.

그러나 반드시 기억해야 할 중요한 사실이 있다. 절망감은 죄가 아니지만 그것을 처리하는 방식은 영적으로 매우 중요한 의미를 지닌다는 점이다.

절망감을 극복하라는 하나님의 명령을 무시해서는 안 된다. 연약하고 혼란스러운 순간에는 절망감에 굴복하기 쉽다. 그럴 땐 절망감에서 비롯되는 생각이나 감정을 그대로 따르고 싶은 유혹을 느낀다. 절망감이 삶을 바라보는 렌즈가 될 수 있다.

그러나 고난당하는 사람은 반드시 그런 유혹을 물리쳐야 한다. 절망감은 자연스런 현상이지만 그것을 친구로 삼아 악한 주인 행세를 하도록 방치하는 것은 곤란하다.

고난을 당할 때 절망감이 마음속에 뿌리를 내리게 함으로써 빚어지는 가장 해로운 결과 두 가지를 상기시켜 주고 싶다. 이 두 결과를 통해 절망감의 덫과 고난 때문에 낙심한 사람들의 마음속에서 벌어지는 영적 전쟁에 관해 잠시 설명을 덧붙이면 다음과 같다.

수직적인 불평

핵심부터 간단히 말하면 절망감은 마음에 불평불만을 불러일으키고, 불평불만은 하나님을 비난하게 만든다. 이 점은 앞에서도 이미 언급했지만 여기에서 한 번 더 이야기하고 싶다.

우리가 이 세상에 태어나 본향에 돌아갈 때까지 살아가는 동안 절망감은 자연스럽게 삶의 한 부분을 차지한다. 살다 보면 터무니없게 삶이 힘들게 느껴질 때도 있고, 하나님이 전혀 이해되지 않을 때도 있고, 인생이 도무지 풀릴 것 같지 않은 수수께끼 같을 때도 있다. 그럴 때 우리는 절망감을 느낄 수 있다. 그러나 그 절망감을 어떻게 다루느냐에 따라 우리가 삶을 살아가는 방식이 결정된다.

절망감이 뿌리를 내리고 삶을 바라보는 렌즈가 되어 삶에 대한 여러 전제와 우리의 신학을 형성하면 불평을 쏟아내는 경향이 나타나기 시작한다.

절망감이 만성화된 사람들은 옳은 것보다 그른 것을 더 많이 보게 된다. 그런 사람들은 빛보다 어둠을, 은혜보다 어려움을, 정의보다 불의를, 사랑보다 미움을, 인정보다 배척을 더 많이 바라보는 경향이 있다. 스스로는 삶을 정확하게 보고 있다고 확신하지만 그 관점은 이미 절망감으로 왜곡된 상태다. 삶에 대한 전제가 잘못 형성되어 있기 때문에 다른 것은 보지 못하고 오직 한 가지만 볼 수밖에 없다.

이런 상태는 특정 브랜드의 자동차를 새로 구입했을 때와 흡사하다. 그런 경우 사람들은 자신의 자동차를 도로상에서 이전보다 더 많이 발견하며 동승한 배우자에게 다음과 같이 말한다. "우리 차가 이렇게 많은 줄 미처 몰랐어." 실제로는 동일 브랜드의 자동차가 갑자기 늘어난 것이 아니다. 다만 자신이 그 자동차를 소유했기 때문에 눈이 새롭게 열려 동일 브랜드의 자동차에 더 많은 관심을 나타내게 된 것이다.

절망감도 마찬가지다. 절망감도 신속하게 삶을 바라보는 렌즈로 변한다. 절망감은 축복보다 불행을 더 많이 생각하게 만들고, 불평할 수 있는 이유를 많이 제공한다. 그래서 절망감을 방치하면 그것이 곧 우리의 기본 언어가 된다.

그렇다면 불평하는 삶은 왜 위험한 걸까? 하나님께서 인류사의 큰 사건들뿐 아니라 개인의 세세한 삶까지 다스리신다고 믿는다면, 또 우리의 통제 범위를 벗어난 일이 하나님의 통제 아래 있다고 생각한다면 순전히 수평적인 차원에서만 이루어지는 불평은 존재하지 않을 것이다. 이 점을 이해하는 것이 중요하다.

예컨대 만일 내가 의사의 무감각한 태도와 목회자의 무관심한 태도와 이해와 동정심 없는 친구들의 태도에 불만을 느낀다면 그것은 단지 그 사람들뿐 아니라 그들을 나의 삶에 개입시킨 하나님에 대한 불만이 된다. 늘 불평불만을 터뜨리며 사는 삶이 편안하게 느껴질수록 그것이 하나님을 직접적으로 비난하는 의미로 바뀔 가능성이 높아진다. 신명기 1장의 일화를 생각하면 그런 일이 벌어지기까지 그리 오랜 시간이 걸리지 않는다는 사실을 분명하게 알 수 있다.

그런 일이 벌어지면 단지 인생이 불행하다고 말하는 차원을 넘어서게 된다. 즉 불평은 우리를 "내 인생이 불행한 이유는 하나님께서 선하시지 않기 때문이야."라고 말하는 데까지 나아가게 만든다.

졸렌이 말한 하나님은 성경의 하나님이 아니라 냉담하고, 무관심하고, 몰인정한 존재였다. 하나님의 성품을 비난하는 그녀의 말을 듣고 있자니 그녀가 도움을 구하는 것을 중단한 이유를 이해할 수 있었다. "여호와께서 우리를 미워하시므로 아모리 족속의 손에 넘겨 멸하시려고 우리를 애굽 땅에서 인도하여 내셨도다"(신 1:27). 하나님의 성품과 의도를 심하게 비난하는 말이 아닐 수 없다.

하지만 이런 불평은 현실을 철저하게 왜곡한 것이었다.

고난을 겪고 있고, 그 고난 때문에 낙심이 되어 찬양보다 불평을 더 많이 한다면 삶에 대한 자신의 관점이 정확하거나 논리적이지 않다는 사실을 기억해야 한다.

불평이 우리의 관점에 영향을 미치면 현실과 현실을 다스리시는 하나님에 대한 인식이 뒤틀리고 삐뚤어지게 된다. 따라서 그리스도의 몸인 교회는 성경의 진리를 바르게 가르쳐 고난당하는 사람들이 삶을 바라보는 관점을 사랑으로 바로잡아 주어야 한다. 우리 자신이 상황을 분명하게 인식하지 못하고 삶에 대한 우리의 전제가 부정확할 수 있지만, 그렇다고 해서 하나님까지도 마치 그러신 것처럼 생각하는 것은 곤란하다.

물론 나도 그런 갈등을 똑같이 겪었기 때문에 그렇게 하기가 어렵다는 것을 잘 안다. 그러나 우리는 절망감을 느끼는 중에도 개방적이고 소통 가능한 상태를 유지해야 한다. 무엇보다 상황을 바라보는 우리의 관점을 다른 사람들이 받아들여야 한다고 고집하면 그들로부터 우리에게 필요한 도움을 얻기가 어렵다.

도움을 얻으려면 우리가 먼저 다른 사람들에게 기꺼이 마음을 열고, 그들이 하는 말에 귀를 기울여야 한다. 따라서 이스라엘 백성의 태도는 잘못되었다. 그들의 관점은 낙심으로 왜곡되었다. 그들의 절망감은 하나님과 지도자들에 대한 그들의 태도에 영향을 미쳤다.

절망감이 수직적인 불평으로 바뀌면 마음과 태도에 영향을 미쳐 이미 겪고 있는 고난으로 인한 어려움이 한층 더 증대된다. 그럴 땐 자기 방어 체계를 허물고 마음을 열어야 한다. 고난을 당하면 삶이나 다른 사람이나 하나님을 더 이상 정확하게 보지 못할 가능성이 매우 높다는 것을 기억해야 한다.

도덕적인 마비

절망감에서 비롯되는 미묘하면서도 실질적인 영향력을 지닌 강력한 결과가 하나 더 있다. 먼저 찬양보다는 불평이 더 쉽다는 것을 겸손히 인정하는 것이 중요하다.

우리는 지금까지 우리가 누려 왔고, 또 지금도 누리고 있는 축복을 인정하고 감사하기보다 우리 삶에 없는 것이나 잘못된 것에 관심을 기울이기 쉽다. 우리가 그렇게 하는 이유 중 하나는 바로 죄다. 죄가 우리 안에 거하는 한, 우리는 이기심으로 늘 갈등을 겪을 수밖에 없다. 스스로를 의롭게 여기는 성향과 이기심 때문에 우리는 우리 자신이 보상을 받을 자격과 권리가 있다고 생각한다.

이런 이기심은 삶이 우리를 중심으로 돌아가기 원하는 태도, 곧 우리의 행복과 안위를 가장 중요하게 생각하고, 모든 것을 우리 뜻대로 하려는 태도를 부추긴다.

우리는 원하는 것을 누리지 못하고 사는 삶이나 우리를 가로막는 장애 요인들을 싫어한다. 언제나 우리 자신의 욕구가 충족되고, 우리의 계획이 이루어지기를 원한다. 우리에게 동의하지 않거나 원하는 것이 거부당하는 상황을 싫어한다.

우리의 불평은 수평적인 불만족(사람들과 상황에 대한 불만족)뿐 아니라 수직적인 실망감(하나님에 대한 실망감)에서 비롯되기 때문에 절망감은 영적인 무기력을 초래할 수 있는 잠재력을 지닌다. 우리는 불평이 우리 자신은 물론 하나님과의 관계에 대한 우리의 생각과 태도에 미치는 영향을 충분히 고려하지 않는다.

우리가 하나님께서 요구하시는 선한 일을 해야 하는 이유는 그분이 하신 약속이나 보상 때문이 아니다. 우리가 선하고 경건한 일을 해야 하는 이유는 하나님의 존재와 그분의 성품을 믿기 때문이다. 우리가 하나님의 계명을 지키고 그분의 지혜를 따르는 이유는 그분이 선하시다고 믿기 때문이다. 따라서 하나님이 거룩하시고, 의로우시고, 공평하시고, 사랑이 많으시고, 은혜로우시다고 믿지 않으면 그분의 약속을 신뢰할 수 없고, 그분이 상급을 주실 것이라고 믿을 수도 없다. 이처럼 용기 있는 복종의 삶은 무엇이 되었든 언제나 하나님을 신뢰하는 마음에서 비롯된다.

절망감이 삶을 바라보는 관점에 영향을 미치고 불평하는 태도를 부추기면 하나님께 복종하려는 마음이 약해지거나 없어질 수밖에 없다. 절망감은 하나님에 대한 신뢰(아무리 어렵더라도 늘 선하고 영적으로 건강한 일을 실행할 수 있게 만드는 힘)를 앗아간다. 불평은 하나님의 선하심과 신실하심과 지혜와 사랑에 의문을 품기 때문에 그분에 대한 신뢰를 무너뜨린다. 이것이 이스라엘 백성의 마음과 삶에 나타난 결과였다. 그들은 더 이상 하나님의 선하심을 신뢰하지 않았기 때문에("여호와께서 우리를 미워하시므로…") 그분께 헌신하거나 그분의 명령에 따라야 할 이유를 찾지 못했다. 그래서 자신들을 애굽에서 구원하시고 광야에서 극진히 보살펴 주신 하나님을 거부하고, 자신들의 생각과 뜻대로 살아가기로 결정했다.

절망감이 불평하는 태도로 발전하면 우리를 도덕적인 마비 상태에 빠뜨릴 수 있다. 그렇게 되면 우리는 하나님께서 그분의 자녀들에게 요구하시는 선한 일을 해야 할 이유를 찾지 못한 채 고난 속에서 허우적거릴 수밖에 없다. 하나님은 우리가 우리 자신을 영적으로 건강하고, 강건하고, 지혜롭게 유지시켜 줄 수 있는 일들을 실행하기 원하신다. 안타깝게도 고난당하는 사람들과 대화를 나누다 보면 다음과 같은 말이 반복될 때가 많다. 물론 나 자신도 그들처럼 말하고 싶은 유혹을 느낄 때가 많았다.

"내가 _____을 한다고 해서 무엇이 달라질까요?"
"내가 _____을 한다고 해서 무슨 유익이 있을까요?"
"하나님께서 나를 보살피신다는 확신이 없으니까 성경을 읽기 어려워요."
"찬송가 가사가 내가 겪고 있는 상황과 거리가 멀게 느껴져서 교회에 나가 그런 노래를 부르는 것이 힘듭니다."
"더 이상 소그룹에 나가 멋진 삶을 살고 있는 다른 사람들의 이야기를 듣고 싶지 않아요."
"더 이상 기도를 하지 않아요. 기도해서 달라진 것이 별로 없거든요. 하나님이 내 기도를 들으시는 것 같지 않아요."

"마땅히 감사해야 하지만 내 삶에는 감사할 일이 별로 없어요."

"저도 다른 사람들이 가진 것을 가진다면 얼마든지 하나님을 경배할 수 있을 거예요."

"매일 좋지 않은 일을 겪으며 살다 보니 하나님께서 선하시다는 말이 듣기 싫어요."

"하나님이 정말로 나를 사랑하신다면 왜 _____을 해 주지 않으시는 거죠?"

"매일 아침 잠에서 깨어날 때마다 '하나님의 약속은 어디로 간 거지?'라는 생각이 듭니다."

이런 말을 한 사람 중 어느 날 갑자기 하나님을 따르지 않기로 결심한 사람이나, 하나님에 관한 성경의 가르침을 의식적으로 거부하기로 결정한 사람이나, "더 이상 내 삶을 하나님 손에 맡기지 않고, 이제부터는 내가 직접 주관하며 내가 이해할 수 있는 일만 할 거야."라고 말한 사람은 아무도 없었다.

고난으로 인한 고통 때문에 심신이 지칠 대로 지치면 절망감이 느껴지기 시작하고, 감사보다 불평이 차츰 더 많아지기 때문에 하나님께 계속 헌신하고 복종해야 할 이유를 찾기 어려워진다. 그 결과 이미 겪고 있는 어려움 외에도 하나님이 우리를 사랑하기 때문에 요구하시는 선한 일들을 더 이상 실행하지 않는 잘못까지 더해지게 된다.

자기 자신을 한번 돌아보라.

고난 때문에 하나님에 대한 신뢰가 줄어들고 복종이 약화되었는가? 전에는 기쁨과 확신으로 했지만 더 이상 그렇게 하지 않는 일들이 있는가? 전에는 하나님의 명령으로 알고, 믿고, 실행했지만 지금은 더 이상 그분을 신뢰하지 않기 때문에 중단한 일이 있는가? 하나님의 약속이 더 이상 동기를 부여하지 못하고, 그분의 임재가 더 이상 담대한 마음을 일으키지 못하고, 그분의 은혜가 더 이상 용기를 주지 못하는 상태에 이르렀는가? 성경을 읽거나 기도하는 것이 어렵게 느껴지는가? 낙심과 고통과 혼란의 때에도 하나님께서 선하다고 말씀하신 일을 계속해야 하지만 고난으로 인한 절망감 때문에 그런 일을 하려는 결심이 약해지는가?

절망감으로 인한 위험과 그것이 우리 마음과 삶에 미치는 해악에 대한 논의를 마치기 전에 중요한 사실 두 가지를 언급하고 싶다. 모쪼록 이 두 가지 사실을 통해 삶이 몹시 어려울 때에도 용기와 의욕을 잃지 않고 끝까지 인내할 수 있기를 기도한다.

첫째, 하나님은 우리가 절망해도 놀라거나 이상하게 생각하지 않으시고, 어떻게 해야 할지 몰라 당황하지도 않으신다. 그분은 절망감 때문에 우리의 마음속에서 일어나는 갈등을 모두 알고 계신다. 그분은 우리가 부르짖기 전에 이미 우리의 부르짖음을 아시고, 우리의 마음을 위한 싸움이 영원한 승리로 끝날 때까지 절대로 포기하지 않겠다고 약속하셨다. 우리가 싸움을 포기할 때도 하나님은 우리를 위해 계속 싸우신다. 하나님을 따르려는 마음이 약해질 때도 우리를 버리거나 외면하지 않으신다.

하나님은 우리를 지으셨기 때문에 우리를 너무 잘 아신다. 이것이 바로 그분이 자기 아들을 보내 우리가 할 수 없는 일을 하게 하시고, 우리 스스로 이룰 수 없는 것을 이루게 하신 이유다.

예수님은 갈등하는 우리를 심판하지 않으시고 오히려 우리의 심판을 모두 짊어지셨기 때문에, 그런 순간에 우리를 이해하시는 깊은 사랑을 느낄 수 있고, 또 우리에게 필요한 도움을 받을 수 있다.

절망감을 느낄 때 우리가 혼자가 아니라는 사실을 잊으면 안 된다. 주님은 단지 가까이 계신 것이 아니라 실제로 우리 안에 살고 계신다. 그분은 부드러운 마음으로 우리를 대하실 뿐 아니라 우리가 할 수 없는 일을 하게 만드는 능력을 지니셨다.

둘째, 불평의 위험을 극복하려면 침묵이 아닌 찬양이 필요하다. 그동안 받은 복을 곰곰이 생각해 볼수록 우리 삶에 주어진 구체적인 축복을 볼 수 있는 눈이 더 크게 열린다. 하나님께서 과거에 주신 많은 선물을 세어 볼수록 현재 누리고 있는 그분의 선물이 더 많이 생각나게 된다.

하나님의 임재와 능력과 사랑과 보살핌을 느낄 수 있는 증거들을 볼 수 있게 도와 달라고 기도하라. 어려움을 당하는 중에도 우리가 누리는 좋은 것들을 생각하라. 며칠에 한 번이라도 감사할 수 있는 일, 곧 우리 스스로의 힘으로는 할 수 없었다고 생각되는 일들을 신앙일지에 기록하라. 마음에 감사가 가득할수록 불평이 들어설 여지가 좁아진다. 하나님을 더 많이 경배할수록 그분을 비난하고 싶은 유혹이 줄어든다. 아무리 힘든 하루를 보냈더라도 감사한 일과 그런 일을 내게 허락하신 하나님의 사랑을 찬양할 수 있는 이유를 얼마든지 발견할 수 있다.

부디 절망스럽고 낙심되는 상황에 직면했을 때 하나님의 선하신 손길을 볼 수 있는 눈이 열리고, 그분을 신뢰하며, 사랑의 부르심을 따를 수 있는 이유를 찾을 수 있기를 간절히 기도한다.

질문과 적용

1. 아무런 제재를 받지 않고 서서히 증폭되는 절망감이 삶에 어떤 영향을 미치는가?

2. 절망감은 불평으로 발전해 우리의 기본 언어가 될 수 있다. 그런 증거가 삶에서 어떻게 나타나는가?

3. 고난으로 인한 절망감 때문에 하나님께서 선하게 여기시는 일을 행하려는 의지가 약해진 징후가 보이는가?

4. 저자는 '불평의 위험을 극복하려면 침묵이 아닌 찬양이 필요하다'고 했다. 하나님을 찬양하려면 어떻게 해야 할까?

5. 절망감이 당신의 삶에 어떤 영향을 미치고 있는지 곰곰이 생각하며 기도하라.

더 깊이 묵상하기

신명기 1:19-33, 7:7-8
여호수아 1:9

09　하나님의 은혜의 위로
10　하나님의 임재의 위로
11　하나님의 주권의 위로
12　하나님의 목적의 위로
13　하나님의 백성의 위로
14　마음의 안식의 위로

Part 3 하나님께서 주관하시고 위로하신다

하나님의 은혜는 가장 힘들고 어두운 시기에 가장 강력하게 역사하고, 가장 찬란하게 빛난다. 예수 그리스도의 십자가가 이를 입증하는 가장 확실한 증거다. 메시아가 불의하게 살해된 것보다 더 불행한 일이 어디에 있으며, 그분의 죽음으로 우리의 구원이 이루어진 것보다 더 놀라운 일이 어디에 있겠는가!

9
하나님의 은혜의 위로

그녀의 말을 들을수록 단순한 경험 이상이라는 느낌이 분명해졌다. 그녀는 나에게 자신이 생각했던 과거의 모습에 대해 말했다. 그녀의 절망감은 단지 심신을 쇠약하게 만드는 힘든 경험에 그치지 않았다. 그런 경험이 몇 주, 몇 달을 넘어 수년 동안 계속되다 보니 그것이 결국 그녀의 정체성으로 굳어져 버렸다. "절망스러워요."라는 말은 더 이상 그녀가 겪고 있는 상황에 대한 설명이 아니라 그녀의 정체성을 규정하는 표현이었다.

오랫동안 절망감에 시달리는 것은 참으로 견디기 힘든 일이다. 그것은 우리의 일상적인 기능은 물론 하나님을 비롯한 다른 사람들과의 관계에도 지대한 영향을 미친다. 따라서 우리의 마음과 삶 속에서 일어나는 이 큰 갈등을 결코 경시하면 안 된다. 사랑하는 사람을 잃거나,

심신을 무력하게 만드는 질병에 걸리거나, 큰 사고를 당하거나, 배우자가 간통을 저지르거나, 갑작스런 경제적 손실이 발생하거나, 친구나 사랑하는 사람이 배신하거나, 자녀가 불순종을 일삼는 것 등은 인간이 감당하기에 매우 힘든 일이다. 하지만 그런 경험이 우리를 규정지어 우리의 정체성을 결정하도록 방치해서는 안 된다.

시련과 고통과 고난으로 인한 여러 유혹에 직면한 상황에서도 우리 자신이 누구이고, 우리에게 주어진 것이 무엇인지를 기억하는 것이 중요하다. 하나님의 자녀라는 우리의 참된 정체성(그 어떤 사람이나 그 무엇도 우리에게서 빼앗아 갈 수 없는 현실)을 기억하지 않으면 고난이 우리를 규정하기 시작한다. 고난당하는 사람은 누구나 정체성의 갈등을 겪기 마련이다. 우리가 우리 자신에게 부여하는 정체성이 삶의 방식을 형성하고 결정한다. "나는 절망스럽다."가 우리의 정체성으로 굳어지면 개인생활이나 인간관계에서도 그렇게 될 수밖에 없다.

우리가 우리 자신에게 부여하는 정체성은 세 가지를 결정짓는다. 첫째는 우리의 '기대'다. 우리는 희망을 먹고 산다. 우리가 알든 모르든 희망은 우리를 아침마다 잠에서 깨워 하던 일을 계속할 수 있게 만든다. 우리는 무언가를 했을 때 어떠한 결과가 나타나기를 바란다. 하나님께서 우리를 그렇게 지으셨기 때문에 수직적인 소망(하나님에 대한 소망)은 기대에 찬 믿음과 용기 있는 행위라는 수평적인 삶에 동력을 부여한다. 우리는 하나님이 선하시고, 신실하시며, 그분의 임재와 약속과 은혜로 우리를 축복하신다는 것을 알기 때문에 그분이 명령하신 일을 하면 좋은 결과가 보상으로 주어질 것이라는 소망을 품고 산다. 하나님께 순종하는 삶은 단지 그분에 대한 복종이 아니라 그분에 대한 소망에서 비롯되는 결과다.

불행이 우리의 참된 정체성을 앗아가고 우리를 새롭게 규정지으면, 우리의 소망도 덩달아 훼손되거나 파괴될 수밖에 없다. 고난이 우리의 정체성으로 굳어지면 모든 인간이 꼭 가져야 하는 한 가지, 곧 소망을 빼앗기게 된다. 소망을 잃으면 연약해지고, 소심해지며, 동기도 없고 용기도 없이 살아가게 된다. 즉 힘차게 나아가기보다 숨을 곳을 찾기에 급급해지고, 노력을 기울이는 대신 쉽게 포기한다. 소망을 잃으면 능히 할 수 있는 일조차 할 수 없게 되고, 삶이 지금보다 더 나아지지 않을 거라고 생각하게 된다. 힘든 상황이 자신의 정체성으로 굳어지면 영적인 마비 상태에 이르는 결과를 피하기 어렵다.

둘째는 이미 앞에서 암시했지만 조금 더 설명하면 다음과 같다. 우리가 우리 자신에게 부여하는 정체성은 우리의 '잠재력'을 결정짓는다. 우리는 늘 우리가 해야 할 일을 처리하기 위해 우리의 잠재력을 평가한다. 하나님은 우리가 우리의 잠재력을 수직적인 차원에서 결정하기 바라신다. 우리가 은혜로 그분과 관계를 맺었기 때문에 우리의 잠재력이 독자적으로 발휘할 수 있는 힘보다 훨씬 더 크다는 사실을 이해하기 원하신다. 하나님의 자녀로서 우리가 지닌 참된 잠재력을 기억하면 삶이 어려울 때도 소망과 용기를 잃지 않을 수 있다. 그러나 불행이 우리의 정체성을 규정하면 은혜로 가능해진 일을 더 이상 할 수 없다는 절망감이 들기 때문에 우리의 잠재력을 과소평가하는 우를 범하게 된다. 나의 친구 중 하나는 절망감에 사로잡혀 삶에 대한 기대감을 모두 잃었고, 여성이자 아내요, 어머니이자 이웃이요, 친구이자 그리스도의 몸에 속한 지체로서의 잠재력을 전혀 의식하지 못했다.

기대감이 적고 스스로의 잠재력을 과소평가하게 되면 삶의 의욕이 사라지기 마련이다. 이것이 고난이 우리의 정체성을 규정하도록 방치했을 때 나타나는 세 번째 결과다. 즉 우리가 우리에게 부여하는 정체성은 우리의 행위를 결정한다. 어떤 사람은 한 걸음 더 내딛어 어려운 일을 직시하는데 어떤 사람은 그렇게 하지 못하고 도망치는 이유가 무엇일까? 대답은 분명하다. 한 사람은 소망을 품고 있지만 다른 사람은 그렇지 않기 때문이다. 왜 어떤 사람은 시련 속에서도 적극적으로 살아가는데 어떤 사람은 심신이 모두 마비된 듯 꼼짝도 하지 못하는 것일까? 그 이유는 한 사람은 폭풍우 같은 시련 속에서도 자신의 잠재력을 의식하고 있지만 다른 사람은 자신의 잠재력이 지극히 미미하다고 생각하기 때문이다. 이처럼 우리가 스스로에게 부여하는 정체성이 우리의 기대와 잠재력은 물론 일상적인 상황과 관계에 대한 우리의 반응과 태도와 행위를 결정짓는다. 이것이 고난이 우리의 정체성을 규정하도록 방치하고픈 유혹을 힘써 물리치는 것이 그토록 중요한 이유다.

이 책의 남은 부분에서 다룰 내용은 하나님의 자녀가 지닌 잠재력과 소망을 일깨우는 것이다. 하나님의 위로는 고난이 결코 **빼앗을** 수 없으며, 오히려 가장 어두운 시기에 찬란히 빛난다. 이번 장과 이어지는 장에서 이 위로에 대해 살펴볼 것이다. 고난을 당할 때 이미 겪고 있는 어려움을 더 가중시키지 않으려면 앞에서 다룬 유혹들을 뿌리치고, 하나님의 위로를 향해 달려가야 한다. 우리가 고난을 당할 때 받는 위로는 단지 하나님의 자녀로서 바라는 소망이 아니라 그분의 자녀라는 정체성 안에 이미 포함되어 있는 현실이다. 우리의 참된 정체성은 고난이 아닌 그런 위로들을 통해 더욱 명확하게 드러난다. 그런 위로 가운데 첫 번째는 하나님의 놀라운 은혜의 위로다. 바울은 고난당하는 이들에게 큰 용기를 주는 이 위로에 관해 다음과 같이 말했다.

생각하건대 현재의 고난은 장차 우리에게 나타날 영광과 비교할 수 없도다. 피조물이 고대하는 바는 하나님의 아들들이 나타나는 것이니 피조물이 허무한 데 굴복하는 것은 자기 뜻이 아니요 오직 굴복하게 하시는 이로 말미암음이라. 그 바라는 것은 피조물도 썩어짐의 종노릇한 데서 해방되어 하나님의 자녀들의 영광의 자유에 이르는 것이니라. 피조물이 다 이제까지 함께 탄식하며 함께 고통을 겪고 있는 것을 우리가 아느니라. 그뿐 아니라 또한 우리 곧 성령의 처음 익은 열매를 받은 우리까지도 속으로 탄식하여 양자 될 것 곧 우리 몸의 속량을 기다리느니라. 우리가 소망으로 구원을 얻었으매 보이는 소망이 소망이 아니니 보는 것을 누가 바라리요. 만일 우리가 보지 못하는 것을 바라면 참음으로 기다릴지니라. 이와 같이 성령도 우리의 연약함을 도우시나니 우리는 마땅히 기도할 바를 알지 못하나 오직 성령이 말할 수 없는 탄식으로 우리를 위하여 친히 간구하시느니라. 마음을 살피시는 이가 성령의 생각을 아시나니 이는 성령이 하나님의 뜻대로 성도를 위하여 간구하심이니라. 우리가 알거니와 하나님을 사랑하는 자 곧 그의 뜻대로 부르심을 입은 자들에게는 모든 것이 합력하여 선을 이루느니라. 하나님이 미리 아신 자들을 또한 그 아들의 형상을 본받게 하기 위하여 미리 정하셨으니 이는 그로 많은 형제 중에서 맏아들이 되게 하려 하심이니라. 또 미리 정하신 그들을 또한 부르시고 부르신 그들을 또한 의롭다 하시고 의롭다 하신 그들을 또한 영화롭게 하셨느니라. 그런즉 이 일에 대하여 우리가 무슨 말 하리요. 만일 하나님이 우리를 위하시면 누가 우리를 대적하리요. 자기 아들을 아끼지 아니하시고 우리 모든 사람을 위하여 내주신 이가 어찌 그 아들과 함께 모든 것을 우리에게 주시지 아니하겠느냐. 누가 능히 하나님께서 택하신 자들을 고발하리요. 의롭다 하신 이는 하나님이시니 누가 정죄하리요. 죽으실 뿐 아니라 다시 살아나신 이는 그리스도 예수시니 그는 하나님 우편에 계신 자요 우리를 위하여 간구하시는 자시니라. 누가 우리를 그리스도의 사랑에서 끊으리요. 환난이나 곤고나 박해나 기근이나 적신이나 위험이나 칼이랴. 기록된 바 우리가 종일 주를 위하여 죽임을 당하게 되며 도살당할 양같이 여김을 받았나이다 함과 같으니라. 그러나 이 모든 일에 우리를 사랑하시는 이로 말미암아 우리가 넉넉히 이기느니라. 내가 확신하노니 사망이나 생명이나 천사들이나 권세자들이나 현재 일이나 장래 일이나 능력이나 높음이나 깊음이나 다른 어떤 피조물이라도 우리를 우리 주 그리스도 예수 안에 있는 하나님의 사랑에서 끊을 수 없으리라 (롬 8:18-39).

단지 우리가 하나님의 자녀라는 이유 때문에 우리에게 주어진 이 위로의 본질은 무엇일까?

바울이 이 위로를 어떻게 설명하고 있는지 주목하라.

불편한 은혜

바울은 로마서 8장 19-25절에서 고난이 닥쳤을 때 위로를 주는 두 가지 사실을 언급했다. 그는 첫마디부터 고난이 이상하거나 놀라운 경험이 아니라고 말했다. 고난은 이 불완전한 세상을 살아가는 모든 사람의 경험이며, 우리가 불완전한 세상에 살고 있다는 증거다("허무한 데 굴복하는", "썩어짐의 종노릇", "함께 고통을 겪고 있는").

'이미'와 '아직', 곧 아담과 하와의 타락과 그리스도의 재림 사이를 살아가는 사람은 모두가 어떤 식으로든 고난을 겪기 마련이다. 단지 고난의 종류와 시기만 다를 뿐이다. 따라서 고난은 우리가 살고 있는 세상의 현실을 나타낼 뿐, 주님의 사랑이 실패했다는 의미와는 거리가 멀다. 나만 특별히 고난을 받는 것도 아니고, 하나님께 버림을 받은 것도 아니다.

바울은 불완전한 세상의 두려운 현실을 언급하면서 "소망"과 "구원"이라는 용어를 사용했다. 언뜻 생각하면 이 용어는 사람들에게 뜻하지 않은 고통의 불가피성을 이해시키는 데 그다지 적합하지 않은 것처럼 보인다. 그러나 바울의 의도는 우리 모두가 어떤 식으로든 겪게 되는 고난의 시기에도 하나님께서 선한 일을 하고 계신다는 사실을 일깨우는 것이었다. 물론 지금 고난을 겪고 있는 사람이 이 점을 이해하기는 매우 어려울 것이다. 내 경우도 마찬가지였다. 그러나 이 점을 이해하는 것이 매우 중요하다. 하나님의 은혜는 가장 힘들고 어두운 시기에 가장 강력하게 역사하고, 가장 찬란하게 빛난다. 하나님은 불행한 일을 통해 선한 일을 이루기 원하실 뿐 아니라 그렇게 할 수 있는 능력을 지니고 계신다. 예수 그리스도의 십자가가 이를 입증하는 가장 확실한 증거다. 메시아가 불의하게 살해된 것보다 더 불행한 일이 어디에 있으며, 그분의 죽음으로 우리의 구원이 이루어진 것보다 더 놀라운 일이 어디에 있겠는가!

하나님의 은혜는 불편한 상황과 형태로 주어질 때가 많다. 구원의 은혜를 부르짖는 순간에 하나님은 우리가 구원받기 원하는 바로 그 일을 도구로 사용하여 우리 안에서, 우리를 통해 선한 일을 이루신다. 하나님은 그분의 일에 지극히 충실하시기 때문에 그 무엇도 그 일을 방해하도록 허용하지 않으신다. 그리고 우리의 삶 속에서 그분이 약속하신 선한 일을 방해하는 것처럼 보이는 일이 발생했을 때 오히려 그것을 도구 삼아 일하신다. 따라서 우리는 이른바 '불편한 은혜의 신학'으로 서로를 감싸고 격려해야 한다. 하나님의 은혜가 불편한 순간에 불편한 방식으로 우리에게 다가올 때가 많지만 우리가 겪는 고난에는 그분이 약속하신 놀라운 은혜의 길을 방해할 만한 능력을 지닌 것이 아무것도 없다. 참으로 큰 위로가 아닐 수 없다.

간섭하시는 은혜

고난은 고통스럽다. 물리적, 관계적, 상황적 차원뿐 아니라 영적, 감정적 차원의 고통을 유발시킨다. 너무도 혼란스러운 나머지 무엇을 위해 기도해야 할지조차 모를 때가 있다. 감정이 크게 북받쳐 올라 할 말이 생각나지 않을 때도 있다. 나도 고난을 당할 때 그로 인한 고통이 견딜 수 없을 만큼 심해서 "주님, 도와주세요. 도와주세요."라고밖에 말할 수 없었던 때가 있었다.

하나님은 우리가 고통을 당하는 순간에 성경적으로 정확하고 신학적으로 훌륭한 기도를 드리기를 바라지 않으신다. 우리가 정확한 용어와 올바른 방식을 사용하지 않았다는 이유로 우리의 기도를 외면하지 않으신다. 그분은 기도하기 힘들어하는 우리를 배척하기는커녕 오히려 도움을 베푸신다. 그분이 베푸시는 도움은 기도하기 어려워할 때 기도하는 방법을 가르치시는 것이 아니다. 하나님은 성령을 통해 친히 도움을 베푸신다. 우리가 무엇을 부르짖어야 할지 모를 때 성령께서 우리의 부르짖음을 성부께 직접 전달하신다. 우리의 마음과 필요를 아시는 성령께서 우리의 탄식을 기도로 바꾸어 주신다.

마음을 둘 데가 없어서 몹시 혼란스러울 때도 우리는 결코 혼자가 아니다. 왜냐하면 하나님께서 간섭하시는 은혜로 우리를 도와주시기 때문이다. 로마서 8장 26-27절은 우리가 탄식하는 순간에 성령께서 우리와 우리의 필요를 성부께 전달하신다고 말한다. 하나님은 우리가 겪고 있는 모든 일을 알고 계신다. 그렇기 때문에 필요한 순간에 다급하게 두서없이 내뱉은 기도를 결코 외면하지 않으신다. 성령께서 그 기도를 하나님의 보좌 앞으로 가져가시면 하나님께서 들으시고 응답해 주신다. 우리의 부르짖음을 듣고 이해해 줄 사람이 아무도 없고, 부르짖는 것 자체가 아무 소용없는 것처럼 느껴지는 순간에도 하나님은 귀를 기울여 듣고 응답하신다. 그분은 우리의 혼란스런 탄식을 나무라지 않고 항상, 기꺼이 들어 주신다. 기도를 연습할 필요는 없다. 감정이 가라앉고 생각이 좀 더 명료해질 때까지 기다릴 필요도 없고, 잘못된 기도를 드릴까 봐 걱정할 필요도 없다. 주님은 깊은 동정심과 사랑으로 귀를 기울이시고, 아무도 이해하지 못하는 우리의 탄식을 정확하게 이해하신다. 하나님께서 우리 기도에 응답하시는 이유는 우리 안에 있는 무엇 때문이 아니라 그분 안에 있는 은혜 때문이다.

멈추지 않는 은혜

로마서 8장 28-30절에는 위로가 넘쳐난다. 그러나 안타깝게도 많은 사람이 이 구절이 전하는 소망을 잘못 이해하는 탓에 그 위로를 간과할 때가 많다.

아마도 사람들에게 가장 크게 오해되는 성경구절 중 하나는 로마서 8장 28절일 것이다. "우리가 알거니와 하나님을 사랑하는 자 곧 그의 뜻대로 부르심을 입은 자들에게는 모든 것이 합력하여 선을 이루느니라." 이 구절에 대한 오해는 많은 사람에게 비현실적인 기대를 부추긴다. 그런 기대가 이루어지지 않으면 슬픔과 의심이 증폭된다. 이 구절의 약속을 바르게 이해하는 방법은 그것을 앞뒤 문맥과 연관시켜 생각하는 것이다. 하나님의 말씀이 약속하는 바를 옳게 이해하려면 성경으로 성경을 해석한다는 원칙을 준수해야 한다.

   하나님은 로마서 8장 28절에서 모든 고난이 우리가 살아있는 동안에 끝난다거나 좋은 결과를 가져올 것이라고 약속하지 않으셨다. 즉 이 말씀은 "모든 것이 다 잘될 것을 보장한다"는 약속이 아니다. 불성실한 남편이 끝내 정신을 못 차리고 결혼 서약을 충실히 지키지 못하거나, 사고로 불구가 된 사람이 다시는 걷지 못하거나, 나의 신장 기능이 영원히 회복되지 않을 가능성이 얼마든지 있다.

   그런데도 이 구절이 좋은 결말을 예고한다고 믿는 사람들이 많다. 그런 사람들은 그런 결과를 간절히 바라다가 기대대로 되지 않으면 크게 번민할 수밖에 없다. 이 구절을 그런 식으로 잘못 이해하면 하나님의 말씀이 거짓이고, 더는 그분을 신뢰할 수 없다는 결론에 도달할 수밖에 없지 않겠는가? 그렇게 되면 스스로가 겪는 고난으로 인한 고통 외에도 하나님께 배신당한 생각이 들어 분노와 슬픔을 느끼게 될 것이 분명하다. 이것이 이 구절에 약속된 은혜를 정확하게 이해하는 것이 그토록 중요한 이유다.

   바울은 우리의 육체나 상황이나 관계를 염두에 두고 로마서 8장 28-30절을 말하지 않았다. 그는 하나님께서 우리에게 베푸시는 선과 그분과 우리의 관계에 대해 말했다.

그 선은 과연 무엇일까? 그것은 바로 우리의 구원, 곧 하나님께서 은혜로 우리 안에서, 우리를 위해 이루겠다고 약속하신 모든 것의 궁극적인 완성을 가리킨다.

고난을 당할 때는 이런 말을 이해하기가 매우 어렵지만 옳게 이해하면 큰 유익을 얻을 수 있다. 하나님은 이 구절에서 우리가 받을 수 있는 가장 중요한 선물을 방해할 것이 아무것도 없다고 약속하셨다. 그 어떤 것도 우리의 삶 속에서 이루어지는 가장 중요한 사역을 멈출 수 없다.

이 세상에서 누리는 육체적, 관계적, 상황적 행복은 하나님께서 구원과 용서와 변화와 해방의 은혜로 우리 안에서, 우리를 위해 이루고 계시는 영원한 축복에 비하면 그야말로 아무것도 아니다.

하나님의 은혜라는 가장 좋은 선물이 위태롭게 흔들릴 가능성은 전혀 없기 때문에 고난을 당할 때도 우리는 안심하고 신뢰할 수 있다. 바울은 우리가 이 사실을 기억하기 바랐다.

지금 우리가 받아 누리는 은혜는 창세전에 정해진 계획에 따른 것이다. 하나님의 사역은 그분이 약속하신 대로 선을 이루실 것이라고 기대하는 우리의 눈치를 살피면서 우리의 삶 속에서 일어나는 일에 맞춰 즉흥적으로 이루어지지 않는다.

그분이 우리 안에서, 우리를 위해 하시는 모든 일은 세상의 기초가 놓이기 전에 정해진 은혜로운 계획의 결과다. 그 무엇도 이 계획을 멈출 수 없다.

공급하시는 은혜

나는 전혀 생각하지 못했던 고난을 겪었고, 지금도 여전히 그로 인한 결과를 안고 살아간다. 그런 일을 겪는 동안 나는 로마서 8장 31-32절을 몇 번이고 되새겨 보았다. 이 성경말씀이 불완전한 이 세상에서의 시련과 고통 때문에 인생이 영원히 바뀔 수도 있는 사람들에게 부여하는 소망과 논리적인 구조가 무척 마음에 든다.

바울은 하나님께서 자기 아들을 기꺼이 내어주셨고, 역사를 온전히 통제하여 정확한 시간에 그분이 세상에 태어나셔서 우리를 위해 살다가 죽게 하셨는데 어떻게 우리를 버릴 수 있겠냐고 주장했다. 또한 우리가 힘들고 연약한 상태로 우리의 능력을 넘어서는 일을 당해 그 어느 때보다 도움이 절실히 필요할 때 십자가가 우리의 희망이자 보장이 된다고 말했다.

십자가는 하나님께서 그분의 자녀들에게 필요한 것을 위해서라면 그 어떤 희생이라도 기꺼이 감수하신다는 사실을 고난당하는 모든 사람에게 강력하게 일깨워 주는 증표가 아닐 수 없다. "어찌 그 아들(예수 그리스도)과 함께 모든 것을 우리에게 주시지 아니하겠느냐"(롬 8:32)는 말씀은 너무 감동적이다. 우리에게 필요한 것 중 주님이 공급하기를 원하시지 않거나 그렇게 하실 수 없는 것은 아무것도 없다. 십자가는 주님이 모든 것을 공급해 주신다는 사실을 분명하게 보여 준다.

이것은 공허한 바람이나 꿈이 아닌 현실이다. 하나님은 그분의 자녀 모두에게 필요한 것을 모두 공급해 주신다. 물론 이것은 주님이 우리가 고통을 받는 중에 원하는 것이나 필요하다고 생각한 모든 것을 공급해 주신다는 약속은 아니다. 주님은 우리에게 필요한 것을 정확하게 아시고, 그 "모든 것"을 공급해 주신다. 십자가는 하나님께서 우리에게 필요한 것을 기꺼이 공급해 주실 거라는 사실을 안심하고 믿을 수 있게 도와준다. 우리는 연약하지만 주님은 연약하지 않으시다. 우리는 가난하지만 주님은 가난하지 않으시다. 우리는 우리의 상황에서 무엇이 가장 필요한지 모를 수 있지만 주님은 그렇지 않으시다. 우리는 삶의 결말이 어떻게 될지 알지 못하지만 주님은 항상 우리의 행복을 위해 애쓰시고, 날마다 공급하는 은혜를 허락하신다.

갈라놓을 수 없는 은혜

로마서 8장은 영광스러운 은혜를 점점 더 강하게 드러내면서 끝을 맺는다. 마치 팀파니가 울리고 심벌즈가 요란하게 부딪치는 것처럼 구원의 오케스트라가 크게 울려 퍼지면서 소망과 위로가 넘쳐난다. 바울은 강력하고도 아름다운 표현으로 우리 안과 우리 주위에 있는 그 어떤 것도 생명을 주는 하나님의 영원한 사랑으로부터 우리를 끊을 수 없다고 선언했다. 이것은 고난당하는 사람 누구나 귀담아 들어야 할 말씀이다. 혼자라고 느낄 때, 이해해 줄 사람이 아무도 없는 것처럼 생각될 때, 하나님의 사랑이 의심될 때, 바울은 "아니다. 하나님께서 우리를 사랑하신다. 그 사실을 바꿀 수 있는 것은 아무것도 없다. 그 무엇도 하나님께서 우리를 외면하시게 만들 수 없다. 하나님을 방해하는 것이나 그분의 마음을 바꿀 수 있는 것은 아무것도 없다"고 말한다.

바울이 고난당하는 사람들을 위해 하나님의 은혜의 위로에 관해 말하면서 마지막을 이렇게 끝맺은 데에는 한 가지 분명한 이유가 있다. 모든 인간의 마음속 깊은 곳에는 부르짖음이 있다. 그것은 사랑받기 원하는 부르짖음이다. 우리는 단지 형통할 때, 강할 때, 충분한 자격이나 매력을 갖추었을 때만 사랑받기를 원하지 않는다. 우리가 연약할 때, 상심했을 때, 혼란스러울 때, 매력이 없을 때, 사랑을 되갚을 능력이 없을 때도 똑같이 사랑받기를 갈망한다. 언제나 우리를 꽉 붙잡고 절대로 놓지 않을 만큼 우리를 사랑해 줄 사람을 원한다.

줄 것이 아무것도 없을 때, 혼란스럽고 화가 났을 때, 고난 때문에 자아 속으로 매몰되었을 때에도 우리는 사랑받기 원한다. 이와 같이 우리는 어떤 상황에서도 흔들리지 않는 사랑, 곧 우리가 충분히 강하거나 선하지 않더라도 우리를 기꺼이 감싸 줄 사랑을 원한다. 우리는 어떤 시련을 당하든 결코 혼자가 아님을 느끼게 해 줄 사랑을 원한다. 우리 자신을 사랑스럽게 가꾸어 보일 수 없을 때에도 사랑받기 원하며, 그 사랑이 영원하다는 것을 확인하고 싶어 한다.

바울은 매우 고무적인 사실을 언급했다. 그는 우리가 하나님의 자녀라는 신분을 지녔기 때문에 우리가 갈망하는 사랑을 이미 소유했다고 말했다. 구세주께서 우리를 사랑하신다. 그분은 앞으로도 계속 우리를 사랑하실 것이다. 그 무엇도 그분의 사랑을 가로막을 수 없다. 우리가 겪는 고난 중 하나님의 사랑을 제한하거나, 가로막거나, 멈추게 할 수 있는 것은 없다. 어떤 상황에 처하더라도 우리는 아침에 일어나서 "나는 연약하고 힘들고 혼란스럽지만, 내가 확신할 수 있는 한 가지는 오늘도 내가 사랑받고 있다는 것이다."라고 말할 수 있다.

고난이 우리를 규정할 수 없다. 고난이 우리의 정체성을 결정짓지 못하게 해야 한다. 우리가 겪는 고난은 강력하고, 힘들고, 삶을 뒤흔드는 경험이지만 우리를 규정할 수는 없다. 우리는 하나님의 자녀다. 삶이 아무리 힘들고 우리가 아무리 연약해도 우리의 정체성은 항상 그대로다. 우리의 정체성은 우리의 상황이나 우리의 업적으로 인한 결과물이 아니라 하나님의 은혜로 주어진 선물이다. 우리가 노력해서 얻은 것이 아니기 때문에 우리가 무슨 일을 겪든 결코 사라지지 않는다.

우리가 하나님의 자녀라는 사실에는 고난당하는 사람 누구나 갈망하는 갖가지 놀라운 위로가 담겨 있다. 지금까지는 그중에서 첫 번째 위로를 살펴보았다. 하나님의 놀라운 은혜의 위로가 지금 이 순간, 이곳에서 주어진다. 탄식하는 이 세상을 살아가면서 고난을 겪는 동안 우리에게는 늘 불편한 은혜, 간섭하시는 은혜, 멈추지 않는 은혜, 공급하시는 은혜, 갈라놓을 수 없는 은혜가 필요하다. 그런 은혜가 언제나 다함 없이 주어진다는 사실은 참으로 좋은 소식이 아닐 수 없다.

질문과 적용

1. 바울 사도는 로마서 8장에서 고난의 불가피성과 소망과 구원에 관해 말했다. 하나님께서 고난을 모두 없애 주지 않으시는 이유가 무엇이라고 생각하는가?

2. 저자는 "하나님의 은혜는 가장 힘들고 어두운 시기에 가장 강력하게 역사하고, 가장 찬란하게 빛난다"고 했다. 이 말이 격려가 되는 이유는 무엇인가? 그런 경험을 해 본 적이 있는가?

3. 간섭하시는 은혜를 통해 어떤 위로를 받는가? 그런 은혜를 경험한 적이 있는가?

4. 로마서 8장 28절이 어떻게 종종 오해되는가? 이번 장을 통해 이 구절에 대한 이해가 어떻게 바뀌었는가?

5. 저자는 우리의 정체성이 우리의 기대와 잠재력과 행위를 결정한다고 말했다. 하나님이 아닌 무엇에서 당신의 정체성을 찾는가? 그런 경향이 고난에 어떤 영향을 미치는가?

더 깊이 묵상하기

로마서 8:18-39
에베소서 2:8-9
데살로니가후서 2:16-17

감정과 영적 상태가 심하게 기복을 일으킬 때도 있고, 좋은 날도 있고, 나쁜 날도 있고, 힘껏 싸울 때도 있고, 굴복할 때도 있지만 주님이 우리와 함께 계신다는 한 가지 사실만은 분명하다. 그 어떤 외부의 시련이나 내면의 갈등도 하나님을 떠나시게 만들 수 없다. 하나님의 임재는 고난을 겪을 때 우리에게 필요한 모든 것을 보장한다.

10
하나님의
임재의 위로

성실한 사랑의 아름다움과 위로가 나에게 생생히 와 닿았다. 그녀에게 그렇게 해 달라고 요구하지도 않았고, 그녀가 그렇게 해 줄 것이라고 기대하지도 않았다. 그것은 나의 필요보다 그녀의 마음과 더 관련이 있었다. 그녀의 행동은 마음에서 저절로 우러나온 것이었다. 그녀가 그렇게 한 이유는 나로 인해 무언가를 얻었기 때문이 아니라 그녀의 마음속에 있는 것 때문이었다.

병원에서 무서운 고통과 두려움에 시달리는 동안, 아내는 잠시도 내 곁을 떠나지 않았다. 아내는 정해진 방문 시간에만 병원에 와서 의사들과 대화를 나누고 내가 접대할 수 없는 방문객들을 대신 접대하는 것에 그치지 않았다. 매일 밤 불편한 의자에 몸을 기대고 내 곁에서 잠을 잤다. 경련이 다시 시작되거나, 고통이 심해지거나, 간호사가 투약을 위해 나를 깨울 때마다 아내는 항상 내 곁을 지켰다. 다시 맞이하고 싶지 않은 아침을 맞이했을 때도 아내는 내 곁에 있었고, 눈물이 흘러나올 때나 낙심이 될 때도 아내는 곁에서 나를 위로하고 용기를 북돋아 주었다.

나는 단순한 말의 위로가 아닌 아내의 존재를 통해 위로를 받았다. 아내가 내 곁에 있는 것 자체가 나를 향한 그녀의 사랑을 여실히 보여 주었다. 아내는 나를 위해 자신의 일을 모두 중단했다. 그때 이후로 종종 가장 암울하고 가장 연약한 순간에 내 곁을 충실하게 지켜 준 아내의 모습이 하나님의 신실하신 임재를 아름답게 나타낸다는 생각이 들었다.

하나님은 궁극적인 임재자이시다. 그분은 은혜로 나의 삶에 개입하셨고, 언제나 내 곁에 계신다. 그분은 나를 위하시고, 내 안에 거하신다. 나의 소망은 신학적인 체계나 일상의 지혜를 넘어선다. 오직 하나님께서 사랑과 기쁨으로 신실하게 내 곁을 지켜 주신다는 사실에 근거한다. 이것은 이 세상에 태어나 영원한 삶을 얻게 될 때까지 힘들고 험한 길을 걸어가는 모든 사람에게 주어지는 최고의 선물이다. 하나님은 우리에게 그분 자신을 가장 아름답고 은혜로운 선물로 베푸신다. 그분은 모든 것을 변화시키는 선물 그 자체이시다. 스스로 의식하든 의식하지 못하든 고난당하는 사람은 모두 그분의 임재가 필요하다.

다윗은 인생의 암울한 시기에 처했을 때 시편 27편을 기록했다. 나는 그 시의 첫 구절이 무척 마음에 든다. 이 시는 고난의 글이지만 고난에서 시작하지 않고 생각을 넓혀 주고, 마음을 사로잡고, 삶을 변화시키는 놀라운 신학적 진리에서 시작한다. 이런 사실은 한 가지 중요한 교훈을 가르친다. 즉 고난을 당할 땐 하나님의 말씀이 가르치는 신학적 진리를 기억하고 의지하는 것이 무엇보다도 중요하다는 것이다. 고난을 당할 땐 성경이 가르치는 진리를 거듭 상기해야 한다. 오직 하나님의 말씀이 가르치는 신학적 진리만 제공할 수 있는 지혜와 인도와 위로로 우리의 생각과 감정과 이해와 욕망을 다스려야 한다. 그릇된 신학은 우리의 고난을 더 악화시키고 복잡하게 만든다. 그릇된 신학은 격려가 필요할 때 우리의 소망을 꺾어 놓고, 힘을 얻어야 할 때 우리의 믿음을 약화시키며, 안정과 평화를 찾아야 할 때 우리의 마음을 방황하게 만들고 의심을 부추긴다. 그렇다면 고난이 닥칠 때 우리는 어디로 마음을 향하고 무엇으로 생각을 채워야 할까?

함께 시편 27편 첫 구절을 읽어 보자.

여호와는 나의 빛이요 나의 구원이시니 내가 누구를 두려워하리요. 여호와는 내 생명의 능력이시니 내가 누구를 무서워하리요(시 27:1).

이 구절에 나타난 신학적 진리에 주목하라. 상상할 수 없는 시련 속에서 다윗이 품었던 소망은 막연하고 추상적인 비인격적 관념이 아니었다. 그가 스스로에게 상기시킨 신학은 하나님의 임재와 은혜에 모든 소망을 두는 것이었다. 만일 그가 "나의"를 생략하고 "여호와는 빛이요"라고만 선언했다면 그의 신학적 선언은 인격적인 힘과 장엄함을 잃었을 것이다. 성경 어디를 읽어 보아도 하나님의 말씀이 가르치는 신학을 비인격적이고, 추상적이고, 학술적인 방식으로 제시한 곳은 단 한 군데도 없다. 성경이 가르치는 신학의 핵심은 하나님께서 자기 백성과 함께 거하시며, 그들의 유익을 위해 자신의 영광을 드러내신다는 사실이다.

다윗은 소망을 발견할 수 있는 유일한 장소, 곧 하나님의 임재를 높이 우러른다. 하나님께서 다윗의 빛과 구원과 요새가 되시려면 무엇보다 그와 가까이 계셔야 한다. 다윗은 상상할 수 없는 고통을 당하는 중에도 "하나님, 주님의 임재가 나의 삶을 밝히고, 악에서 구원받을 것이라는 소망을 주며, 아무 데도 달아나 숨을 곳이 없는 상황에서 피난처를 제공해 줍니다."라고 고백했다. 우리도 시련을 당할 때 스스로에게 하나님의 임재에 관한 신학을 상기시켜야 한다. 이 신학은 우리를 향한 하나님의 신실하심은 물론 하나님의 자녀라는 우리의 정체성을 규정한다. 시편 27편 1절은 그 어떤 상황이나 관계보다도 분명하고 정확하게 다윗의 정체성을 규정했다. 우리는 본래 우리의 정체성을 수직적인 차원에서 찾도록 만들어졌다. 그렇기 때문에 수평적인 차원에 속한 것들은 우리에게 안정된 정체성을 부여할 수 없다. 우리의 정체성은 오직 하나님의 임재와 은혜 안에서만 발견할 수 있다.

하나님께서 우리 삶에 고난을 허락하신 이유를 이해하거나 우리가 어떻게든 살아남을 것이라는 신념을 갖는다고 해서 소망을 발견할 수 있는 것은 아니다. 우리의 소망은 의사, 법률가, 목회자, 가족, 친구는 물론 우리의 명랑한 성격이나 창의력에서 비롯되지 않는다. 어떤 개념이나 사물에서도 우리의 소망을 발견할 수 없다. 일시적으로 도움을 얻기 위해 그 모든 것을 바라보지만 우리의 궁극적인 소망은 오직 하나님의 신실하고 은혜로운 임재 안에서만 발견할 수 있다.

하나님은 결코 우리를 연약하게 만든 요인 때문에 연약해지시거나 우리를 혼란스럽게 만든 요인 때문에 혼란스러워지시지 않는다. 하나님은 우리를 고통스럽게 만드는 감정의 기복에 좌우되시지 않고, 우리처럼 두려워하지도 않으신다. 그분은 잘못된 결정을 내리거나 통제력을 잃는 법이 없으시다. 한 번 하신 말씀을 도로 주워 담지 않으시고, 자신의 행동을 후회하지 않으시며, 충동에 이끌려 반응하지도 않으신다. 그분은 불안감에 쫓겨 선택하시는 일이 없고, 내일을 두려워하지 않으신다. 결코 포기하지 않으시고, 상황을 바꿀 수 없다며 좌절하지도 않으신다. 하나님은 우리와 함께 계신다. 이 사실이 놀라운 위로를 주는 이유는 그분이 모든 점에서 우리와 완전히 다르시기 때문이다. 하나님은 무한한 능력과 만물을 다스리는 권위를 지니셨고, 모든 점에서 완전하시다. 그런 분이 우리와 함께 거하며 절대로 떠나지 않겠다고 약속하셨다.

하나님의 임재에 관한 두 가지 놀라운 약속을 강조하고 싶다. 이 약속들은 우리가 소망을 두었던 것들이 모두 깨지고 무너졌을 때 참되고, 견고하고, 지속적인 소망을 부여한다. 연약함으로 인해 우리 삶에 있는 모든 것이 힘들고 고통스럽게 변할 때 이 약속들은 우리에게 새 힘을 북돋아 준다. 사랑하는 사람에게 배신을 당하거나 나만 홀로 이런 고통을 받는다는 생각이 들 때면 모든 것으로부터 완전히 고립된 듯한 외로움을 느끼기 마련이다. 그럴 때 이 약속들은 누군가가 우리를 단단히 붙들고 있다는 사실을 상기시켜 준다. 이 약속들은 우리가 겪는 고난을 극복할 방도가 전혀 없는 것처럼 보일 때 우리가 생각보다 훨씬 더 많은 잠재력을 지니고 있다는 사실을 일깨워 주고, 사방이 온통 어둠으로 둘러싸여 이리저리 걸려 넘어질 때 우리의 길을 환하게 밝혀 준다.

　우리의 삶은 한순간에 극적으로 변할 수 있다. 너무도 확실해 보였던 미래가 한순간에 우리 눈앞에서 사라질 수 있다. 일평생 삶의 동반자로 살 것이라고 생각했던 사랑하는 사람이 한순간에 떠나거나 없어져 다시 돌아오지 않을 수도 있다. 한순간에 질병으로 육체의 생명력을 잃게 되었다는 뜻하지 않은 말을 듣게 될 수도 있고, 부상으로 삽시간에 삶이 변할 수도 있다. 작고 평범한 순간이든 크고 극적인 순간이든, 삶은 언제든 갑작스레 변할 수 있다. 우리에게는 삶을 현재 상태 그대로 머물게 만들 수 있는 능력이 없다. 좋은 일만 받아들이고 나쁜 일은 피해 넘길 수 있는 능력도 없다. 우리가 항상 사랑받고, 보호받고, 건강하고, 필요한 자원을 늘 가지고 있을 거라는 보장도 없다. 두려움과 슬픔으로부터 우리를 보호할 수 있는 삶의 안전장치도 마련할 수 없고, 어둡고 힘든 일을 겪는 동안 그것이 곧 지나갈 것이라거나 더 나아질 것이라고 확신할 수도 없다. 우리 모두는 우리보다 더 크고 강력한 힘을 다루어야 한다. 무서운 위력을 지닌 토네이도나 태풍 하나만으로도 우리는 우리 자신이 얼마나 초라하고, 우리의 삶이 얼마나 덧없고, 우리의 능력이 얼마나 적은지 상기하기에 충분하다.

나는 나처럼 고난당하는 사람들과 대화를 나눌 수 있는 특권을 누려 왔다. 그들은 자신들의 상황을 통제할 능력이 없었다고 솔직하게 털어놓았다. 한 여성은 "목사님, 저는 길고 긴 갱도를 타고 미끄러져 내려가는 듯한 심정이에요. 어디에 도착할지, 이 길에 과연 끝이 있는 건지 모르겠어요. 지금보다 더 미끄러지지 않게 붙잡을 만한 것조차 없어요."라고 말했다. 인간의 두려운 경험을 생생하게 드러낸 말이 아닐 수 없다. 한 남자는 또 다른 표현으로 그런 현실을 이렇게 묘사했다. "아주 작은 상자 속에 갇혀 있는 듯한 느낌입니다. 구멍이 전혀 눈에 띄지 않고, 어디에도 빠져나갈 길이 없네요. 앞으로 어떻게 될지 궁금해하며 그 안에 그저 앉아 있을 뿐입니다."

우리 자신이 매일 아침 눈을 뜰 때마다 갱도나 작은 상자 안에 갇혀 있다고 상상해 보면 그들이 어떤 심정인지 충분히 짐작할 수 있을 것이다. 그럴 때 나는 단순히 피할 곳이나 생존할 방도를 찾는 것을 넘어서는 일을 하라고 권하고 싶다. 그럴 때야말로 우리를 변화시킬 수 있는 특별한 힘을 발휘할 수 있다는 사실을 모두가 이해하면 좋겠다. 사실 고난을 당하는 순간에는 어떤 식으로든 변화가 일어나기 마련이다. 그 누구도 원하지 않고 뜻하지도 않은 어렵고 낙심되는 상황을 아무 변화 없이 빠져나올 수는 없다. 우리가 겪는 고난은 우리를 변화시킨다. 불행에서 벗어난 후에 그 전과 똑같은 상태를 유지하는 사람은 아무도 없다.

고난을 겪은 뒤에 분노와 의심, 혹은 자기 방어적이거나 냉소적인 태도를 지니게 되는 경우가 있고, 버림받았거나 기만당했다는 느낌을 받게 될 수도 있다. 스스로 언급하지 않더라도 고난을 거친 후에는 모든 관계와 상황에 영적, 감정적 상처가 남을 수밖에 없다. 그런 사실을 스스로 인지하거나 인정하지 않더라도 이전과 달라진 것은 분명한 현실이고, 그 결과는 비극적이다.

한편 고난은 우리를 새롭고 아름답게 변화시킬 수도 있다. 그런 변화는 오직 힘든 시련을 통해서만 이루어진다. 고난은 우리의 재능이나 건강이나 능력이나 지위와 무관한 새로운 형태의 힘을 발견할 수 있도록 도와준다. 고난은 우리가 살아오면서 전혀 의식하지 못했고 알지 못했던 일을 보게 하는 능력이 있다. 고난은 편안한 삶이나 우리를 좋아하는 사람들과 상관없는, 새로운 기쁨을 느끼게 한다. 소심함에서 벗어나 용기를 지니게 하고, 의심에서 벗어나 확신에 이르게 한다. 또한 시련은 시기심을 만족으로, 불평을 찬양으로 바꿀 수 있다. 시련은 우리를 온유하고 격의 없는 사람으로 변화시키고, 은밀한 반항심을 즐거운 복종으로 대체시키는 능력이 있다. 고난은 우리의 마음속에 아름다운 것을 창조하여 삶의 방식을 새롭게 바꾸어 놓을 수 있고, 변화를 일으키는 은혜의 도구가 될 수 있는 놀라운 능력을 지니고 있다.

아마도 지금쯤이면 '도대체 두 가지 놀라운 약속에 관해서는 언제 말할 건가요?'라고 생각할지 모르겠다. 내가 이런 내용을 먼저 말한 이유는 고난으로 인한 불가피한 현실을 솔직하게 인정해야만 하나님의 임재에 관한 두 가지 약속의 의미와 중요성을 충분히 이해할 수 있기 때문이다. 복음의 현재적인 소망의 중심부에는 이 두 가지 약속이 놓여 있다.

"내가 너희와 항상 함께 있으리라"

"내가 너희와 항상 함께 있으리라"는 말씀보다 더 놀랍고 실질적인 소망을 불러일으키는 말씀은 없다. 이 말씀은 너무도 영광스런 현실을 묘사하기 때문에 그 중요성을 아무리 강조해도 지나치지 않다. 이것은 엄청난 변화를 일으키는 궁극적인 현실이요, 비할 데 없이 좋은 소식이다. 이 말씀은 어디에서도 발견할 수 없는 도움과 위로를 제공한다. 사실 이 말씀은 약속 이상의 의미를 지닌다. 구체적으로 이 말씀은 시련을 겪는 모든 신자의 존재 상태를 밝히고 있다.

"볼지어다. 내가 … 너희와 항상 함께 있으리라"(마 28:20). 예수님께서 제자들을 위대한 구원 사역에 헌신할 사자들로 세우시면서 이 말씀을 하셨다는 사실에 주목해야 한다. 예수님께서 이 말씀으로 자신의 사역을 마무리하신 이유는 제자들이 파송되어 일하게 될 세상과 그들이 앞으로 겪게 될 일을 알고 계셨기 때문이다. 예수님은 그들이 가야 할 길이 험하고, 그들의 임무가 힘들 것을 아셨다. 또한 끊임없는 박해와 오해와 비난과 배척에 시달리고, 쫓기고, 감옥에 갇히고, 핍박을 받고, 매질을 당하고, 그들 중 많은 수가 하나님 나라의 일을 위해 목숨을 잃게 될 것을 아셨다.

이 아름다운 말씀의 문맥을 이해하는 것이 중요한 이유는 이 말씀이 고난당하는 자들에게 위로를 주기 때문이다. 예수님은 제자들이 그분을 위해 고난당하게 하셨다. 하지만 그들이 홀로 고난을 당하도록 버려두지 않으셨다. 그들이 각자의 힘으로 고난을 견디게 하지도 않으셨고, 스스로 자신의 입지를 구축하게 하지도 않으셨으며, 개인적인 지혜를 의지하게 놔두지도 않으셨다.

그분은 충성스럽게 고난을 감당할 제자들에게 항상 그들과 함께 있을 것이라는 가장 좋은 약속을 주셨다. 예수님은 힘하고 타락한 이 세상 속으로 제자들만 보내지 않고, 그들과 함께 가기를 원하셨다. 그분은 그들이 겪게 될 일을 아셨고, 그들에게 필요한 것을 허락하시려 했다. 그것은 바로 다름 아닌 예수님 자신이었다.

때로 우리는 말로 고난당하는 사람을 위로하거나 용기를 북돋아 주려고 노력한다.

"진심으로 염려하고 있어요."

"그런 일을 겪게 되다니 참으로 유감입니다."

"내가 지켜 드릴게요."

"당신 주위에 당신을 사랑하는 사람들이 많답니다."
"이 터널의 끝에는 분명 빛이 있을 겁니다."
"언젠가는 이 모든 일이 다 지나갈 것입니다."

이런 말을 하는 우리의 의도는 선하고 진지하다. 그러나 말은 공허한 울림으로 끝나기 쉽다. 우리의 말은 고난의 상황을 바꿀 능력이 없는 연약한 인간이 건네는 것이기 때문이다. 우리는 그들에게 동정심을 나타낼 수 있고 도움을 제공할 수도 있지만, 큰 변화를 일으킬 만한 능력은 없다. 우리가 적합한 말을 찾으려고 애쓰는 이유는 그것 외에 달리 무엇을 해야 할지 모르기 때문이다.

그러나 하나님의 경우는 다르다. 그분의 말씀은 공허하지 않다. 그분의 말씀에는 우리가 이해하기 어려운 능력과 권위가 실려 있다. 고난을 겪는 상황에서 "내가 항상 너희와 함께 있으리라"는 말씀을 생각할 때는 그것이 이사야서 40장에 기록된 하나님의 말씀이라는 사실을 기억해야 한다. 지금 그곳을 펼쳐 읽어 보기 바란다.

이사야 선지자는 이사야서 40장에서 인간의 언어로 하나님의 장엄한 위엄과 사랑을 조금이나마 의식하게 만들려고 노력했다. 하나님은 우리와 다르시다. 그분은 지혜와 신실함과 능력과 사랑의 정화(精華)이시다. 그분의 통치를 받지 않는 사물이나 사람은 없다. 하나님은 우리를 홀로 버려두지 않으시려고 그분의 능력을 행사하신다. 앞서 말한 대로 세상에서 우리가 의지하던 모든 것을 잃더라도 사실상 그것은 모든 것을 잃은 것이 아니다. 왜냐하면 하나님의 자녀는 어떤 일을 겪더라도 하나님을 잃을 수 없기 때문이다.

성경 속의 역사를 살펴보면 이 점을 이해할 수 있다. 하나님은 구약 시대에도 그분의 자녀들과 함께하겠다고 약속하셨다. 하지만 그 약속은 지금의 약속과 달랐다. 성막이 만들어지고 하나님의 영광의 구름이 지성소에 임했다. 하나님은 영광의 구름 가운데서 그분의 임재를 가시적인 형태로 드러내셨다. 성막은 하나님이 자기 백성 가운데 거하시는 처소였다. 즉 하나님은 자기 백성과 함께 계셨지만 그분의 임재를 경험하려면 그분이 계시는 장소로 나아가야 했다. 그러나 예수님이 신약 성경에서 제자들에게 자신의 임재에 관해 말씀하신 것은 그분의 삶과 죽음과 부활을 통해 나타날 결과를 가리킨 것이었다. 하나님의 자녀들은 더 이상 그분의 임재를 경험하기 위해 성전에 갈 필요가 없다. 이제는 하나님의 백성이 곧 그분이 거하시는 처소다.

하나님은 그분의 자녀들 안에 거하신다. 우리가 하나님이 계신 곳에 갈 필요가 없는 이유는 우리 자신이 바로 그분의 처소이기 때문이다. 우리가 알든 모르든, 하나님은 우리 안에 살고 계신다. 우리가 도움을 구하든 구하지 않든, 그분은 우리 안에 존재하신다. 고난을 당하여 하나님께서 우리를 잊으셨고 버리셨다는 생각으로 분노를 느끼는 순간에도 그분은 우리 안에 살고 계신다. 우리가 그분의 임재에서 벗어날 길은 없다. 하나님의 손길이 닿지 않는 곳은 없다. 하나님께서 우리 안에 사시기 때문에 우리가 고통을 당하는 내내 우리와 함께하신다.

우리가 의사의 진료실에 앉아 있을 때도 하나님은 우리와 함께 계시고, 물리적인 고통을 느끼는 순간에도 우리와 함께 계신다. 사랑하는 사람이 우리를 저버렸을 때도 우리와 함께 계시고, 불행한 소식을 듣게 되었을 때도 우리와 함께 계신다. 우리가 혼란스러워하며 괴로워할 때도 하나님은 우리와 함께 계신다. 따라서 우리의 상황이 아무리 힘들고 암울하더라도 우리는 결코 혼자가 아니다. 우리가 무슨 일을 겪든 어디를 가든, 하나님께서 우리와 항상 함께 계시기 때문이다.

우리의 하나님이 모든 능력과 영광으로 긍휼과 은혜를 나타내시고, 우리의 행복을 염려하시며, 우리와 항상 함께 계시는 이유는 우리가 곧 그분이 거하시는 처소이기 때문이다. 하나님의 임재는 우리의 소망이자 그분의 자녀인 우리의 정체성이다. 고난당하는 자에게 이보다 더 좋은 소망은 없다. 하나님께서 우리 안에 살고 계시기 때문에 우리를 항상 지켜 주신다. 그분은 우리가 고난을 당할 때 우리 가까이에 계신다. 거듭 말하지만 우리는 하나님이 거하시는 성전이기 때문에 그분과 우리가 이보다 더 가까울 수는 없다. 그러나 이것이 전부가 아니다.

"내가 너를 떠나지 아니하며 버리지 아니하리니"

"내가 너를 떠나지 아니하며 버리지 아니하리니"라는 여호수아 1장 5절의 약속은 성경에 여러 차례 언급된다. 하나님의 자녀 전체나 그중 한 사람이 힘들거나, 새롭거나, 어렵거나, 혼란스런 일을 겪을 때마다 하나님은 늘 이 약속을 주셨다. 하나님은 그분의 자녀들에게 임무를 맡겨 목적지에 보내거나 어려운 일을 요구하신 뒤에 한 번도 그들을 외면하신 적이 없다. 상황이 아무리 어렵고 그들의 반응이 아무리 부적절해도 하나님은 그들과 함께하며 언제나 그들을 지켜 주셨다. 그러므로 "내가 너를 떠나지 않겠다"는 선언은 고난당하는 모든 사람이 상기해야 할 보호의 약속이다.

이 말씀은 우리에게 어떤 일이 일어나더라도 우리에게 있는 것 때문이 아니라 하나님의 참된 본성 때문에 하나님께서 늘 우리에게 신실하시다는 사실을 상기시켜 준다.

나의 기도가 일관되고, 나의 예배가 성실하고, 나의 복종이 늘 한결같아서 하나님이 나와 함께하신다면 이미 오래전에 나를 떠나셨을 것이 분명하다. 누구나 고통의 순간에는 하나님의 기준에 미치지 못할 때가 많다. 때로는 혼란스러움 때문에 기도가 방해를 받고, 때로는 하나님이 하고 계시는 일을 의심하는 마음이 생겨 진정 어린 예배를 드리기가 어렵다. 때로는 원수의 거짓말을 너무 많이 듣거나 너무 연약해서 하나님이 명하신 일을 행할 수가 없다. 때로 마음속에는 감사보다 시기심이 더 많이 들어차고, 때로는 입에서 찬양보다 불평이 더 많이 터져 나온다. 하나님의 은혜로운 임재보다 물리적인 고통에서 벗어나는 것을 바랄 때도 있고, 하나님께서 힘든 시련을 허락하신 것에 분노를 느낄 때도 있으며, 그분의 말씀을 읽거나 그분의 선하심을 노래하는 것이 싫을 때도 있다. 고난을 겪을 때는 하나님의 백성들과 교제하는 일이 싫어질 뿐 아니라 고통스럽다는 이유로 주위 사람들에게 괜한 화풀이를 하기도 한다.

나도 완전함에 미치지 못하기는 마찬가지다. 나의 행위는 하나님의 신실한 임재를 얻는 공로가 될 수 없다. 나의 공로로 하나님께서 나와 함께하실 자격을 갖추어야 한다면 나에게는 아무런 소망이 없다. 고난은 육체와의 관계는 물론 마음속에 있는 연약함까지 모두 드러낸다.

시련은 우리의 기쁨과 사랑과 예배가 지극히 연약하고 변덕스럽다는 것을 보여 준다. 고난은 우리가 스스로 생각하는 것만큼 의롭지 않고, 스스로 고백했던 것만큼 신실하지도 않다는 사실을 확연하게 드러낸다. 고난은 우리의 한계를 보여 주고, 우리의 실상을 드러낸다. 그리고 우리가 의롭다는 망상을 일깨운다.

하나님께서 우리에게 신실하신 이유는 우리가 의롭기 때문이 아니라 그분이 의로우시기 때문이다. 그분이 우리를 계속 사랑하시는 이유는 우리가 그분을 온전하게 사랑하기 때문이 아니라 우리를 위한 그분의 사랑이 완전하기 때문이다. 하나님께서 우리 가까이에 계시는 이유는 우리가 도망칠 생각을 하지 않아서가 아니라 그분이 우리에게 하신 약속을 절대로 저버리지 않으시기 때문이다. 우리가 복종한다고 해서 하나님의 신실한 임재가 이루어지고, 우리가 불순종한다고 해서 하나님의 임재가 사라지는 것이 아니다. 하나님께서 우리와 영원히 함께하시는 이유는 오직 한 가지, 곧 그분의 은혜 때문이며, 이것이 바로 성경의 핵심적인 메시지다.

고난을 당할 땐 걱정해야 할 일이 많다. 그런 상황에서 다른 누구도 할 수 없는 일을 우리를 위해 능히 하실 수 있는 하나님께 버림받을까 봐 두려워하는 데까지 영적, 감정적 에너지를 소모하면 안 된다. 하나님은 우리 안에 계신다. 그분은 우리와 함께 계시고, 우리를 위하시며, 우리를 절대로 떠나지 않으신다.

우리를 버리지 않겠다는 하나님의 약속은 우리의 죄에 고난까지 겹쳐 참으로 혼란스럽고 당황스러운 상황이 벌어졌을 때 큰 위로를 느끼게 할 뿐 아니라 영적인 보호까지 제공한다. 사탄이 자주 사용하는 교활한 공격 중 하나가 거짓이라는 사실이 이 말씀을 통해 분명하게 드러난다. 사슴떼를 쫓아 도망치게 해 놓고 그중에서 가장 연약한 것을 가려내는 사자처럼 사탄도 우리가 연약할 때를 노려 무서운 음모를 펼친다. 그의 거짓말은 우리의 절망감을 더욱 심화시키고, 우리의 결심을 약화시킨다. 우리가 속임수에 넘어가 이용당해 왔다는 느낌을 받게 만들고, 처음부터 하나님을 믿지 말아야 했다는 생각을 부추기며, 사실로 입증할 수 없는 것을 너무 많이 믿었다고 자책하게 만든다. 또한 고난은 우리가 결코 귀를 기울여서는 안 될 음성에 취약하게 만든다. 그리고 그 음성은 항상 우리를 해롭게 한다.

사탄이 고난당하는 하나님의 자녀들에게 들려주는 거짓말은 "네 하나님은 지금 어디에 계시냐?"라는 말로 압축된다. 이 질문에는 우리의 고난이 하나님께서 우리를 버리신 명백한 증거라는 거짓말이 담겨 있다. 바꾸어 말하면 "하나님이 그런 고통을 허락하셨다면 과연 그분을 신뢰할 만한 가치가 있겠느냐?"라는 뜻이다. 이것은 하나님의 신실하심과 선하심을 정면으로 공격하는 거짓말이다.

사탄은 우리가 하나님을 믿는 것을 공격하지 않는다. 하나님이 헛된 약속으로 우리를 '속여' 믿게 만들었다는 식의 논리로 그분의 성품을 공격한다. 고난당하는 사람이 소망을 발견할 수 있는 유일한 길을 차단하는 무서운 거짓말이 아닐 수 없다. "네 하나님은 지금 어디에 계시냐?"라는 사탄의 질문은 하나님이 신뢰할 수 없는 분이라는 것을 나타내기보다 오히려 거짓의 아비인 사탄의 지독한 증오심을 보여 준다.

하나님께서 성경을 통해 우리를 떠나지 않겠다고 약속하신 이유는 고난 때문에 쉽게 귀를 기울일 수 있는 거짓말로부터 우리를 보호하시기 위해서다. 그리고 우리가 버림받았다고 속삭이는 사탄의 거짓말에 귀를 기울이지 않게 하시기 위해서다. 그분의 말씀은 고난당하는 사람 모두가 직면하게 될 유혹에 대한 경고다. 하나님의 약속은 우리의 두려움과 공포를 달래기 위해 주어졌다. 사탄이 하나님께서 등을 돌리셨다고 말할 땐 그분이 우리를 단단히 붙잡고 계시고, 그분의 품안에 꼭 안고 계시다는 성경의 약속을 기억해야 한다.

지금부터 영원히 지속되는 것은 하나님의 임재만이 아니다. 그분의 지혜와 은혜와 능력과 권위와 사랑과 긍휼과 의와 인내도 지금부터 영원토록 지속된다. 우리의 삶 속에 있는 것은 결국 어떤 식으로든 죽거나 종말을 고하게 된다. 이 세상에 있는 것 가운데 영원토록 동일하게 유지되는 것은 아무것도 없다. 따라서 우리가 의지하는 것들은 언젠가는 우리를 실망시킨다. 그러나 하나님은 결코 그러지 않으실 것이다.

하나님은 말로 형용할 수 없는 은혜의 사역을 통해 우리를 그분의 거처로 삼으셨고, 우리를 결코 버리지 않으심으로써 그 은혜의 신실함을 나타내실 것이다. 고난을 당할 땐 올바른 것을 말하거나 행하기가 매우 어렵다. 시련의 무게에 짓눌려 한동안 길을 잃거나 잠자리에서 겨우 몸을 일으켜 지친 심신을 이끌고 온갖 영적 갈등을 느끼며 하루를 보내야 한다. 큰 슬픔이나 분노를 느끼기도 하고, 어떤 날에는 같이 있어 줄 사람을 간절히 원하다가, 또 어떤 날에는 혼자 가만히 놔두기를 원한다. 사랑하는 사람들의 말이 늘 위로가 되는 것도 아니기 때문에 때로는 그런 말을 더 이상 하지 말아 주기를 바라기도 한다. 하나님의 통치를 기억하며 잠시 안정을 찾을 때도 있고, 앞으로의 일이 두렵게 느껴질 때도 있다.

그와 같이 감정과 영적 상태가 심하게 기복을 일으킬 때도 있고, 좋은 날도 있고, 나쁜 날도 있고, 힘껏 싸울 때도 있고, 굴복할 때도 있지만 주님이 우리와 함께 계신다는 한 가지 사실만은 분명하다. 그 어떤 외부의 시련이나 내면의 갈등도 하나님을 떠나시게 만들 수 없다. 하나님의 임재는 고난을 겪을 때 우리에게 필요한 모든 것을 보장한다.

질문과 적용

1. 고난당할 때 성경의 진리를 상기하면 어떤 유익이 있는가? 어떤 진리가 가장 유익하게 느껴지는가?

2. 요즘에는 '소망'을 성경과 다르게 정의한다. 이번 장의 내용을 고려할 때 '소망'을 어떻게 정의할 수 있겠는가?

3. 저자는 하나님의 여러 가지 속성을 언급한다. 그중 어떤 속성이 당신에게 가장 위로가 되는가? 전에 생각하지 않았던 속성은 무엇인가?

4. 우리와 항상 함께하시겠다는 하나님의 약속이 일상에 미치는 영향은 무엇인가?

5. 고난이 축복과 기쁨이 될 수 있다는 저자의 말에 대해 어떻게 생각하는가?

더 깊이 묵상하기

여호수아 1:5
이사야 40:1-31
마태복음 28:20

예수 그리스도의 삶과 죽음과 부활 덕분에 하나님께서 우리의 아버지가 되셨다. 하나님은 아버지의 사랑으로 주권을 행사하신다. 그분은 도움을 부르짖는 소리에 귀를 기울이시고, 우리 가까이에 머무시며, 언제라도 손이 닿을 곳에 계신다. 그분은 우리가 결코 가질 수 없는 권위를 지니셨고, 그 권위를 지혜와 사랑으로 그분의 자녀들을 유익하게 하시기 위해 사용하신다.

11

하나님의
주권의 위로

　내가 아무것도 통제할 능력이 없다고 느끼게 될 줄은 꿈에도 몰랐다. 나는 행동가요 계획가다. 철저한 계획으로 삶을 이끌어 간다. 나는 내가 이루고자 하는 일이 무엇이고, 얼마나 빨리 끝마쳐야 하며, 그 일을 마치는 데 무엇이 필요한지 정확하게 알고 있다. 나는 일을 미루거나 방해받는 것을 싫어한다. 일을 마치기 위해 무엇을 통제해야 하는지, 나의 일을 도와줄 사람이 누구인지 늘 염두에 둔다. 이런 나의 태도를 부정적인 의미의 '통제'로 분류할 수는 없겠지만 아무튼 내가 과제 중심적인 사람이고, 기분이 좋지 않은 날에는 조금 지나치게 자기 주권적인 경향을 드러내는 것만은 분명하다.

　그런 내가 병에 걸렸다. 1장에서 언급했던 순간을 또 한 번 되풀이하겠다. 응급 병동에서의 첫 시간은 통제력의 상실이 무슨 의미인지 확실하게 보여 주었다. 갑자기 모든 상황이 심각해졌다. 다섯 명의 의사가 내 몸 곳곳을 쑤시고 찔러 댔다. 그들에게서 내 질문에 대한 답을 들을 수 없었고, 퇴원하기까지는 시간이 조금 걸릴 것이라는 말만 들었다. 나의 삶이 갑자기 내가 전혀 모르는 사람들의 손에 놓였고, 나의 몸이 해서는 안 될 일을 하고 있었으며, 내 삶과 사역이 완전히 중단되었다. 그들이 나를 휠체어에 태워 장기 입원실로 데려가는 동안 도대체 나에게 무슨 일이 일어난 것인지 이해하기 어려웠다. 예수 그리스도의 복음에 비춰 삶을 이해하도록 사람들을 돕는 것이 내 일이었는데 그런 내가 아무것도 이해하지 못하고 갈피를 잡지 못한 채 흔들렸다. 나 스스로에게 쏟아지는 질문이 너무 많아 몹시 혼란스러웠다.

나의 삶이 질서를 좋아하는 나의 손에서 이탈되는 느낌이 들었다. 그리고 끔찍한 경련이 시작되었다. 온몸이 부들부들 떨리면서 격렬한 통증이 느껴졌다. 나로서는 그것을 멈추게 할 힘이 없었다. 난생 처음 내 몸이 두렵다는 생각이 들었다. 중요한 것들이 사소하게 느껴질 만큼 정신이 하나도 없었다. 오직 내 몸에서 일어나는 육체적인 고통에서 어떻게든 살아남아야겠다는 생각뿐이었다. 경련이 가라앉기 시작하자 의사들이 내 병실로 찾아와 충격적인 검사 결과를 알려 주었다.

의사들에게 언제 퇴원할 수 있냐고 물었지만 아무 대답도 들을 수 없었다. 다시 일상으로 돌아가 과제 중심적인 삶을 살고 싶었다. 수차례의 수술, 오랜 입원, 여러 달의 회복 기간이 반복되리라고는 생각조차 못했고, 내가 다시 건강한 상태로 되돌아갈 수 없을 것이라고도 전혀 예상하지 못했다. 나는 내가 통제할 수 없는 일에 휘말려 들었고, 의사들의 지시에 따르는 것 외에는 아무것도 할 수 없었다.

누가 우리의 삶을 통제하는가?

시련은 '자기 주권'이라는 거품을 걷어 내는 능력이 있다. 사람과 장소와 상황을 내가 실제로 할 수 있는 것보다 더 잘 통제할 수 있다고 생각하는 사람이 비단 나만은 아닐 것이다. 우리 모두는 신선한 음식을 먹고 적당히 운동을 하면 당연히 건강할 것이라고 생각한다. 또한 자녀들을 잘 양육하면 올바르게 성장할 것이라고 생각한다. 예산을 잘 세우고, 현명하게 투자하고, 성실하게 저축하면 풍요로운 미래를 보장받을 수 있을 것이라 생각하고, 결혼생활에 성실하면 영원히 행복한 삶을 살 수 있을 것이라 믿는다. 물론 이 모든 것이 다 좋은 일이지만 그렇게 한다고 해서 결과까지 통제된다는 보장은 없다.

아담이 창조된 순간부터 성경은 통제력을 가지려는 것이 인간의 헛된 욕망이자 망상이라는 사실을 분명하게 보여 준다. 아담과 하와는 독립적이고 자기 충족적인 존재가 아니라, 의존적이고 종속적인 존재로 창조되었다. 우리도 아담과 하와처럼 혼자만의 힘으로는 살아갈 수 없다. 왜냐하면 우리에게는 살아가는 데 필요한 모든 것을 스스로 공급할 능력이 없기 때문이다. 아담과 하와는 스스로 규칙을 만들고 자신들이 가장 좋게 여기는 대로 살아가도록 창조되지 않았다. 그들은 그들보다 더 위대한 존재가 정한 규칙과 목적의 한계 안에서 살도록 창조되었다. 그들은 그들 자신의 명령과 지시에 복종하는 세상에 거하지 않았다. 그들에게는 하나님의 주권적인 능력으로 창조되고 유지되는 세상을 관리하라는 임무가 주어졌을 뿐이었다.

물론 인간은 지성적이고, 감정적이고, 영적인 재능을 소유하고 있다. 그것을 하나님께서 의도하신 대로 사용하면 비교적 안락하고 안정된 삶을 영위할 수 있다. 그러나 우리 스스로 만들어 낼 수 없는 일에 대한 공로나 책임은 우리의 몫이 아니다. 만일 내가 모든 것을 통제한다면 결코 물리적인 고통이 내 삶에 개입하도록 허용하지 않았을 것이다. 뿐만 아니라 나의 삶 속에서 크든 작든 그 어떤 어려움도 발생하지 않게 할 것이다. 시련은 우리가 실제보다 더 큰 통제력을 지니고 있다는 생각이 헛된 망상임을 일깨운다. 우리의 삶에 좋은 일이 생기면 마땅히 생각해야 할 분수를 넘어 마치 그 모든 것이 우리의 공로인 양 생각하는 이유도 바로 그런 헛된 망상 때문이다. 또 그와 반대로 우리가 통제할 수 없는 일이 발생하면 마치 그 모든 것이 우리의 책임인 것처럼 생각하는 이유도 우리가 실제보다 더 큰 통제력을 지니고 있다는 착각 때문이다. 불성실한 남편을 사랑하는 아내는 어떻게 해야 그의 방황을 멈추게 할 수 있을지 생각하느라 여념이 없다. 훌륭한 부모는 자녀들이 영적, 관계적으로 반항을 일삼을 때 그 모든 책임을 자신에게 돌리고, 신뢰할 수 없는 사람들에게 속아서 돈을 투자한 사람은 그들을 믿은 자기 자신을 탓한다. 심지어 어린 자녀들도 부모가 이혼한 것이 마치 자신의 책임인 것처럼 생각하는 경향이 있다. 이처럼 사람들은 자신이 지니지 않고, 또 결코 지닐 수 없는 통제력을 지니고 있는 것처럼 생각하여 자신의 고난을 더욱 가중시킨다.

고난은 우리의 삶을 돌아보고 우리의 통제력이 지극히 미미하다는 사실을 직시하게 만든다. 고난이 닥치면 우리는 슬퍼할 뿐 아니라 우리 자신에 관한 진실을 솔직히 인정하게 된다. 우리가 지닌 통제력이 한갓 망상에 지나지 않았다는 사실을 깨닫게 되면 고난에 수반되는 두려움이 더욱 커진다.

그러나 우리가 삶을 통제하지 않는다는 사실을 깨닫는 것은 고난이 주는 가장 큰 축복일 수 있다. 이것은 고난이 주는 역설적인 위로에 해당한다. 통제력을 상실했다는 두려움과 고통은 참으로 좋은 것을 얻게 해 주는 계기가 된다. 즉 우리가 실제보다 더 큰 통제력을 발휘해 왔고, 또 그렇게 할 수 있다는 망상을 버리는 순간, 우리 대신 모든 것을 통제하시는 하나님 안에서 안식을 누릴 수 있다. 고난은 무기력함이 도움에 이르는 관문임을 보여 준다. 독립적인 성향을 포기할 때 우리는 우리보다 더 위대한 존재 안에서 안식을 찾을 수 있다. 절망은 희망에 이르는 유일한 길이다. 우리 자신의 능력을 의지하려는 마음을 버려야만 비로소 다른 존재의 능력을 의지할 수 있다. 가장 큰 위험은 우리의 초라함과 연약함이 아니라 우리가 실제보다 더 강하고 위대하다는 망상이다. 우리가 가능한 피하려고 애쓰는 일, 곧 우리 자신의 실상을 여지없이 드러내고 우리에게 가장 큰 고통을 안겨 주는 일이 오히려 우리가 간절히 원하는 도움과 소망과 평화와 안식의 축복을 가져다주는 일이 된다는 것이야말로 고난의 역설이 아닐 수 없다.

고난당하는 사람 모두가 만물에 대한 하나님의 주권적인 통제 안에서 발견할 수 있는 위로를 설명하기에 앞서 한 가지만 더 말하고 싶다. 하나님은 신비로운 일을 행하신다. 그분은 우리의 삶 속에 우리를 혼란스럽게 만드는 일을 허락하신다. 하나님의 말씀과 그분의 일을 조화시키기 어려운 때도 있고, 그분의 성품과 그분의 일하심이 모순되는 것처럼 보일 때도 있으며, 그분의 계획이 전혀 이해되지 않는 때도 있다. 심지어 하나님은 선하시다는데 실제로는 나빠 보일 때가 있고, 그분의 약속과 우리가 실제로 경험하는 일의 부조화를 극복하기 어려울 때도 있다. 우리의 삶에는 명확한 일보다 이해할 수 없고 신비한 일이 더 많이 일어난다. 때로는 해답을 얻지 못하면 도무지 살 수 없을 것 같아서 간절한 마음으로 "왜?" "도대체 언제까지?" "그랬다면 얼마나 좋을까!"라는 고통스런 외침을 토해 낸다.

모든 사람이 신비의 구름이 신학적인 명료함을 뒤덮는 순간을 경험한다. 그런 순간에 우리는 신학적인 설명이나 지혜의 원리 따위를 원하지 않는다. 우리가 원하는 것은 우리를 영적, 감정적으로 속박하는 신비를 걷어내 줄 해답이다. 때로는 하나님의 의도가 명확하게 드러날 때까지 그분에 대한 신뢰를 중단하고픈 유혹을 느끼기도 하고, 신비를 해결해야만 마음의 평화를 얻을 수 있다는 생각에 온전히 이해할 수 있을 때까지 그분에 대한 신뢰를 유보해야겠다고 판단하기도 한다.

문제는 바로 그것이다. 하나님의 비밀은 "비밀스러운 뜻"으로 불린다. 하나님은 말씀을 통해 자신을 계시하시고 웅장한 구원의 계획을 펼쳐 보이시지만, 그분의 방식대로 세상을 통치하는 이유를 우리에게 상세히 설명하지는 않으신다. 즉 '하나님의 주권'이라는 진리를 받아들인다고 해서 우리 삶에서 신비로 인한 혼란이 사라지는 것은 아니다. 마음의 평화와 안식은 하나님이 우리와 세상을 위해 작정하신 일을 이해하는 데서 비롯되지 않는다. 우리가 모든 것을 다 이해할 수는 없기 때문이다. 하나님은 우리가 그분이 지니신 주권적인 지식의 무게를 감당할 능력이 없다는 것을 아신다. 그래서 우리가 알아야 할 필요가 있는 것만 알려 주시며 사랑으로 우리를 보호하신다. 따라서 우리는 우리를 압도하는 것으로부터 우리를 보호하시는 하나님의 은혜에 힘입어, 그분 안에서 안식하며 그분이 작정하신 대로 살아갈 수 있다.

아이들이 어릴 때 그들이 원하는 것을 거절하면 "아빠, 왜 안 돼요? 왜?"라는 질문이 이어지곤 했다. 나는 이유를 말해 주어도 아이들이 그것을 이해할 능력이 없다는 것을 알기에 "이유를 말해 주고 싶지만 너희가 이해하지 못할 거야. 너희는 '아빠는 우리의 말을 들어주시지 않으니까 나쁜 아빠야.'라고 말할 수도 있고, '아빠가 우리의 말을 들어 주시지 않는 이유를 잘 모르겠지만 그래도 우리를 사랑하는 좋은 아빠야.'라고 말할 수도 있어."라고 말한 뒤 "그렇지만 아빠를 믿어 줘. 나는 너희에게 가장 좋은 일을 해 주고 싶단다."라고 덧붙이곤 했다. 우리가 이해하지 못하기 때문에, 우리 주위나 가까운 곳에서 일어나는 일들이 언제나 좋아 보이는 것은 아니기 때문에 우리는 하나님의 지혜와 사랑과 선하심을 의심하고픈 유혹을 느낀다. 또한 우리의 상황이 혼란스러우면 의심의 씨앗이 싹터서 성경이 분명하게 가르치고, 우리가 소중히 여겨 온 진리를 불신하고 싶은 마음이 생겨날 수도 있다.

욥은 모든 것을 잃은 뒤 하나님께 고난의 이유를 물었다. 혹독한 시련을 겪으며 우리 모두가 알고 싶어 하는 답을 듣고 싶어 했지만 하나님은 아무 대답도 들려주지 않으셨다. 잠시 욥기 38-41장을 읽고, 욥의 반응을 생각해 보라. 하나님은 욥에게 그가 이해할 수 없고, 감당할 수 없는 대답을 들려주는 대신 그분 자신을 가리키시며 그분의 임재와 능력과 영광을 상기시키셨다. 욥에게 실제로 필요한 것은 하나님을 구하는 일인데도 그가 본능에 이끌려 이해를 구하는 데만 관심을 기울이고 있다는 것을 아셨기 때문이다. 고난을 당할 때 하나님에 대한 신뢰를 멈추면 좋은 결과가 나타나기 어렵다. 그렇게 되면 좋지 않은 일이 일어난 이유를 결코 이해할 수 없기 때문이다. 그런데도 우리는 너 나 할 것 없이 이유를 알고 싶은 유혹을 느낄 때가 많다.

어디에서 질문의 답을 구할 생각인가? 답을 알지 못하면 어떻게 할 셈인가? 결코 얻을 수 없는 것을 요구해 봤자 아무 소용이 없다. 하나님께서 사랑과 지혜로 판단하시며 우리에게 명확한 답을 주지 않는 것이 최선이라고 생각하시는데도 그것을 구하는 것은 무익한 일이다. 고난당하는 사람이 갈망하는 마음의 안식은 이해를 구하는 데서 비롯되지 않는다. 안식은 우리를 혼란스럽게 하는 모든 것을 이해하고 다스리시는 하나님을 신뢰할 때 주어진다. 하나님은 부족함이 전혀 없으시다. 그분은 한순간도 혼란을 느끼지 않으신다. 그분은 자신이 하신 일을 후회하지 않으시고, 무엇을 해야 할지 몰라 주저하지도 않으신다. 하나님은 당황하시는 법이 없고, 모든 신비를 아시며, 만물을 다스리시고, 만물을 아신다. 그분이 이해하시지 못하는 일은 아무것도 없다.

그것이 전부가 아니다. 하나님은 모든 것을 다스리고 이해하실 뿐 아니라 옳고, 참되고, 신실하고, 사랑이 풍성하고, 능력이 있고, 은혜로우시다. 그분은 선하시기 때문에 그분의 통치도 언제나 선하다. 따라서 고난으로 인한 혼란 때문에 하나님을 왜곡된 관점으로 바라보는 일이 없어야 한다. 오히려 우리는 우리 자신의 한계를 인정하고, 성경이 계시하는 하나님께 소망을 두어야 한다. 왜냐하면 하나님은 고난 중에도 우리와 함께 계시며 모든 것을 통제하시기 때문이다. 소망은 고난으로 야기된 모든 신비를 해결하려고 노력하는 데서 비롯되지 않는다. 모든 신비를 알 뿐 아니라 우리에게 그분의 임재와 능력과 약속을 허락하시는 하나님의 품안으로 달려갈 때 비로소 생겨난다.

하나님의 통치에서 발견되는 위로

그 권세는 영원한 권세요 그 나라는 대대에 이르리로다. 땅의 모든 사람들을 없는 것같이 여기시며 하늘의 군대에게든지 땅의 사람에게든지 그는

> 자기 뜻대로 행하시나니 그의 손을 금하든지 혹시 이르기를 네가 무엇을 하느냐고 할 자가 아무도 없도다(단 4:34-35).

고대 바벨론의 강력한 군주였던 느부갓네살이 하나님의 손에 겸손해지고 난 뒤 고백한 말이다. 이것은 겸손한 복종의 말씀이자 삶의 시련과 절망 속에서 고통당하는 사람 모두에게 영광스런 소망을 전하는 말씀이다. 모두가 이 말씀을 마음에 새기고 다른 것으로부터는 얻을 수 없는 소망을 얻게 되기를 기도한다. 이 말씀에 근거하여 하나님의 주권적인 통치로 고난당하는 그분의 모든 자녀에게 주어지는 것, 곧 삶의 변화를 일으키는 실질적인 소망에 대해 설명하겠다.

하나님의 통치는 만물이 창조되기 전부터 마지막 이후까지 계속된다

우리의 상상력을 아무리 넓혀도 우주 역사상 지금까지, 그 어느 순간도 하나님의 통제를 벗어난 적이 없었고, 앞으로도 그런 순간은 영원히 없을 것이라는 사실을 이해하기는 매우 어렵다. 하나님은 우주가 창조되어 작동하기 전부터 보좌에서 다스리셨다. 그리고 지금도 보좌에 앉아 계신다. 그분은 우리가 알고 있는 세상이 사라진 뒤에도 여전히 다스리실 것이다. 이 점을 이해하지 못할 수 있고, 또 그렇지 않을 것 같을 수도 있고, 하나님이 어떻게 그런 일을 하시냐고 논쟁을 벌일 수도 있다. 하지만 과거나 현재나 미래 그 어떤 시간에서도 그분의 세심한 통치를 받지 않는 순간은 단 1초도 없다.

이것은 우리 모두에게 실질적인 소망을 제공한다. 왜냐하면 우리가 태어나서 죽을 때까지 우리의 모든 삶이 하나님의 주권적인 통치 아래 있기 때문이다. 물론 우리는 우리가 생각하지 못했던 일들을 겪을 수 있다. 그중에는 힘든 일도 있다. 하나님께서 왜 무한하신 지혜로 그런 결정을 하셨는지 언제나 그 이유를 알 수는 없지만, 고난에 짓눌려 그분의 통치를 방해하는 무엇인가가 존재한다고 결론지어서는 안 된다. 느부갓네살이 옳게 말한 대로 하늘이나 땅에 있는 그 어떤 것도 하나님의 통치를 멈추거나 그 이유를 설명하도록 강요할 수 없다.

그의 말은 하나님과 우리의 엄청난 차이를 보여 준다. 우리는 그 점을 깊이 생각해야 한다. 나는 내 삶을 형성하고 이끄는 일은 고사하고 자동차 열쇠 하나도 제대로 통제할 수 없다. 그렇다고 해서 그런 일들이 아무런 통제를 받지 않는다고 결론 내리면 안 된다. 왜냐하면 모든 것이 하나님의 통제 아래 있기 때문이다. 하나님의 뜻과 계획은 반드시 성취된다. 모든 피조물이 하나님의 명령을 따른다. 그분은 무한히 지혜롭고, 온전히 선하시다. 고난을 그분의 부재와 연약함과 냉담함과 무정함을 입증하는 증거로 삼아서는 안 된다.

나는 언제라도 하나님께 도움을 구할 수 있다. 그분이 나를 도우실 수 없는 순간은 존재하지 않는다. 왜냐하면 그분이 나에게 필요한 도움을 베푸시기 위해 다스려야 할 모든 것을 다스리시기 때문이다.

당신이 겪는 고난 때문에 혹 주님이 당신의 매 순간을 다스리신다는 믿음이 약해진 것은 아닌지 생각해 보라.

하나님의 통치는 우주적이다

낯선 장소나 익숙하지 않은 상황이나 새로운 사람과 마주칠 때 우리는 종종 불안감을 느낀다. 우리 개인의 능력과 이해는 한계가 있기 때문에 알지 못하는 장소에 가거나 이전에 한 번도 경험하지 못한 일을 겪게 되면 자연스레 그런 불안감이 생겨난다. 그런 경우 심장 박동이 빨라지고 마음이 긴장되는 것은 지극히 자연스러운 일이다.

뜻밖의 고난을 당한 사람들의 경험도 그와 비슷하다. 그동안 나는 심하게 아픈 적이 없었다. 병원에 오래 입원한 적도, 몸이 너무 아파서 하나님의 일을 못한 적도, 감당할 수 없는 고통을 느껴 본 적도, 신장이 나빠서 고생한 적도, 연거푸 수술을 받은 적도, 죽을 때까지 온전하지 못한 몸으로 살아가야 하는 현실에 직면한 적도 없었다. 따라서 내가 슬픔과 두려움을 느낀 것은 너무 당연했다. 모든 것이 불가능해진 상황에서 망연자실한 심정을 느낀 것도 전혀 이상한 일이 아니었다.

이것이 하나님의 우주적인 주권이 그토록 귀하게 느껴지는 이유다. 살다 보면 우리가 한 번도 생각하지 않았던 상황에 처하게 되고, 갈 준비가 전혀 되지 않은 길에 들어서고, 스스로 선택하지 않은 곳에 머무는 일이 생길 수 있다. 그럴 땐 도대체 어쩌다가 내가 이런 일을 겪게 되었나 싶어 크게 당황할 수밖에 없다. 그러나 우리가 어느 곳에 있든지 우리는 그곳에 가장 먼저 도착한 사람이 아니다. 주님께서 이미 그분의 주권적인 임재와 능력으로 그곳에 가 계신다. 그분은 무한한 지혜와 거룩하심으로 그곳을 다스리신다. 그분은 무엇이든 원하는 일을 할 수 있는 능력을 지니셨다. 그분이 다스리시는 방식은 항상 옳다. 다윗은 시편 139편 말씀을 통해 이런 사실을 잘 묘사했다.

내가 주의 영을 떠나 어디로 가며 주의 앞에서 어디로 피하리이까. 내가 하늘에 올라갈지라도 거기 계시며 스올에 내 자리를 펼지라도 거기 계시니이다. 내가 새벽 날개를 치며 바다 끝에 가서 거주할지라도 거기서도 주의 손이 나를 인도하시며 주의 오른손이 나를 붙드시리이다(시 139:7-10).

지금 자신이 처해 있는 어려운 상황을 지혜와 능력과 은혜의 주님이 다스리고 계신다는 사실을 잊고 있지는 않은지 생각해 보라.

하나님의 통치는 세밀하고 개별적이다

내가 좋아하는 성경 본문 중 하나는 사도행전 17장 26-27절이다. "인류의 모든 족속을 한 혈통으로 만드사 온 땅에 살게 하시고 그들의 연대를 정하시며 거주의 경계를 한정하셨으니 이는 사람으로 혹 하나님을 더듬어 찾아 발견하게 하려 하심이로되 그는 우리 각 사람에게서 멀리 계시지 아니하도다."

하나님의 주권을 생각할 때에는 그분이 하늘 멀리 어딘가에 있는 보좌에 앉아 우주의 큰일들을 다스리신다고 생각하면 안 된다. 바울이 사도행전 본문에서 묘사한 내용은 그런 생각과 판이하다. 즉 바울은 하나님의 주권이 큰 사건들만 다스리는 데 국한되지 않는다는 사실을 분명하게 보여 준다. 그는 하나님께서 우리의 삶을 보살피시며, 그 안의 세세한 일들까지 주관하신다고 증언한다. 이에 대해 그는 몇 가지 구체적인 예를 제시했다. 하나님은 우리의 "연대"와 "거주의 경계"를 정하신다. 이 본문을 읽으며 '도대체 바울이 무슨 말을 하는 거지?'라는 생각이 들 수도 있다. 바울이 말한 "연대"는 우리의 수명을 뜻하고, "거주의 경계"는 우리가 사는 장소를 의미한다. 하나님께서 지금까지 세상에 살았던 모든 사람의 수명을 직접 결정하시고, 그들의 거주지를 정하신다. 그 정도로 하나님은 우리의 일을 세밀하게 다스리신다.

그것이 전부가 아니다. 하나님께서 그와 같이 세상을 다스리시는 이유는 우리 각 사람과 가까이 계시기 위해서다. 바울은 하나님의 '초월적인' 주권을 믿었다. 하나님은 만물 위에 계신다. 동시에 바울은 하나님의 '내재적인' 주권, 곧 그분의 가까이 계심을 강조했다. 그렇게 한 이유는 우리가 어디에서 무슨 일을 겪든지 하나님께서 손만 뻗으시면 닿을 만큼 우리 가까이에 계시기 때문이다. 하나님은 우리와 가까이 계신다. 어려움에 처하면 언제라도 그분께 나아갈 수 있다. 고난을 당할 때 우리의 소망 되시는 하나님은 우리와 멀리 떨어져 계시지 않는다. 그분은 지금까지도 그러셨고, 앞으로도 계속해서 우리의 삶과 일에 세밀히 관여하실 것이다. 우리에게 도움을 줄 수 있는 사람이 아무도 없다는 생각이 들 때 손만 내밀면 바로 그곳에 하나님이 계신다.

항상 가까이에 있겠다는 하나님의 약속을 늘 상기하고 있는지 생각해 보라.

하나님의 통치는 그분의 성품을 드러낸다

하나님의 주권이 그토록 큰 위로가 되는 이유는 그분의 통치가 그분의 영광을 드러내기 때문이다. 하나님의 통치는 그분의 사랑과 모순되지 않고 오히려 그분의 사랑을 잘 드러낸다. 그분의 지혜 또한 그분의 통치로 인해 더욱 잘 드러난다. 하나님의 통치는 그분의 은혜와 상충되지 않는다. 그분의 통치는 그분의 정의와 거룩하심을 나타낸다. 하나님은 긍휼로 다스리신다. 하나님의 주권은 그분의 성품으로 표현되고, 인도되고, 조절된다. 따라서 고통스럽고 혼란스러운 중에도 우리가 겪는 모든 어려움을 다스리시는 하나님께서 온전히 거룩하시고, 지혜로우시고, 매사에 선하시고, 사랑이 많으시기 때문에 우리는 안심하고 그분을 신뢰할 수 있다.

하나님의 통치가 당혹스러울 때 그분의 성품을 상기하려고 노력하는지 생각해 보라.

하나님은 우리의 유익을 위해 다스리신다

바울은 에베소서 1장 마지막 부분에서 하나님이 만물을 다스리실 뿐 아니라 만물을 유익하게 하기 위해 다스리신다고 말했다. 그는 예수님께서 교회를 위해 모든 것을 다스리신다고 말했다. 이 점을 잠시 생각해 보자. 참으로 은혜로우신 하나님은 그분의 자녀들의 유익을 위해 자신의 능력과 권위를 사용하기로 결정하셨다. 우리가 이 점을 이해하지 못하거나 그런 현실을 경험하지 못한다고 생각할 수 있지만 하나님의 통치는 자비롭고 구원적이다. 그분은 자신의 영광뿐 아니라 자녀들의 영광을 위해서도 일하신다. 즉 그분의 주권은 우리를 염두에 두고 행사된다. 하나님은 늘 우리를 생각하며 세상을 다스리신다. 그분의 모든 약속과 우리의 필요와 우리가 겪고 있는 일들을 낱낱이 기억하신다. 그분은 우리가 불완전한 세상에 살고 있다는 사실은 물론 인간으로 사는 것이 어떠하다는 것까지 고려하신다. 모든 일을 다스리시는 하나님께서 우리를 위하시고 우리를 유익하게 하시기 위해 그분의 권위를 행사하신다.

만물을 다스리시는 하나님께서 당신을 유익하게 하시려고 다스리신다는 사실을 기억하고 있는지 생각해 보라.

우리 모두는 종종 통제에서 벗어난 것처럼 보이는 순간과 장소와 상황과 관계를 경험한다. 하지만 그것은 결코 통제에서 벗어나지 않는다. 우리의 통제 범위를 벗어난 것은 사실이지만 모든 것을 완벽하게 다스리시며 매사에 온전히 선하신 하나님의 통치는 결코 벗어날 수 없다. 예수 그리스도의 삶과 죽음과 부활 덕분에 하나님께서 우리의 아버지가 되셨다. 하나님은 아버지의 사랑으로 주권을 행사하신다. 그분은 도움을 부르짖는 소리에 귀를 기울이시고, 우리 가까이에 머무시며, 언제라도 손이 닿을 곳에 계신다. 그분은 우리가 결코 가질 수 없는 권위를 지니셨고, 그 권위를 지혜와 사랑으로 그분의 자녀들을 유익하게 하시기 위해 사용하신다.

질문과 적용

1. 고난을 통해 스스로에게 삶을 통제하는 능력이 없다는 것을 어떻게 깨닫게 되었는가?

2. 하나님의 신비에 관한 것 중 무엇이 실망스러웠고, 무엇이 위로가 되었는가?

3. 욥은 고난을 당하면서 하나님께 많은 것을 물었지만 하나님은 욥의 질문에 대답하시지 않고 다만 그분 자신을 가리키셨다. 그 이유는 무엇인가? 그런 하나님의 태도에 어떤 배려가 담겨 있는가?

4. 고난을 당할 때 하나님의 임재와 통치와 성품을 어떻게 잊게 되었는지 생각해 보라.

5. 저자는 선하신 하나님께서 우리의 유익을 위해 다스리신다고 말했다. 이 말에서 어떤 위로를 느끼는가? 자신의 삶 속에서 그런 경험을 한 적이 있는가?

더 깊이 묵상하기

욥기 38:1-42:6
사도행전 17:26-27
에베소서 1:15-23

성경은 '왜?'라는 질문, 즉 고난당하는 사람 누구나 하는 질문에 답하지 않지만 하나님께서 그분의 자녀들에게 시련을 허락하시는 이유에 대해서는 침묵하지 않는다. 성경에 계시된 하나님의 목적을 살펴보면 큰 위로를 얻을 수 있다. 하나님은 우리에게 그분의 목적을 밝혀, 고난 중에도 소망을 발견할 수 있게 하신다.

12

하나님의
목적의 위로

온 세상의 고난당하는 사람들이 공통적으로 부르짖는 외침이 있다. 그 외침은 의식하지 않아도 그들의 입에서 저절로 터져 나온다. 그 외침은 그들의 평화를 깨뜨리고, 그들의 희망을 무너뜨린다. 그들의 외침은 밤늦게까지 그들의 머릿속에서 메아리치고, 밤잠을 설치게 만들며, 아침에 느닷없는 불청객처럼 들이닥친다.

그 외침에 때로는 분노가, 때로는 두려움이 실려 있지만 언제나 원하지도 않고, 예상하지도 않는 일을 겪는 고통으로 얼룩져 있다. 그들의 신학으로는 그들의 마음 깊숙한 곳에서 울려 나오는 그 외침을 잠재울 수 없다. 어떤 때에는 고통에 대한 답을 구하려 애쓰고, 어떤 때에는 답을 통해 위안을 얻으려는 기대마저 포기한다.

'도대체 왜? 왜? 왜 하필 지금?' 이런 질문이 아무런 목적 없이, 저절로, 아무렇게나, 제멋대로 일어나는 것처럼 보이는 고난을 겪는 순간에 우리에게서 터져 나온다.

겉으로 보면 고난은 조금도 좋아 보이지 않는다. 고난은 좋은 것을 없애고 좋지 않은 것만 남기는 것 같다. 고난은 끔찍하고 불필요한 방해물처럼 보인다. 고난을 겪으면 마치 노상강도를 만나서 두들겨 맞고 귀중한 소지품을 강탈당하는 느낌이 든다.

고난을 당한 후에는 이전과 똑같이 살아갈 수 없다는 것을 안다. 고난은 우리의 통제력이 망상이었음을 일깨운다. 고난은 우리가 가진 것을 깨끗이 앗아가는 힘을 지닌다. 고난은 어서 하루가 지나기를 바라게 하고 내일을 두려워하게 만든다. 고난은 우리가 결코 가고 싶어 하지 않을 낯선 세상에 우리를 던져 넣는다. 따라서 '왜?'라는 질문이 터져 나오는 것이 너무도 당연하다.

나는 앞으로의 삶이 어떻게 전개되고, 하나님께서 어떤 일을 하고 계시는지 잘 안다고 생각했다. 나의 삶과 사역은 형통했고, 많은 결실을 맺었다. 해야 할 좋은 일들이 넘쳐났고, 끝없이 기회가 주어지는 것처럼 보였다. 아침에 잠자리에서 일어나는 것이 즐겁기만 했고, 하나님의 은혜로 영원한 중요성을 지닌 일에 나의 은사를 사용할 수 있는 것이 마냥 기쁘기만 했다.

사람들과 함께 이루어 가는 사역은 물론 나에게 깊은 관심을 기울였던 탁월한 사람들이 팀을 이뤄 내 곁에서 지원을 아끼지 않았다. 하나님께서 나의 사역과 함께하시고, 그 일들을 통해 영광을 받으시는 것처럼 보였다. 하나님께서 그런 상황이 영원히 지속되게 하실 것이라는 확신이 절로 들었다. 생각해 보라. 하나님께서 영광을 받으시고, 사람들이 그분 안에서 안식하며 그분께 복종하게 만드는 일이 잘못될 이유가 무엇인가? 하나님께서 어떤 식으로든 나를 건강하고 활동적으로 만들어 그분의 대변자로 굳게 세우셔야 마땅하지 않은가? 그분이 내 목소리를 더 크게 하셔서 많은 사람을 그분께 인도하도록 하시지 않을 이유가 무엇이겠는가?

2014년 그 운명의 가을날 오후에 제퍼슨 병원을 찾기 전까지만 해도 나는 모든 계획을 다 알고 있다고 생각했다. 하지만 그 병원의 응급실에서 분명한 목적이 있어 보이던 것이 삽시간에 목적이 없어 보이는 것으로 바뀌었다. 나를 위한 하나님의 계획처럼 보이던 것이 일시에 사라지고, 나는 영구 손상을 받아 더 이상 전처럼 사역을 할 수 없는 지경에 이르렀다.

하나님은 왜 내게 그런 은사와 기회를 허락하시고 나를 무기력하게 만들어 더 이상 그것을 사용할 수 없게 만드셨을까? 병원에 입원한 후 처음 며칠 동안 나는 고통에 시달리면서 속으로 조용히 "도대체 왜? 왜 내게 이런 일이? 왜 하필 지금?"이라고 부르짖었다. 나는 단지 물리적인 고난뿐 아니라 깊은 신학적 고난까지 함께 겪어야 했다. 아마도 이것은 다른 사람들도 모두 마찬가지일 것이다.

의식적으로 우리의 고난에 우리가 가진 신념을 적용하려고 애쓰지 않더라도 우리의 부르짖음과 질문은 이미 충분한 신학적 의미를 지닌다. 나처럼 하늘에 있는 하나님의 보좌 앞에서 그분을 개인적으로 만나 질문에 대한 답을 직접 듣고 싶어 할 사람도 있을 테고, 또 겪고 있는 고난 때문에 냉담하고 비인격적인 자연의 세력이 이전에 생각했던 것보다 더 많이 자신의 삶에 관여하고 있다고 생각할 사람도 있을 것이다. 아무튼 우리의 고난은 우리가 간절히 대답을 듣고 싶어 하는 중요하고도 심원한 질문을 제기하게 만든다.

고난에 목적이 있을까?

결론부터 말하면 성경의 대답은 "그렇다."이다. 우리의 고난은 목적을 지닌다. 그 외의 대답은 하나님과 세상이 유지되는 방식에 관한 성경의 가르침을 바르게 나타낼 수 없다.

우리는 혼돈과 혼란을 경험하고 하나님은 그분의 목적을 세세하게 밝히지 않으시지만, 고난당하는 사람들의 질문에 대한 성경의 결정적인 대답에는 엄청난 위로가 담겨 있다.

우리가 겪는 시련을 하나님과 분리시켜 생각할 수 있다면 더 큰 위로를 발견할 것 같지만 그런 식으로는 진정한 마음의 평화를 얻는 것이 불가능하다.

우리는 종종 고난이 하나님과는 아무 관련이 없고, 단지 우주의 정상적인 자연 법칙에 의해 발생했다고 생각하고픈 유혹을 느낀다. 그러나 전능하신 하나님께서 타락한 피조세계가 우리의 삶을 황폐하게 만드는 것을 보고도 두손 놓고 계신다고 생각하면 과연 마음의 평화를 얻을 수 있겠는가? 우리가 겪는 일을 주관하는 인격체가 존재하지 않기 때문에 도움을 구할 대상이 없다고 생각하면 정말 위로가 되겠는가? 삶에서 일어나는 나쁜 일이 모두 사탄에 의한 것이라고 생각하면 마음이 놓이겠는가? 그가 우리를 향한 하나님의 선한 계획을 방해할 능력이 있다고 생각하면 용기가 나겠는가? 우리의 고난을 주관하는 인격체가 도움을 부르짖는 우리의 외침에 귀를 기울이지 않고 우리가 고통당하는 것을 보며 즐거워한다고 생각하면 우리가 과연 희망을 발견할 수 있겠는가?

이해하기 어렵지만 실질적인 소망과 위로는 오직 느부갓네살이 하나님 손에 겸손해진 뒤 고백한 말에서만 발견할 수 있다.

> 그 기한이 차매 나 느부갓네살이 하늘을 우러러 보았더니 내 총명이 다시 내게로 돌아온지라. 이에 내가 지극히 높으신 이에게 감사하며 영생하시는 이를 찬양하고 경배하였나니 그 권세는 영원한 권세요 그 나라는 대대에 이르리로다. 땅의 모든 사람들을 없는 것같이 여기시며 하늘의 군대에게든지 땅의 사람에게든지 그는 자기 뜻대로 행하시나니 그의 손을 금하든지 혹시 이르기를 네가 무엇을 하느냐고 할 자가 아무도 없도다(단 4:34-35).

느부갓네살의 광대한 표현도 하나님의 영광과 권위와 능력을 온전히 다 묘사하기에는 턱없이 부족하다. 성경은 하나님께서 그분이 창조하신 세상과 그 안에서 살게 하신 사람들의 삶을 완전하게 다스리신다고 분명하게 가르친다.

우리는 과학이 말하는 비인격적인 세력이나 악의 세력에 전적으로 지배되어 사는 것이 아니다. 비록 죄로 인해 심각하게 훼손된 세상에 살고 있지만 우리의 삶은 여전히 세상을 창조하신 하나님의 능력과 권위 아래 놓여 있다.

하나님의 손을 눈으로 볼 수도 없고, 그분이 지켜보시는 가운데 고난을 겪어야 하는 현실을 받아들이기 어렵다 해도 하나님의 통치의 본질과 범위에 대한 성경의 가르침은 너무나도 분명하다. 하나님께서 다스리신다는 사실은 우리가 겪는 모든 일에 그분의 뜻과 이유와 목적이 있다는 것을 보여 준다.

그렇다면 이러한 사실에서 우리는 어떤 위로를 발견할 수 있을까?

우리가 겪는 일이 좋아 보이지 않더라도 모든 일을 주관하시는 하나님께서 거룩하시고, 의로우시고, 선하시고, 지혜로우시고, 사랑이 많으시다는 것을 알면 위로를 얻을 수 있다.

하나님은 그 모든 속성의 정화이시다. 그분은 자애로우시고, 자상하시고, 인내심이 많으시다. 악하고, 불의하고, 무정하고, 기만적이고, 교활하지 않으시다.

그분은 그분이 창조하신 세상과 그분의 형상을 지닌 우리의 궁극적인 유익을 추구하시고, 만물을 새롭게 할 때를 향해 피조세계를 움직여 나가신다.

만일 하나님께서 우리가 겪는 일과 아무 관계가 없다면 우리를 도와주실 수 없을 것이다. 하나님은 우리가 겪는 모든 일과 밀접하게 연관되어 있기 때문에 시련의 때에 우리에게 필요한 도움을 능히 베푸실 수 있다.

그러나 여기에서 생각해야 할 한 가지 문제가 있다.

하나님의 자녀들은 고난을 당할 때 그분의 약속을 더욱 굳게 붙잡는 경향이 있다. 하나님의 자녀인 우리는 그분이 우리에게 약속하신 일을 실제로 행하실 것이라는 소망을 품고 안심한다. 우리는 하나님의 손길을 볼 수 없거나 그분이 어떻게 우리의 시련을 뚫고 선한 일을 이루실지 알 수 없어도 이 소망을 붙잡는다.

하나님의 약속을 붙잡을 때에는 우리의 소망이 전적으로 하나님의 주권적인 통치에 달려 있다는 사실을 기억하는 것이 중요하다. 누구든 자신이 통제할 수 있는 상황에서만 약속한 일을 할 수 있기 때문이다.

자녀들이 집에 있으면 나는 그들에게 약속한 것을 지킬 수 있다. 왜냐하면 약속을 지키는 데 필요한 장소를 내가 주관하고 있기 때문이다. 이와 마찬가지로 하나님께서 우리에게 하신 약속을 지키시는 것도 그 약속을 이루는 데 필요한 상황을 다스리시는 그분의 능력에 달려 있다.

만물을 다스리시는 하나님은 무소불위의 능력과 권위를 지니고 계신 사랑 그 자체이시다. 이것은 고난당하는 그분의 자녀들에게 참으로 좋은 소식이 아닐 수 없다.

고난의 목적이 무엇일까?

성경은 '왜?'라는 질문, 즉 고난당하는 사람 누구나 하는 질문에 답하지 않지만 하나님께서 그분의 자녀들에게 시련을 허락하시는 이유에 대해서는 침묵하지 않는다. 성경에 계시된 하나님의 목적을 살펴보면 큰 위로를 얻을 수 있다. 하나님은 우리에게 그분의 목적을 밝혀 고난 중에도 소망을 발견할 수 있게 하신다.

우리는 타락한 세상에 살고 있다(고후 4:7-10)

왜 우리가 타락한 세상에 살고 있다는 사실이 위로가 될 수 있을까? 그 이유는 우리가 겪는 고통스런 일이 불행한 사고나 끔찍한 우연이 아니며, 하나님의 계획이 실패로 끝났다는 증거도 아니라는 의미를 담기 때문이다. 만일 우리의 고난이 그런 증거라면 우리는 온통 무력함과 절망감만 느끼게 될 것이다. 성경은 이 세상에서 우리가 겪는 경험에 대해 다음과 같이 기록한다.

> 우리가 이 보배를 질그릇에 가졌으니 이는 심히 큰 능력은 하나님께 있고 우리에게 있지 아니함을 알게 하려 함이라. 우리가 사방으로 욱여쌈을 당하여도 싸이지 아니하며 답답한 일을 당하여도 낙심하지 아니하며 박해를 받아도 버린 바 되지 아니하며 거꾸러뜨림을 당하여도 망하지 아니하고 우리가 항상 예수의 죽음을 통해 짊어짐은 예수의 생명이 또한 우리 몸에 나타나게 하려 함이라(고후 4:7-10).

우리의 고난을 충격이나 놀람, 좌절, 그리고 실망의 관점에서 다룬 내용은 성경 어디에서도 발견되지 않는다. 오히려 성경은 고난을 아담과 하와가 타락한 후부터 그리스도의 재림 때까지를 살아가는 모든 사람이 정상적으로 겪는 경험으로 간주한다.

하나님은 실패한 적이 없으시다. 그분의 계획도 마찬가지다. 우리는 버림받지 않았다. 우리는 하나님께서 잠시 우리를 이 타락한 세상에 남겨두신 목적을 알기 때문에 비록 고난을 당할지라도 끊임없이 당혹스러워하거나 절망하지 않고, 멸망할 것이라고 두려워하거나 버림받았다고 느끼지 않는다.

고난당하는 사람은 자기만 유독 고통을 겪는다거나 버림을 당한 것이 아니라 그 고난에 목적이 있다는 사실에서 소망을 발견할 수 있다. 즉 고난에 목적이 있다면 좋아 보이지 않는 일을 통해 좋은 일이 나타날 것이라고 믿을 수 있다.

고린도후서 4장에는 질그릇이 언급된다. 그 질그릇 안에서 보배가 반짝거린다. 이 표현에 참으로 엄청난 내용이 담겨 있다. 우리는 절대로 깨지지 않는 무쇠그릇이 아니다. 독립적으로 살 수 있는 강한 존재로 창조되지 않았다. 깨지기 쉬운 존재로 창조되었다. 그 이유는 하나님께서 우리의 연약함을 통해 선한 것을 이루기 원하시기 때문이다.

하나님께서 우리가 깨지도록 허락하시는 이유는 우리 안에 있는 것이 아니라 그분 안에 있는 것에서만 소망과 안전을 발견할 수 있다는 사실을 깨닫게 하시기 위해서다. 그 목적을 위해 하나님은 우리를 우리의 힘과 지혜로는 도저히 극복하기 힘든 상황에 처하게 하시고, 본능적으로 우리가 손을 내밀어 그분께 도움을 구하게 하신다.

보배가 담긴 질그릇은 깨져도 그 틈으로 찬란한 빛이 새어 나오기 마련이다. 고난도 우리 자신과 하나님의 참모습을 볼 수 있게 만들어 우리가 지금까지 받아 누린 은혜를 찬양하게 한다. 하나님께서 깨진 곳을 항상 메워 주시는 것은 아니지만 종종 그 깨진 것을 그분의 임재와 은혜와 영광을 나타내는 수단으로 사용하신다.

하나님께서 우리를 이 타락한 세상에 두신 이유는 여기서의 경험을 통해 얻는 것들이 우리 모두가 원하는 안락한 삶보다 훨씬 낫기 때문이다. 참으로 은혜롭게도 하나님은 우리의 고난을 통해 덜 주는 것이 아니라 더 많이 주신다. 이 점을 늘 기억하고 살지는 못하지만 이것은 분명한 사실이다. 그리고 이것이 바로 우리가 버림받았다고 느끼거나 절망에 빠지지 않고 시련을 감내할 수 있는 이유다.

고난 때문에 소망을 잃고 버림받았다고 생각하고 싶은 유혹을 느낀 적이 있는지 돌아보라.

하나님께서는 고난을 선을 이루는 수단으로 사용하신다(약 1:2-4)

야고보서 1장 2-4절에서 발견되는 위로는 우리가 삶에서 무엇을 진정으로 원하는지 확실하게 드러낸다.

우리가 소망을 갖게 되는 동기는 단 두 가지뿐이다. 즉 안락함, 성공, 힘, 즐거움으로 이루어진 물리적이고 상황적인 삶이 소망의 동기가 되는 것과 영적인 깨달음, 성장, 하나님의 영광으로 이루어진 경건한 삶이 소망의 동기가 되는 것이다.

성경은 후자가 무한히 더 만족스런 결과를 가져다줄 뿐 아니라 그것이 곧 우리가 창조된 목적이라고 가르친다. 다시 말해 우리는 그런 삶을 살도록 창조되었기 때문에 우리 마음속에 있는 갈망을 만족시키는 것이 훨씬 더 낫다. 고난은 하나님의 손길로 개인적인 성장과 변화를 가져다주는 강력한 도구가 된다. 다음의 성경구절은 하나님께서 시련을 도구 삼아 우리 안에서 어떤 일을 이루시는지 잘 보여 준다.

> 내 형제들아 너희가 여러 가지 시험을 당하거든 온전히 기쁘게 여기라. 이는 너희 믿음의 시련이 인내를 만들어 내는 줄 너희가 앎이라. 인내를 온전히 이루라. 이는 너희로 온전하고 구비하여 조금도 부족함이 없게 하려 함이라(약 1:2-4).

이 말씀이 놀라운 이유는 역설적인 진리를 가르치고 있기 때문이다. 일반적으로 고난을 통해 기쁨을 경험하는 사람은 거의 없다. 오히려 가장 작은 난관에만 부딪혀도 금방 기쁨을 잃어버리는 경우가 대부분이다.

야고보의 말을 오해하면 안 된다. 그의 말은 고통과 손실을 기뻐하라는 뜻이 아니다. 이 말씀은 무슨 일에도 초연한 기독교적 스토아주의와 상관이 없다. 야고보의 말은 하나님께서 고난을 통해 우리가 이룰 수 없는 일을 이루시기 때문에 고통 중에도 기뻐할 이유를 발견할 수 있다는 뜻이다. 즉 하나님은 우리를 충만케 하고, 더 성숙하게 만들고, 우리 안에서 그분의 사역을 온전히 이루는 수단으로 고난을 사용하신다.

야고보는 우리가 겪는 불행한 일이 하나님이 우리 안에서, 우리를 위해 행하시는 선한 사역의 도구가 될 수 있다고 말했다. 그러므로 버림받았다고 느끼는 순간에도 사실은 우리를 돕고, 변화시키고, 구원하시는 하나님의 은혜의 사역이 이루어지는 셈이다.

그렇다면 우리는 무엇으로부터 구원받는가?

야고보의 대답은 분명하다. 우리는 우리 자신으로부터 구원받는다. 우리 삶에 존재하는 가장 큰 불행은 우리가 겪는 고난이 아니라 우리 안에 있는 죄다. 죄는 우리와 하나님을 갈라놓고, 우리를 항상 죽음으로 몰고 가려 애쓴다. 우리는 시련과 어려움을 용납하지 않지만 하나님은 우리의 죄를 용납하지 않으신다. 따라서 그분은 시련을 이용해 우리를 죄로부터 구원하신다.

한마디로 이것은 은혜다. 은혜는 불편한 형태로 주어질 때가 많다. 은혜를 부르짖어 구하면 대부분 은혜를 얻는다. 하지만 그것은 고통에서 벗어나게 만드는 은혜가 아닌, 우리를 구원하고 변화시키는 은혜다. 왜냐하면 그것이 우리에게 진정으로 필요한 은혜이기 때문이다.

우리가 고난을 당할 때 하나님은 우리가 원하는 것보다 훨씬 더 좋은 것을 주기 위해 일하신다. 그분은 우리에게 진정으로 필요한 것이 영원한 변화임을 아시기에 단지 일시적인 도움을 주는 것으로 만족하지 않으신다. 하나님은 구원의 사랑을 베푸시기 위해 시련으로 우리의 마음을 부드러우면서도 굳세게 만드신다. 이것은 매우 좋은 일이다. 우리를 변화시키는 고난의 능력을 몇 가지 살펴보면 다음과 같다.

고난은 우리 자신을 의지하려는 생각을 버리게 만든다. 우리는 자기 의존적인 존재로 창조되지 않았다. 자기 의존은 우리 안에서 좋은 것을 만들어 내지 못한다. 우리는 하나님과 서로를 의존하도록 창조되었다. 우리의 삶은 공동체 지향적이다. 고난은 우리가 자기 충족적인 존재가 아니라 다른 사람들을 필요로 하는 존재라는 사실을 분명하게 드러낸다. 고난으로 인한 고통과 연약함은 우리로 하여금 이전보다 더 진실하고, 깊고, 겸손한 태도로 하나님을 향해 부르짖게 만든다.

고난은 우리의 자기 의를 드러낸다. 우리는 우리 자신이 영적으로 아무런 문제가 없다고 말하기 좋아한다. 하지만 고난은 우리 안에 여전히 거하고 있는 그릇된 것들을 드러낸다. 고난을 당하면 우리는 화를 내고, 시기심을 표출하고, 불만이 많아지고, 조급해하고, 분노와 의심을 드러내는 경향이 있다. 고난 자체가 우리를 그렇게 만든 것은 아니다. 고난은 단지 우리 안에 있던 것들을 밖으로 끄집어낼 뿐이다. 고난은 우리에게 늘 은혜가 필요하다는 것을 보여 준다. 또한 우리 안에 여전히 죄가 남아 있으며, 우리가 구세주의 은혜가 절실히 필요한 처지라는 사실을 분명하게 일깨워 준다. 고난을 당할 때 우리에게서 나오는 것들을 보면 단순히 상황적, 물리적, 관계적, 문화적 시련에서 벗어나는 것보다 훨씬 더 중요한 무언가가 우리에게 필요하다는 것을 알 수 있다.

고난은 우리의 우상들을 파괴한다. 고난은 우리가 무엇을 진정으로 소중히 여기는지, 무엇이 우리의 마음을 지배하고 있는지, 또 우리가 무엇을 절대적으로 필요하다고 생각하는지 확실하게 드러낸다. 우리가 겪는 것은 단지 고통만이 아니다. 고난은 우리가 그동안 귀하게 여겨 온 것을 빼앗는다. 또한 일시적 가치를 지닌 세상의 보물에 소망을 두는 것이 부적절하다는 사실을 깨우쳐 주고, 지금까지와는 전혀 다른 방식으로 우리의 마음을 창조주께로 향하게 만들어 그분께 소망을 두도록 이끈다.

자신의 삶에서 하나님이 어떻게 힘든 시련으로 선한 일을 이루고 계시는지 곰곰이 생각해 보라.

고난은 우리를 하나님의 도구로 준비시킨다 (고후 1:3-9)
하나님의 자녀는 자신만을 위하는 자기중심적인 삶에서 해방되어 하나님을 위해 살도록 변화되었다. 이는 우리에게 우리 주변과 세상 사람들의 삶 속에서 이루어지는 하나님의 사역에 동참하라는 부르심이 주어졌다는 뜻이다.

사역은 단순한 직업 활동이나 간헐적인 자원봉사가 아니라 우리 모두에게 주어진 삶의 의무다. 문제는 우리에게는 다른 사람들을 섬기기 위해 개인적인 희생을 기꺼이 감수하려는 자연적인 욕구가 없다는 것이다. 이것이 바로 우리 모두에게 훈련이 필요한 이유다. 하나님은 그분이 다른 사람들의 삶 속에서 하시는 일에 우리가 기꺼이 동참할 마음을 갖도록 고난으로 우리를 훈련하신다. 이 점을 가장 잘 보여 주는 성경 본문이 고린도후서 1장 3-9절이다.

> 찬송하리로다. 그는 우리 주 예수 그리스도의 하나님이시요, 자비의 아버지시요, 모든 위로의 하나님이시며 우리의 모든 환난 중에서 우리를 위로하사 우리로 하여금 하나님께 받는 위로로써 모든 환난 중에 있는 자들을 능히 위로하게 하시는 이시로다. 그리스도의 고난이 우리에게 넘친 것같이 우리가 받는 위로도 그리스도로 말미암아 넘치는도다. 우리가 환난당하는 것도 너희가 위로와 구원을 받게 하려는 것이요, 우리가 위로를 받는 것도 너희가 위로를 받게 하려는 것이니 이 위로가 너희 속에 역사하여 우리가 받는 것 같은 고난을 너희도 견디게 하느니라. 너희를 위한 우리의 소망이 견고함은 너희가 고난에 참여하는 자가 된 것같이 위로에도 그러할 줄을 앎이라. 형제들아 우리가 아시아에서 당한 환난을 너희가 모르기를 원하지 아니하노니 힘에 겹도록 심한 고난을 당하여 살 소망까지 끊어지고 우리는 우리 자신이 사형 선고를 받은 줄 알았으니 이는 우리로 자기

를 의지하지 말고 오직 죽은 자를 다시 살리시는 하나님만 의지하게 하심이라.

하나님께서 우리로 하여금 그분의 위로를 갈망하고 경험하게 하시는 이유는 우리를 다른 사람들을 위한 위로의 사역자로 일하게 하시기 위해서다. 이것은 사역이 고난의 목적 중 하나라는 것을 의미한다. 우리는 고난을 통해 우주에서 가장 놀랍고 가장 중요한 사역에 동참할 수 있는 자격을 갖추게 된다.

다른 사람들은 어떤지 모르겠지만 나는 본래 인정이나 동정심이 그리 많은 편이 못 된다. 그래서 시련을 당하는 사람들에게 늘 친절하거나 관대하지는 않다.

그러나 하나님은 나의 연약함과 혼란과 두려움으로 나의 마음을 부드럽게 만들어 좀 더 자발적인 태도로 시련당하는 사람들을 이해하고 동정할 수 있게 훈련하셨다.

우리는 우리 자신이 다른 사람들에게 나눠 줄 복을 지니지 않았다고 생각하는 경향이 있다. 그러나 고린도후서 1장 3-9절은 우리의 고난까지도 하나님의 도구가 될 수 있다고 이야기한다. 고난의 목적은 우리를 안으로 매몰되게 만드는 것이 아니라 오히려 밖으로 이끌어 내어 하나님께서 우리에게 주신 아름다운 소망과 위로와 기쁨과 안전을 다른 사람들에게 전하게 하는 것이다.

이 성경 본문에 기록된 마지막 내용에 주목하라. 하나님은 바울의 경우처럼 우리에게도 다른 사람들에게 전할 수 있는 이야기를 허락하신다. 그것은 우리가 어떻게 두려움과 공포를 느끼는 가장 암울한 순간에 하나님을 만나게 되었는지, 어떻게 하나님이 우리를 일으켜 세우셨고, 어떻게 우리 마음에 소망과 평화를 주셨으며, 어떻게 우리의 필요를 채워 주셨는지에 관한 이야기다.

우리가 우리의 이야기를 다른 사람들에게 전하는 이유는 우리 자신이 아닌 하나님을 바라보게 만들어 그들도 우리처럼 그분 안에서 위로를 발견하게 하기 위해서다.

하나님께서 우리의 고난과 위로의 이야기를 통해 주위에서 고통받고 있는 사람들을 위로하게 하시지 않았는지 생각해 보라.

이 세상은 우리의 마지막 처소가 아니다 (고후 4:16-5:5)

다음의 성경말씀에 주목하라.

그러므로 우리가 낙심하지 아니하노니 우리의 겉사람은 낡아지나 우리의 속사람은 날로 새로워지도다. 우리가 잠시 받는 환난의 경한 것이 지극히 크고 영원한 영광의 중한 것을 우리에게 이루게 함이니 우리가 주목하는 것은 보이는 것이 아니요 보이지 않는 것이니 보이는 것은 잠깐이요 보이지 않는 것은 영원함이라. 만일 땅에 있는 우리의 장막 집이 무너지면 하나님께서 지으신 집 곧 손으로 지은 것이 아니요 하늘에 있는 영원한 집이 우리에게 있는 줄을 아느니라. 참으로 우리가 여기 있어 탄식하며 하늘로부터 오는 우리 처소로 덧입기를 간절히 사모하노라. 이렇게 입음은 우리가 벗은 자들로 발견되지 않으려 함이라. 참으로 이 장막에 있는 우리가 짐진 것같이 탄식하는 것은 벗고자 함이 아니요 오히려 덧입고자 함이니 죽을 것이 생명에 삼킨 바 되게 하려 함이라. 곧 이것을 우리에게 이루게 하시고 보증으로 성령을 우리에게 주신 이는 하나님이시니라(고후 4:16-5:5).

이 본문은 영적인 준비에 초점을 맞춘다. 지금까지 이 책에서 줄곧 언급한 대로 이 세상이 우리의 마지막 종착지가 아니라는 사실을 기억하는 것이 중요하다.

오직 이 세상밖에 없다는 마음으로 살면 "삶은 단 한 번뿐이다. 자신의 열정을 남김없이 발휘하라"는 광고 문구처럼 현세의 삶이 최대한 안락하고, 예측 가능하고, 즐겁고, 성공적이고, 유쾌하기를 바라게 된다. 그러나 성경은 현세의 삶이 전부가 아니라고 가르친다. 하나님은 영원하고 궁극적인 삶을 위해 이 세상에서 우리를 준비시키고 계신다.

우리는 위대한 영적 여정을 걷는 순례자로서 일시적인 거주지요 장막인 이 세상에서 불편한 삶을 살아가고 있다. 우리가 겪는 모든 시련과 손실은 우리를 준비시켜 영원한 본향에 들어가게 하시기 위한 하나님의 섭리다.

하나님은 시련을 통해 이 세상을 단단히 움켜쥐고 있는 우리의 손을 펴게 만드시고, 현세에 대한 집착을 버리도록 이끄신다. 또한 이 세상이 우리가 갈망하는 낙원이기를 바라는 마음을 버리게 하시려고 우리 안에서 역사하신다. 그분은 고난을 통해 이 세상보다 훨씬 더 나은 집, 곧 은혜로 우리 모두에게 약속하신 영원한 집을 사모하는 마음을 갖게 하신다. 그리고 그 집에 들어가는 보증으로 우리에게 성령을 허락하신다. 따라서 우리는 보증으로 주신 성령을 통해 장차 우리를 영원히 반갑게 맞아 줄 고향 집이 있다는 사실을 늘 상기하며 살아간다.

우리의 고난은 하나님의 계획이 실패했다는 증거가 아니라 오히려 우리의 삶을 그분의 계획과 일치시켜, 그분이 우리를 위해 준비하신 것을 현재의 위로보다 더 사랑하게 만든다.

자신의 삶 속에서 영원한 본향을 사모하며 살고 있는 증거가 있는지 생각해 보라.

이처럼 고난은 좋은 것을 빼앗는 비인격적이고 비목적적인 고통이 아니다. 고난은 지혜와 사랑과 은혜의 주님이 우리 자신의 힘으로는 결코 이룰 수 없는 놀라운 일들을 우리 안에서, 우리를 통해 이루시는 도구다.

또한 주님이 우리 가까이에 계시면서 절망적일 만큼 고통스럽고 견딜 수 없을 만큼 힘든 시련을 통해 선한 일을 이루신다는 것을 입증하는 증표다.

주님은 우리의 믿음과 소망이 활기를 띠고, 인격이 성숙하게 변화되고, 다른 사람들을 섬기려는 마음과 능력이 더욱 커지도록 이끄신다. 또한 우리에게서 좋은 것들을 빼앗지 않으시고, 고난을 도구로 이용하여 오직 그분의 은혜만이 가져다줄 수 있는 좋은 것들을 풍성하게 채워 주신다.

따라서 우리는 고난과 손실이 매우 고통스럽다는 것을 알면서도 소망과 기쁨을 잃지 않고 "나의 고난에는 목적이 있어. 왜냐하면 하나님이 그것을 도구로 사용하여 내 안에서, 나를 통해 역사하심으로써 참으로 귀하고 영원토록 선한 것을 이루시기 때문이야. 하나님께서 나를 어려운 상황에 처하게 하신 이유는 그런 기쁨을 허락하시기 위해서야."라고 말할 수 있다.

고난을 당할 때에는 하나님의 목적의 위로를 바라보라. 그러한 행동이 날마다 당신을 기쁘게 할 것이다.

질문과 적용

1. 우리가 타락한 세상에 살고 있다는 사실이 위로가 되는 이유는 무엇인가?

2. 나를 나 자신으로부터 구원하는 것이 하나님의 일이라고 생각해 본 적이 있는가? 자신의 일상에서 그런 일이 어떻게 이루어지고 있는지 생각해 보라.

3. 저자는 하나님께서 "시련으로 우리의 마음을 부드러우면서도 굳세게 만드신다"고 했다. 자신의 삶을 돌아보고 그런 일이 이루어진 증거가 있는지 찾아보라.

4. 하나님께서 고난을 통해 당신을 우상들로부터 구원하신 증거가 있는가?

5. 고난이 하나님을 섬기는 일을 어떤 식으로 준비하게 만들었는지 생각해 보라.

더 깊이 묵상하기

다니엘 4:34-35
고린도후서 1:3-9, 4:7-10

계획하지도, 원하지도 않은 뜻밖의 고난을 잘 극복하려면 순종하는 태도로 하나님과 교통하고, 겸손히 그분의 백성을 의존하는 것이 반드시 필요하다. 우리 주위에 있는 형제와 자매들은 하나님의 은혜의 도구다. 그들은 완전한 도구도 아니고, 항상 올바른 것만 말하고 행하는 것도 아니지만, 하나님은 그들과의 관계를 통해 우리에게 오직 그분만이 주실 수 있는 도움을 베푸신다.

13
하나님의
백성의 위로

이 장을 쓰는 지금, 내 삶이 참으로 이상하고 짓궂다는 생각이 든다. 남은 질병의 후유증을 안고 육체적으로 안정을 찾아 가기 시작할 무렵 나에게 느닷없이 대상포진이 발병했다. 면역 체계가 제대로 작동되지 않는 상태인지라 바이러스가 일반적인 경우보다 오래 머물면서 신경의 통증이 심해질 가능성이 높았다. 게다가 나를 기진맥진하게 만드는 허리 통증이 영구히 지속될 수도 있다는 경고의 말까지 들었다.

지난 며칠 동안은 육체적인 고통이 너무도 혹독한 탓에 잠을 자거나, 글을 쓰거나, 앉아 있거나, 편안하게 누워 있는 것이 불가능했다. 단지 서 있는 자세일 때만 조금 괜찮았다. 진통제가 약간의 도움을 주었지만 고통이 계속 사라지지는 않았다.

고난에 관한 책을 거의 마무리하는 시점에 또 다른 고통을 겪고 있는 나의 상황이 너무 애처롭기만 하다. 다시 '왜?'라는 질문을 던지고 싶고, 자기 연민에 빠져 울분을 토하고 싶고, 편안하게 살아가는 친구들을 시기하고 싶은 생각도 든다. 또다시 '도대체 언제까지? 다음에는 또 무슨 일이?'라는 두려움이 느껴지고, 하나님께서 도움을 구하는 나의 부르짖음을 듣고 계시기는 한 건지 의심스러운 생각도 든다.

다시금 고난이 단지 물리적, 상황적, 관계적인 시련뿐 아니라 매 순간 치러지는 영적 싸움이라는 사실이 생생하게 느껴진다. 이 싸움에 뒤따르는 위험들을 인식하는 것이 매우 중요하다. 아울러 내가 이 싸움을 혼자서 감당하는 것이 아니라는 사실도 기억해야 한다.

고난은 줄곧 사실이었던 것, 곧 우리가 독립적으로 살아가도록 창조되지 않았다는 진리를 강력하게 일깨운다. 또한 연약하고, 무지하고, 통제력 없는 우리의 상태를 여지없이 드러낸다. 우리의 삶이 공동체 지향적인 속성을 지니고 있다는 점을 상기시키고, 하나님의 은혜가 우리의 독립심을 부추기기 위해서가 아니라 수직적, 수평적 의존관계를 진작시키기 위해 주어진다는 사실을 새롭게 각인시킨다.

'독립독행하는 강한 사람'은 헛된 망상일 뿐이다. 사람은 누구나 도움과 지지가 필요하다. 모두가 다른 누군가에게서 배우고, 모두가 다른 누군가를 통해 힘을 얻는다. 공동체를 거부하고 자기 충족적인 삶을 추구하는 것은 우리의 영적 필요는 물론 인간성 자체를 부인하는 것이다. 고난은 인간이 의존적인 존재라는 사실을 일깨우는 전령이다.

따라서 나는 얄궂은 운명에 처해 있는 것이 아니라 매우 지혜로운 계획에 포함되어 있다고 말할 수 있다. 지금 나는 믿음의 공동체의 위로에 관한 장을 쓰고 있다. 바로 내가 그것을 절실히 필요로 하는 상태에 처해 있다. 하나님은 나 스스로 이룰 수 없는 것을 내 안에서 이루시기 위해 내가 경험하기를 원하지 않았고, 또 그럴 계획도 없었던 것을 경험하게 만드셨다. 성경은 이것을 '은혜'라 일컫는다.

나는 누군가에게 버림을 받은 적도 없고, 방해를 받고 있지도 않다. 이것은 단지 또 한 차례의 불운이 아니라 그보다 훨씬 더 심원한 의미를 지니고 있다. 다시 말해 나는 지금 내가 그토록 많이 쓰고 말했던 '불편한 은혜'를 경험하고 있는 중이다. 이 물리적인 고통이 주님의 손에 들린 도구가 되어 나를 자기만족에서 벗어나 하나님과 그분의 백성을 더욱 깊이 의지하도록 이끈다.

나는 신실한 형제자매들에게 도움을 구했고, 그들은 나를 굳세게 붙들어 주었다. 만일 나 혼자서 모든 것을 감당했다면 이 시련이 어떻게 달라졌을지 상상하기조차 어렵다. 회심 후부터 영원한 본향에 가기까지 '이미'와 '아직' 사이를 살아가는 우리에게 주어지는 가장 큰 하나님의 은혜 중 하나는 바로 그리스도의 몸이다. 하나님은 은혜의 사람들이 은혜가 필요한 사람들에게 은혜를 베풀게 하심으로써 보이지 않는 은혜를 보이게 만드신다. 하나님의 백성은 그분의 얼굴과 손과 목소리가 되고, 그분의 사랑과 신실하심과 임재를 가시적으로 나타내는 증거가 되라는 부르심을 받았다. 하나님은 우리를 우리 자신에게만 맡겨 놓지 않으시고, 공동체를 통해 풍성한 도움을 받을 수 있도록 축복하셨다. 문제는 우리가 고난 때문에 자아 속으로 깊이 매몰되느냐, 아니면 겸손하고, 정직하고, 기꺼이 의존하려는 태도를 지니게 되느냐 하는 것이다. 고린도후서 1장에서 우리는 겸손하고 의존적인 태도를 보여 주는 좋은 본보기를 발견할 수 있다.

> 형제들아 우리가 아시아에서 당한 환난을 너희가 모르기를 원하지 아니하노니 힘에 겹도록 심한 고난을 당하여 살 소망까지 끊어지고 우리는 우리 자신이 사형 선고를 받은 줄 알았으니 이는 우리로 자기를 의지하지 말고 오직 죽은 자를 다시 살리시는 하나님만 의지하게 하심이라. 그가 이같이 큰 사망에서 우리를 건지셨고 또 건지실 것이며 이후에도 건지시기를 그에게 바라노라. 너희도 우리를 위하여 간구함으로 도우라. 이는 우리가 많은 사람의 기도로 얻은 은사로 말미암아 많은 사람이 우리를 위하여 감사하게 하려 함이라(고후 1:8-11).

이 본문을 읽을 때마다 바울 사도가 놀라울 정도로 솔직하다는 인상을 받는다. 강한 영향력을 지닌 믿음의 사람인 그가 여기에 묘사된 마음의 갈등을 겪었으리라고는 도무지 상상하기 어렵다. 이 말씀은 바울이 지극히 경건하고 독립적인 사람이었기 때문에 우리 같은 사람들이 흔히 겪는 영적 갈등과는 무관했을 것이라는 예상을 완전히 뒤집는다. 복음의 명확성을 보여 주는 전형이자 복음의 소망을 전하는 사자요, 절망한 사람들을 위한 전도자였던 그가 다른 사람들에게 베푼 것을 똑같이, 절실하게 필요로 했다. 그는 시련 속에서 겸손히 마음을 열고, 그 안에서 요동치는 갈등을 있는 그대로 드러냈다.

바울은 자신의 상황을 정확하게 설명하지 않았다. 그의 목적은 자신의 어려움을 상세히 전하는 것이 아니었다. 그는 그런 상황이 자신과 동료들에게 미친 영향에 초점을 맞추었다. 그는 깊은 영적 갈등을 솔직하게 고백했다. 자신의 생각과 마음 상태를 정직하게 드러냈다. 그는 자신이 겪는 고난을 설명하는 일보다 겸손히 도움을 구하는 데 관심을 기울였다. 우리는 사람들에게 우리가 겪는 고난에 대해 상세하게 설명하기를 좋아하면서 그 고난을 어떤 태도로 겪고 있는지에 대해서는 가급적 말하기를 주저하는 경향이 있다. 고난 중에 그리스도의 몸을 통해 주어지는 위로를 누리려면 고난을 설명하기보다 마음속의 갈등을 솔직하게 고백할 수 있어야 한다. 즉 우리가 겪는 고난의 내용을 설명하는 것에 그치지 말고, 그것을 어떤 식으로 경험하고 있는지 정직하게 말해야 한다.

바울의 말을 좀 더 자세히 살펴보자. 우선 그는 "힘에 겹도록 심한 고난을 당하여"라고 자신의 연약함을 인정했다. 그는 영적으로 초연한 척하지 않았다. 실제로는 그렇지 않은데 짐짓 아무렇지도 않은 척 위장하지 않았다. 그는 자신의 연약함을 솔직하게 드러내는 것을 두려워하지 않았다. 그의 말의 핵심은 그 다음 말로 이어졌다. 고난당하는 사람 대다수는 그렇게 말하기를 주저한다. 그래서 하나님이 그분의 백성을 통해 베푸시는 위로와 보살핌을 경험하지 못한다. 바울은 연약함과 무능력함 때문에 느끼는 절망감을 기꺼이 고백했다. 물리적인 고통을 당하면서 그의 마음속에서 일어났던 영적 싸움이 "살 소망까지 끊어지고 … 사형 선고를 받은 줄 알았으니"라는 말씀에 생생하게 드러나 있다. 이 말을 한 사람이 바울 사도라는 사실을 기억하라. 예수님 외에 신약성경에서 그보다 더 위대한 인물은 없었다. 그런 그가 '나는 이 시련을 극복할 만한 능력을 가지고 있지 않아.'라고 생각했다. 고난당하는 모든 사람의 경우처럼 바울의 고난도 그가 무력하고 의존적인 존재라는 사실을 분명하게 드러냈다.

다음의 질문들을 생각해 보자. 고난을 통해 우리가 독립적이고 자기 충족적인 능력을 지녔다는 것이 거짓으로 드러나면 어떻게 할 것인가? 절망감을 그냥 마음속에 감추고 있을 것인가? 자신의 연약함을 숨길 것인가? 괜찮지 않은데 괜찮은 척할 것인가? 부끄러움 때문에 사실을 고백하지 않을 것인가? 낙심이 절망으로 바뀌어 심신을 마비시키는 우울증으로 발전하도록 방치할 것인가? 아니면 하나님께서 사랑으로 공급해 주시는 도움을 구하겠는가?

연약함과 절망감을 겸손하게 고백한 바울의 말에서 중요한 점이 한 가지 더 발견된다. 그의 절망은 감옥이 아닌 출구였다. 우리 스스로의 힘으로는 고난을 극복하는 데 필요한 것을 얻을 수 없다는 고백은 하나님께서 자기 백성의 손과 마음을 통해 우리에게 베푸시는 위로를 받아 누릴 수 있는 기회의 문을 열어 준다. 절망은 희망에 이르는 문이다. 절망감을 고백하면 우리 스스로 할 수 없는 것을 하려는 데에서 자유로울 수 있고, 실제로는 괜찮지 않은데 괜찮은 척 위장할 필요가 없다. 절망감을 고백하면 심신을 마비시키는 수치심이 사라지고, 혼자 고립되어 외로워할 필요가 없으며, 위로의 하나님께서 그분의 자녀들에게 약속하신 은혜로운 위로를 받을 수 있는 마음 상태를 유지할 수 있다.

이밖에도 바울은 하나님께서 우리의 연약함을 드러내시는 데에는 분명한 목적이 있다고 암시한다. 나는 지난 두 주 동안 먹지도, 자지도 못하게 만드는 극심한 고통에 시달리면서 나의 기능을 멈추게 하고 가장 사소한 일상조차 불가능하게 만드는 데에는 그리 많은 것이 필요하지 않다는 사실을 다시금 깨닫고 위로를 얻을 수 있었다. 심지어 내가 가장 원기 왕성한 날에도 독자적으로는 절대로 강할 수 없다는 사실을 기꺼이 인정하지 않을 수 없다. 강할 때는 자신의 힘이 하나님의 끊임없는 보호와 보살핌에 의존한다는 것을 잊기 쉽다. 하지만 그분의 보호와 보살핌이 없으면 나는 절대로 강할 수 없다. 바울은 "이는 우리로 자기를 의지하지 말고 오직 죽은 자를 다시 살리시는 하나님만 의지하게 하심이라. … 너희도 우리를 위하여 간구함으로 도우라"고 했다. 그의 말에는 자신의 고난이 하나님의 손길을 통해 은혜의 도구가 되었다는 의미가 담겨 있다.

하나님의 자녀는 누구나 위로, 구원, 힘, 지혜, 인도, 보호 등이 가득 차 있는 창고를 가지고 있다. 그러나 우리는 우리 안에 있는 죄와 교만과 자기만족 때문에 그 창고의 문을 열지 않는다. 우리는 우리 힘으로 모든 것을 할 수 있다고 믿으며 자기 의존적인 삶을 살아간다. 이런 이유로 하나님은 우리의 무력함을 깨달을 수 있는 상황에 처하게 하심으로써 은혜의 창고를 열어 그 안에 들어 있는 풍성한 도움을 받도록 이끄시는 구원의 사랑을 베푸신다.

지난주에 나는 에릭, 빌, 앨런, 말콤, 스티브, 레갑, 디씨, 쉘비, 벤, 매트, 제프, 세릴에게 도움을 구했다. 그들은 하늘에 계신 성부의 보이지 않는 은혜를 나타내 보였다. 그들은 나에게 하나님의 얼굴과 목소리와 손길이 되어 주었다. 사랑으로 나의 깊은 절망감을 달래 주었고, 두려워하는 나를 부드럽게 타일렀으며, 내가 혼자가 아니라는 사실을 상기시켜 주었다. 말로 다 형용하기 어려운 방법으로 내게 이후의 삶을 살아갈 수 있는 힘을 북돋아 주었다.

나의 물리적인 상황은 변하지 않았다. 고통과 무기력함도 그대로다. 이런 상태가 앞으로도 오랫동안 유지될 것이다. 하지만 그들이 내게 하나님의 은혜를 구체적으로 보여 준 덕분에 나 자신이 변했다. 나는 무기력함에 굴복하거나 자기 연민에 사로잡혀 내가 통제할 수 없는 미래를 걱정하는 데 시간을 낭비하지 않는다. 나는 하나님께서 요구하시는 일을 하고 있고, 내가 하나님의 백성들에게서 받은 위로와 나의 연약함으로 다른 사람들을 돕기 위해 최선을 다해 복음의 말씀을 글로 옮기고 있다.

잠시 멈추어 아내에 관해 말하고 싶다. 내 인생에서 그 누구도 아내만큼 하나님의 임재와 보살핌을 구체적으로 보여 주는 사람은 없다.

아내는 내가 두려워하고, 절망하고, 의심하고, 불평할 때마다 놀라운 인내와 은혜로 나를 대해 주고, 내가 복음을 잊고 있을 때는 어김없이 그에 대한 기억을 일깨우며, 그 진리를 내 앞에서 직접 실천해 보인다. 아내는 나 스스로 얻을 수도 없고, 받을 자격도 없는 은혜의 축복을 풍성하게 누리게 해 준다. 아내는 어떤 상황에서도 바쁘다고 말하는 법이 없다. 그녀는 내가 무기력할 때 조금도 귀찮아하지 않고, 정신을 차리라고 질책하지도 않는다. 그녀는 내가 도움을 필요로 할 때면 언제라도 자기 일을 중단하고 나를 돕는다. 내가 고백하기 어려운 것을 쉽게 고백할 수 있게 해 주고, 받아들이기 어려운 것을 기꺼이 받아들이게 해 준다. 하나님은 그런 아내를 통해 내가 혼자가 아니라는 사실을 항상 기억하게 해 주신다.

고린도후서 1장, 고린도전서 12장, 골로새서 3장 12-17절 같은 성경 본문은 하나님께서 그분의 자녀들에게 혼자서 알아서 살아가라고 요구하지 않으신다고 가르친다. 그런 성경 본문에 따르면 우리는 우리의 연약함을 부끄러워할 필요가 없다. 하나님은 우리에게 독립적인 힘이 없는 것을 못마땅하게 여기지 않으신다. 오히려 그분은 우리를 이해하시고, 신실하게 보살피시며, 긍휼을 베푸시고, 그분의 백성을 통해 우리에게 필요한 도움을 제공하신다. 거듭 말하지만 우리에게는 하나님의 백성을 통한 위로가 주어진다. 세상에는 완전한 것이 없기에 비록 그 위로도 완전하지 못하지만 고난당하는 하나님의 자녀들에게는 참으로 영광스러운 위로요 보살핌이 아닐 수 없다.

마지막으로 내 친구 토비맥(TobyMac)이 적절하게 표현한 것 하나만 더 말하겠다. 그는 "우리의 필요를 솔직히 인정하고, 필요한 것이 모두 들어 있는 하나님의 창고의 문을 연다면 어떻게 될까?"라고 말했다. 이 말을 깊이 생각해 보기 바란다.

혼자서 다 감당하려고 하지 말라

있는 힘을 다해 혼자서 고난을 감당하려는 것은 조금도 고귀하지 않다. 그런 태도는 오히려 고통을 더욱 증폭시킨다.

하나님은 인간을 공동체 안에서 살아가도록 지으셨다. 경건하고 건강한 삶은 관계지향적인 성향을 띤다. 계획하지도, 원하지도 않은 뜻밖의 고난을 잘 극복하려면 복종하는 태도로 하나님과 교통하고, 겸손히 그분의 백성을 의존하는 것이 반드시 필요하다. 우리 주위에 있는 형제와 자매들은 하나님의 은혜의 도구다. 앞서 말한 대로 그들은 완전한 도구도 아니고, 항상 올바른 것만 말하고 행하는 것도 아니지만, 하나님은 그들과의 관계를 통해 우리에게 오직 그분만이 주실 수 있는 도움을 베푸신다.

나는 고난을 당하면서 나 스스로를 고립시키려는 유혹을 물리치려고 애써야 했다. 내가 겪는 일을 두 번 다시 설명하고 싶지 않을 때가 있다. 사람들 곁에 있는 것이 부담스럽게 느껴질 때도 있고, 다른 사람의 태도 때문에 상처를 받아 그런 상처를 또다시 받고 싶지 않을 때도 있다. 그러나 스스로를 고립시키려는 유혹을 물리치는 일은 매우 중요하다. 나 스스로 할 수 없는 일을 해 주고 말해 줄 수 있는 사람들이 반드시 필요하다. 내가 그런 사람들과 맺는 관계는 하나님께서 주시는 위로와 구원과 보호와 지혜의 선물이다.

지금 당신 혼자 고난을 감당하려고 하는 것은 아닌지 생각해 보라.

솔직하기로 결심하라

하나님의 백성이 주는 위로의 선물을 구하고, 그들을 통해 구현되는 하나님의 보이지 않는 은혜를 경험하려면 우리가 겪고 있는 일을 솔직하게 말할 수 있어야 한다. 앞서 당부한 대로 우리의 일을 말할 때는 단순한 불평이 되지 않도록 조심해야 한다. 우리의 일을 솔직하게 말한다는 것은 우리가 겪는 고난을 자세히 말하고, 우리가 그 일로 인해 얼마나 힘들어하고 있는지를 주위 사람들에게 알리는 것과는 거리가 멀다. 불평은 사람들을 멀리 내쫓고 다른 불평가들과 어울리게 되는 결과를 낳기 쉽다. 그런 것은 건강하지도 않고 유익하지도 않다.

고난당하는 사람은 물리적인 고통 이면에서 일어나는 영적 싸움을 겸손하고 솔직하게 말함으로써 주위에 있는 형제자매들이 그 싸움에 동참할 수 있게 이끌어야 한다. 만일 '이랬다면 어땠을까?'라는 식의 생각만 떠오르거나, 하나님을 의심하는 마음이 생기거나, 잘 살고 있는 것 같은 사람들에게 시기심을 느끼거나, 장기간의 고난으로 절망감을 느끼거나, 아무도 자신의 기도를 듣지 않는다고 생각되거나, 자신의 고난을 이해해 줄 사람이 아무도 없는 것처럼 느껴진다면 그런 사실을 솔직하게 털어놓아야 한다.

만나는 사람마다 붙잡고 하소연하라는 말은 결코 아니다. 내 말은 당신과 하나님을 알고 사랑한다고 확신할 수 있는 사람들을 충분히 활용하라는 뜻이다. 그들은 지금 이곳에 주어지는 은혜를 경험하게 해 줄 도구다. 그들을 당신과 함께 영적 싸움에 임할 전사들로 활용하라. 사람들이 어떻게 생각할지에 대해서는 조금도 염려하지 말라. 우리의 정체성과 평화와 안전과 마음의 안식은 그들이 아닌 주님에게서 비롯된다는 사실을 기억하라. 그 누구도 우리의 메시아가 될 수 없다. 사람들은 단지 우리의 메시아인 예수님께서 사용하시는 도구일 뿐이다. 내가 영적 싸움을 하는 동안 하나님께서 나의 삶 속에 두신 사랑하는 사람들로부터 받는 위로와 조언과 격려는 이루 다 형용하기 어렵다.

당신의 고난을 다른 사람들에게 겸손하고 솔직하게 말하고 있는지 생각해 보라.

독백하지 말고 사람들과 대화하라

우리에게는 삶에서 일어나는 모든 일을 말할 수 있는 누군가가 존재한다. 그 사람의 견해와 해석과 반응과 신념과 심리적 경향과 관점과 생각은 매우 크고 중요한 영향력을 지닌다. 그와의 대화는 피할 수 없고, 그의 영향력에서 벗어날 길도 없다. 우리 대부분은 무의식중에 그 사람에게 말을 하지만 그와의 대화가 우리 자신과 하나님과 다른 사람들과 삶에 대한 우리의 생각에 어떻게 영향을 미치고 있는지에 대해서는 크게 신경 쓰지 않는다. 아마도 지금쯤이면 그 사람이 누구인지 짐작할 수 있을 것이다. 그 사람은 바로 우리 자신이다.

우리는 우리 자신에게 엄청난 영향을 미친다. 그 이유는 우리가 우리 자신과 가장 많이 대화를 나누기 때문이다. 문제는 우리 자신에게 우리가 들어야 하는 말을 하기가 매우 어렵다는 것이다. 고난을 겪을 땐 특히 그렇다. 그럴 땐 고난당하는 사람에게 절실히 필요한 희망, 위로, 견책, 인도, 지혜, 하나님을 의식하는 마음 등을 우리 자신에게 일깨워 주기가 어렵다.

따라서 우리 자신 외에 우리 곁에서 우리를 도와줄 사람들이 필요하다. 혼자서 독백하지 말고 지혜와 사랑을 겸비한 사람들에게 우리의 사정을 알려 우리 스스로가 들려줄 수 없는 말을 해 주도록 도움을 요청해야 한다. 그들이 우리 생각에 동의하지 않더라도 불쾌해할 필요가 없다. 다른 관점을 지닌 말도 기꺼이 들을 줄 알아야 한다. 그들이 우리 삶에 존재하는 이유는 우리의 감정을 상하게 하기 위해서가 아니라 우리가 우리 자신에게 줄 수 없는 것을 주기 위해서다. 그 자체가 하나님께서 주시는 은혜로운 선물이다.

지금 당신은 어떤 사람들을 당신의 대화 속에 초청하고 있는지 생각해 보라.

자신의 연약함을 인정하라

시련을 당할 때에는 강한 척하지 않는 것이 좋다. 사실이 아닌 것을 사실인 양 꾸미는 것은 하나님을 영화롭게 하지 못한다. 고난당하는 사람은 연약함을 인정하기보다 오히려 강한 척할 위험이 크다. 고난당하는 사람이 자기 자신이나 다른 사람들에게 자신이 강하다고 말하면 고난당하는 모든 사람에게 필요한 은혜, 곧 용기와 힘을 북돋아 주는 은혜를 구할 수도 없고, 받을 수도 없다. 우리가 겪는 가장 중요한 형태의 연약함은 고난당하는 사람들에게 뒤따르는 물리적인 연약함이 아니라 고난을 견디는 과정에서 겪게 되는 마음의 연약함이다.

내가 고난을 당하면서 경험한 연약함이 단지 물리적인 것뿐이었다고 말할 수 있다면 좋겠지만 사실은 그렇지 않았다. 하나님은 나의 고통으로 내가 전혀 의식하지 못했던 마음의 연약함을 드러내셨다. 그렇게 하신 이유는 나를 부끄럽게 하기 위해서가 아니라 삶을 변화시키는 은혜를 갈망하게 하시기 위해서였다. 나는 연약함을 부인하면 절대로 좋은 결과가 나타날 수 없고, 그것을 기꺼이 인정할 때만 비로소 온갖 좋은 결과를 경험할 수 있다는 사실을 깨달았다. 그러므로 자신의 연약함에 대해 솔직할 것을 결심하고, 다른 사람들이 하나님의 은혜를 전하는 수단이 되게 하라. 고난당할 때의 연약함은 하나님의 자녀가 지니는 새로운 잠재력을 경험하거나 거부하는 기회가 될 수 있다.

당신은 자신의 연약함을 기꺼이 인정하는지, 아니면 부인하는지 생각해 보라.

영적인 맹점을 인정하라

이 세상에 사는 한 우리 안에 있는 죄가 우리를 어둡게 하기 때문에 누구에게나 영적 맹점이 존재하기 마련이다. 우리는 우리 자신을 정확하게 알고 있다고 생각하지만 우리를 속이는 죄의 능력에 관한 성경의 가르침을 고려하면 우리보다 우리를 더 잘 아는 사람은 없다는 생각을 포기해야 마땅하다. 특히 고난을 겪을 때에는 생각과 감정이 부정확하거나 왜곡되거나 미묘해지기 쉽고, 다른 사람들을 바라보는 관점이 잘못되거나 유혹에 이끌릴 가능성이 커지고, 하나님에 대한 의심으로 갈등을 느끼며 절망감을 표출할 때가 많다.

하지만 정작 당사자인 우리는 그런 사실을 인지하지 못한다. 따라서 하나님은 우리의 삶 속에 다른 사람들을 두어 우리를 보게 하는 도구로 사용하신다. 그들은 우리에게 우리 스스로 깨달을 수 없는 통찰을 일깨운다. 그들은 우리가 보지 못하는 것을 볼 수 있기 때문에 우리의 삶과 관련된 문제에 대해 말할 수 있고, 또 그런 일을 통해 보게 하는 도구이자 구원과 변화를 일으키는 하나님의 사자가 된다.

보게 하는 도구가 필요하다고 해서 자신에게 심각한 문제가 있는 것처럼 부끄럽게 생각하면 안 된다. 우리 모두 그런 사람이 필요하기 때문이다. 그런 필요성은 더 이상 죄가 존재하지 않고, 죄의 속이는 능력이 모두 없어질 때까지 계속된다.

고난을 당할 때 누군가 우리가 보지 못하는 것을 지적하면 우리는 방어적인 태도를 취하거나 하나님께서 그런 사람들을 우리의 삶 속에 두신 것에 감사하며 반가워하거나 둘 중 하나의 반응을 보인다.

개인적인 깨달음은 죄 때문에 늘 한계가 있기 마련이다. 따라서 그런 깨달음이 정확하려면 반드시 공동체의 도움이 필요하다. 고난당하는 사람은 이런 사실을 겸손히 인정해야 한다. 누구에게나 보지 못하는 것이 존재하기 때문에 하나님께서 우리의 삶 속에 두신 사람들이 우리를 일깨워 올바로 보게 하는 것을 기쁘게 받아들여야 한다. **자신이 보지 못하는 것을 가까운 사람들이 보도록 도와줄 때 그것을 얼마나 스스럼없이 받아들이는지 생각해 보라.**

지혜로운 조언을 구하라

고난 때문에 감정이 격앙되어 절망스러울 때 인생의 중요한 일을 결정하는 것은 매우 위험하다. 시련을 겪을 때에는 분명하게 보고, 정확하게 생각하고, 가장 좋은 것을 바라기 어렵다. 고난으로 인한 충격과 슬픔과 좌절감이 마음을 흔들고, 생각을 혼란스럽게 만들기 쉽다. 감정이 마구 소용돌이칠 때에는 명확하게 생각하는 것이 어렵기 때문에 혼자서 많은 결정을 내리면 크게 낭패를 볼 가능성이 높다.

따라서 고난을 당할 때에는 지혜롭고 경건한 사람들을 삶 속으로 겸손히 초대해야 한다. 전문적인 도움을 구하라는 말은 아니다. 물론 그런 도움이 필요하다면 그렇게 하는 것도 좋지만 대개는 우리의 삶 속에 있는 사람들 중 이미 우리와 우리의 상황을 잘 알고 있는 지혜롭고 경건한 사람을 찾아 도움을 구하는 것으로 충분하다. 그런 사람들은 우리 스스로 생각하기 힘든 명확한 조언과 인도와 방향을 제시할 수 있다. 그런 일을 두려워할 필요는 없다. 그것은 우리 모두에게 필요한 일이다. 고난을 당하면서도 지혜로움을 잃지 않는 사람은 그런 도움을 기꺼이 반길 것이고, 그로 인해 좋은 결과를 얻을 수 있다.

혼자 결정하기 어려운 문제 앞에서 지혜롭고 경건한 조언자들의 도움을 구한 적이 있는지 생각해 보라.

우리의 고난이 우리 것이 아님을 기억하라

고린도후서 1장 3-9절을 다시 읽어 보라. 이 말씀이 전하는 메시지는 분명하다. 그것은 우리의 고난이 주님께 속했다는 사실이다. 하나님은 우리가 겪는 힘들고 어려운 일을 도구 삼아 다른 사람들의 삶 속에서 좋은 일을 이루신다. 이것은 우리의 생각을 초월한 은혜의 기적 중 하나다. 나의 삶에 좋은 것이 아무것도 없는데 하나님은 그것을 통해 다른 사람의 삶 속에서 참으로 좋은 일을 이루신다. 고난당하는 사람은 누구나 공동체의 위로가 양방향의 성격을 띤다는 사실을 알아야 한다. 우리는 하나님의 백성들의 위로가 필요할 뿐 아니라 우리의 고난이 긍휼과 깨달음을 전하는 독특한 수단이 되어 다른 사람들의 삶에 동일한 영향을 미칠 수 있다는 점을 기억해야 한다.

고난을 겪어 보면 무엇이 유익하고 무엇이 유익하지 않은지, 언제 말하고 언제 들어야 할지, 무엇을 위로해야 하고 언제 견책해야 할지를 경험으로 알 수 있다. 고난을 겪어 보면 분노와 방어적인 태도를 사랑으로 극복할 수 있는 방법을 배우게 되고, 절망감을 느끼는 것이 어떤 상태인지를 누구보다 잘 알 수 있다. 고난은 복음을 전하는 유익한 기술을 터득하게 만들어 고난당하는 사람들의 삶 속에서 위로를 전하는 사자가 되라는 하나님의 요구에 언제라도 부응할 수 있게 도와준다. 하나님은 우리가 고난을 혼자만 간직하지 말고 다른 사람들의 삶 속에서 사용할 수 있는 도구로 바치기 원하신다. 우리 자신에게서 눈을 돌려 다른 사람들을 바라보는 것은 큰 축복이다. 왜냐하면 받는 것보다 주는 것이 더 복되기 때문이다.

자신의 고난을 혼자만 간직하고 있는지, 아니면 자신이 받은 좋은 것을 다른 사람들에게 전하는 도구로 여기는지 생각해 보라.

이와 같이 모든 위로의 하나님께서 우리의 삶 속에 위로의 사자들을 보내신다. 그들은 하나님의 보이지 않는 임재와 보호와 힘과 지혜와 사랑과 은혜를 보게 만든다. 그러므로 우리는 하나님의 사자들을 반갑게 맞이해야 한다. 그들의 통찰과 조언을 즐겁게 받아들이라. 자신의 필요를 고백함으로써 하나님께서 보내신 사람들이 그 필요를 채우게 하라. 시련을 겪는 것이 공동체의 일이라는 확신을 가지고, 하나님께서 행하실 선한 일을 위해 항상 준비하라.

질문과 적용

1. 고난을 당할 때 주로 어떤 유혹을 느끼는가?

2. 자신의 고난에 대해 어떤 식으로 말하는가? 이 책을 읽고 나서 새로운 방법을 발견했는가?

3. 저자는 "하나님은 은혜의 사람들이 은혜가 필요한 사람들에게 은혜를 베풀게 하심으로써 보이지 않는 은혜를 보이게 만드신다"고 했다. 하나님께서 그런 목적을 위해 당신에게 누구를 보내셨는가? 그런 사람들을 보내 주신 하나님께 감사하는 시간을 가지라.

4. 절망이 어떻게 감옥이 아닌 출구가 되는가?

5. 저자는 고난을 당할 때 하나님께 우리 자신을 더욱 넓게 열 수 있는 방법을 몇 가지 제시했다. 그중 가장 필요하다고 생각하는 것은 무엇인가? 자신에게 가장 필요한 것을 깨닫게 해 달라고 하나님께 기도하라.

더 깊이 묵상하기

고린도전서 1:18-31
고린도후서 1:8-11
골로새서 3:12-17

우리가 고난을 당할 때 하나님은 우리에게 가장 좋은 선물, 곧 그분 자신을 내어 주신다. 우리가 그분 안에 거하고, 그분이 우리 안에 거하시는 것이 아무 시련 없이 편안하고 예측 가능한 삶을 사는 것보다 무한히 더 낫다. 시련이 하나님을 절대적으로 신뢰할 수 있는 마음을 길러 주는 도구가 된다면 우리의 시련은 결코 무의미하지 않다.

14

마음의
안식의 위로

고난은 인생의 가장 혹독한 고통과 가장 놀라운 은혜의 축복이 마주치는 교차점이다. 그리고 애처로운 울부짖음과 진정 어린 찬양이 공명을 일으키는 공간이다. 하나님의 부재와 임재가 가장 분명하게 느껴지는 장소다. 고난당할 때에는 깊은 외로움과 영광스런 사랑이 뒤섞이고, 거친 영적 싸움과 기적적인 평화, 연약함과 능력, 혼란과 지혜, 슬픔과 기쁨, 절망과 희망이 공존한다.

고난은 우리가 생명과 희망과 정체성과 기쁨과 평화와 동기와 생존의 이유를 찾기 위해 바라보는 것들이 부적절하다는 것을 보여 주는 특별한 힘이 있다. 수직적인 차원에서만 발견할 수 있는 것을 수평적인 차원에서 찾으려 할 때 고난은 우리의 희망과 노력과 기대를 남김없이 앗아간다.

고난은 우리에게 생명을 줄 수 있는 사람이 아무도 없다는 것을 인정하게 만든다. 또한 직업이 우리의 정체성을 결정짓는 요인이 아니고, 육체가 진정한 힘의 원천이 아니며, 마음의 안식이 경제적인 안정에서 발견되지 않고, 개인적인 평화가 우리에 대한 사람들의 생각에서 비롯되지 않는다는 사실을 깨닫게 만든다.

아마도 이것이 고난이 그토록 고통스러운 이유 중 하나일 것이다. 고난은 하나님을 대체했던 우리의 우상을 모조리 깨뜨려 부순다. 그리고 그런 우상에게는 우리가 구하는 것을 제공할 능력이 없다는 것을 명백하게 드러낸다.

그런 우상들이 허무하게 무너지고 나면 우리는 큰 실망과 고통을 느끼지 않을 수 없다. 그럴 때 우리는 우리가 당한 손실의 규모를 생각하며 슬픔에 잠긴다.

우리는 단지 우리가 잃어버린 사람이나 사물만을 한탄하지 않는다. 거기에서 한 걸음 더 나아가 그런 사람이나 사물을 통해 얻으려 했던 것을 잃어버린 것에 대해 깊은 슬픔을 토로한다. 우리를 지탱해 주던 것이 사라지고 나면 앞으로 어떻게 살아갈 수 있을지 궁금한 생각이 들 수밖에 없다.

바로 그때, 곧 외로움과 손실과 두려움으로 온통 어둠만이 가득할 때 하나님의 임재와 은혜에 관한 복음의 빛이 가장 밝게 빛난다. 가장 암울한 고통 속에서 영광스런 아름다움의 빛이 비치는 것이야말로 삶의 가장 심원한 역설이다.

불행과 아름다움

원하지도, 뜻하지도, 계획하지도 않은 시련을 겪는 중에도 마음의 안식과 평화를 누릴 수 있다는 사실을 가장 잘 묘사하고 있는 성경구절은 하박국 3장 17-19절이다.

> 비록 무화과나무가 무성하지 못하며 포도나무에 열매가 없으며
> 감람나무에 소출이 없으며 밭에 먹을 것이 없으며
> 우리에 양이 없으며 외양간에 소가 없을지라도
> 나는 여호와로 말미암아 즐거워하며
> 나의 구원의 하나님으로 말미암아 기뻐하리로다.
> 주 여호와는 나의 힘이시라.
> 나의 발을 사슴과 같게 하사 나를 나의 높은 곳으로 다니게 하시리로다.

이 성경구절보다 더 중요하고 고무적인 말씀은 흔하지 않다. 이 구절은 농경 사회의 경제 체제를 배경으로 쓰였다. 무화과나무와 감람나무와 밭의 소출이 전혀 없고 가축마저 한 마리도 남아 있지 않다면 그것은 곧 문화와 경제가 철저하게 붕괴되었다는 뜻이다.

남은 것이 아무것도 없고, 희망과 도움을 구할 곳조차 없는 상태, 곧 시련과 손실이 극에 달한 상태를 이보다 더 두렵고 생생하게 묘사한 장면은 어디에서도 찾아보기 힘들다.

그러나 그런 두려움 속에서도 선지자는 기쁨과 힘을 노래했고, 사슴

처럼 뛸 것이라고 말했다.

철저한 절망과 진정 어린 기쁨이 극명하게 대조되는 현상을 설명할 수 있는 방법은 두 가지뿐이다. 즉 선지자가 피할 수 없는 광범위한 손실을 부인하고 있다고 이해하든지, 고난당하는 사람이면 누구나 알아야 할 치유와 회복의 돌파구를 찾았다고 이해하는 것이다. 물론 선지자는 현실을 부정하지 않았다. 그는 하나님의 존재와 능력과 임재에 근거한, 삶을 변화시키는 진리를 깨달았다.

이 진리는 단순히 이론적인 신학에서 비롯한 비인격적인 진리가 아니다. 누구도 피할 수 없는 삶의 어려움에 직면한 하나님의 모든 자녀에게 주어지는 그분의 은혜로운 선물이다. 이 진리에는 우리 모두가 살면서 고난을 겪는 중에 직접 경험할 수 있는 생명과 소망이 가득 넘쳐 난다. 이 놀라운 성경구절이 전하는 소망의 교훈을 하나씩 차례로 살펴보면 다음과 같다.

하나님만이 궁극적인 주권자이시다

만물을 창조하고 다스리시는, 영원하고 궁극적인 주권자는 오직 하나님뿐이다. 하나님의 지혜와 권능과 권위의 보호를 받지 않는 것은 아무것도 없다.

하나님은 세상이 창조되기 전에도 존재하셨고, 세상이 사라진 후에도 영원한 능력을 지니고 계속 살아 계실 것이다. 우리가 겪는 시련은 영원하지도 않고 궁극적이지도 않다. 고난은 영원히 지속되지 않는다.

고난은 우리를 다스리는 주권자가 아니다. 우리를 지배하는 것처럼 보이는 것이나 영원히 지속될 것처럼 생각되는 것은 단지 그렇게 보이거나 생각될 뿐 실제로는 그렇지 않다. 가장 암울하고 혹독한 고난 속에서도 소망과 도움을 발견할 수 있는 이유는 하나님께서 우리가 겪는 그 어떤 끔찍한 고통보다 더 크고 강력한 능력을 지니고 계시기 때문이다. 그래서 하박국은 경제적인 토대가 완전히 무너진 상황에서도 기뻐할 수 있었다.

하나님께서 우리의 운명을 결정하시다

시련을 겪을 때에는 그것이 우리를 지배하는 것처럼 느껴진다. 그럴 때 시련이 우리의 일정과 경제와 결정과 힘과 관계를 모두 주관하는 주권자처럼 보인다. 고난을 당할 때에도 마치 악한 주인이 집 안에 들어와서 고통과 혼란만을 야기하는 것처럼 느껴진다. 그러나 앞의 성경 구절은 고난이 아닌 하나님께서 우리의 미래를 지배하고 결정하신다고 가르친다.

선지자는 용어 선택에 신중을 기했다. 그는 하나님을 다양한 호칭으로 부를 수 있었지만 그중에서도 "나의 구원의 하나님"이라는 호칭을 사용했다. 하박국은 우리의 운명이 고난에 의해 결정되지 않는다는 사실을 상기시켜 주었다. 현재의 도움과 미래의 소망은 오직 하나님의 손안에 있다.

우리와 우리의 삶이 우리가 겪는 고난뿐 아니라 고난이 일어나는 모든 상황과 장소와 관계를 다스리시는 하나님에 의해 지배되고 결정된다는 사실을 알면 삶을 변화시키는 놀라운 경험을 할 수 있다. 구원은 고난을 피할 수 있는 우리 자신의 능력이 아니라 고난 속에서 우리에게 찾아오시는 하나님의 임재와 은혜 안에서 발견된다. 이것이 선지자가 그런 혹독한 고난 속에서도 기뻐할 수 있었던 이유다.

하나님께서 우리를 규정하신다

고난을 당하면 자연스레 그것이 우리의 정체성을 규정하는 것으로 받아들이기 쉽다. 그러나 이혼은 슬프고 충격적인 경험이지만 그것이 곧 우리의 정체성은 아니다. 조직적인 인종차별은 끔찍하고 모욕적이지만 그것이 아무리 강력하다 해도 우리를 규정하지는 못한다. 따돌림과 괴롭힘을 당하면 감당하기 어렵지만 그것 또한 우리의 정체성을 결정짓지 못한다. 사랑하는 사람을 잃는 것이든, 친구의 배신이든, 육체적인 질병이든, 경제적인 몰락이든, 이 세상의 그 어떤 시련도 우리를 규정하거나 우리의 잠재력을 결정하는 힘을 지니지 않는다. 우리가 겪는 고난을 우리의 정체성으로 받아들이는 것은 우리의 희망과 잠재력을 그런 경험에만 국한시킴으로써 고통을 더욱 가중시키는 결과를 낳을 뿐이다.

"나는 절망스러워."라고 말하는 것과 "나는 만왕의 왕이요 만주의 주이신 하나님의 자녀야. 지금 나는 절망과 씨름하고 있어."라고 말하는 것에는 큰 차이가 있다. 이것이 선지자가 "하나님, 곧 나의 주님이 나의 힘이시다."라고 말한 이유다. 그는 자신의 능력과 잠재력이 시련이 아닌 하나님과의 관계로 결정된다고 생각했다. 하나님은 존재하는 모든 것을 창조하고 다스릴 뿐 아니라 그분의 자녀들을 버리지 않겠다고 약속하셨다. 하박국이 아무 희망이 없는 것처럼 보이는 상황에서도 희망 가득한 노래를 부를 수 있었던 이유가 바로 여기에 있다.

진정한 만족과 안식은 절대로 사라지지 않는다

이것이 바로 하박국이 말하고자 한 핵심이자 이 책의 초점이다. 그리고 내가 고통 속에서도 '이미'와 '아직' 사이를 살아가는 사람 누구나 겪을 수밖에 없는 시련에 관한 책을 쓸 수 있었던 이유다.

내가 아침에 잠자리에서 일어나 즐겁게 글을 쓰고, 마음의 안식을 누리며, 다시 잠자리에 들 수 있었던 것도 이 이유 때문이었다. 고난이 감당하기 어렵게 느껴질 때마다 나는 이 진리를 굳게 붙잡았다. 다른 사람들도 이 진리를 굳게 붙잡기 바라는 마음 간절하다. 내 삶이 이 진리를 전하는 수단이 되기를 기도한다.

이것은 우리가 이해할 수 있는 가장 아름답고 유익한 진리다. 이 진리를 올바로 이해하면 고난을 대하는 방식과 태도가 근본적으로 달라질 것이다. 이 진리는 우리를 슬픔과 기쁨이 교차하는 곳으로 이끌고, 위로가 전혀 없어 보일 때에도 위로를 발견하게 해 준다. 이 진리를 아는 것이 고난에서 벗어나는 것보다 더 낫고 더 아름답다. 이런 말을 자신 있게 글로 쓸 수 있다는 것이 참으로 기쁘고 영광스럽게 느껴진다.

아무쪼록 이 진리를 마음속에 잘 간직하고, 깊이 되새겨 보기 바란다.

그 무엇이나 그 누구도 우리 마음에 기쁨과 안식과 지속적인 만족을 가져다주는 것을 빼앗아 갈 수 없다. 여기에서 만족을 가져다주는 것이란 사물이 아닌 인격체, 곧 은혜로 우리의 삶 속에 들어와 결코 떠나지 않으시는 주님을 가리킨다. 사람이나 소유나 물질이나 성공이나 건강이 아닌 주님 안에서 소망과 만족을 찾는다면 그 어떤 고난이나 손실을 당해도 만족을 잃지 않을 것이다. 주님 안에 진정으로 소망을 둔다면 그 무엇도 우리의 소망을 빼앗아 갈 수 없을 것이다. 주님이 우리의 정체성을 결정하신다면 그 무엇도 우리에게서 의미와 목적과 잠재력을 빼앗지 못할 것이다. 주님의 임재와 권능과 은혜는 모든 것을 변화시킨다. 선지자가 불행 중에도 기뻐한 것이 조금도 이상하지 않다.

고난당하는 사람 모두를 위한 위로는 소망이 인격체이고, 그분이 바로 예수님이라는 사실이다. 생명은 '임마누엘'이라고 불리는 인격체 자체다. 하나님께서 은혜로 우리 삶에 들어오셔서 우리를 그분의 거처로 삼으신다. 따라서 우리가 어디를 가든 하나님이 우리와 함께 계신다.

하나님은 우리가 무슨 일을 당하든 우리와 함께 계시며, 우리에게 필요한 모든 것을 사랑으로 베풀어 주신다. 하나님을 찾을 필요도 없고, 그분이 오실지 안 오실지, 또 언제 오실지 궁금해할 필요도 없다. 특별한 공로를 세워 하나님의 임재의 축복을 얻으려고 애쓰지 않아도 된다.

하나님의 임재는 그분 자신의 핏값으로 이미 보장되었다. 우리가 고난을 당할 때 하나님은 우리에게 가장 좋은 선물, 곧 그분 자신을 내어 주신다. 우리가 그분 안에 거하고, 그분이 우리 안에 거하시는 것이 아무 시련 없이 편안하고 예측 가능한 삶을 사는 것보다 무한히 더 낫다. 시련이 하나님을 절대적으로 신뢰할 수 있는 마음을 길러 주는 도구가 된다면 우리의 시련은 결코 무의미하지 않다.

이 책을 읽는 사람 모두가 우리가 늘 경험하는 것, 곧 삶을 변화시키는 가장 놀랍고 중요한 것을 빼앗아 갈 능력이 있는 사람이나 사물은 어디에도 없다는 사실을 알고 마음의 안식을 얻기를 진심으로 기도한다. 하나님은 우리와 항상 함께 계시며 소망과 안식을 주는 은혜를 베푸신다. 그분은 절대로 우리를 떠나지 않으신다.

내가 주의 영을 떠나 어디로 가며 주의 앞에서 어디로 피하리이까.
내가 하늘에 올라갈지라도 거기 계시며
스올에 내 자리를 펼지라도 거기 계시니이다.
내가 새벽 날개를 치며 바다 끝에 가서 거주할지라도
거기서도 주의 손이 나를 인도하시며 주의 오른손이 나를 붙드시리이다.
내가 혹시 말하기를
흑암이 반드시 나를 덮고 나를 두른 빛은 밤이 되리라 할지라도
주에게서는 흑암이 숨기지 못하며 밤이 낮과 같이 비추이나니
주에게는 흑암과 빛이 같음이니이다.
주께서 내 내장을 지으시며 나의 모태에서 나를 만드셨나이다.

내가 주께 감사하오품은 나를 지으심이 심히 기묘하심이라.

주께서 하시는 일이 기이함을 내 영혼이 잘 아나이다.

내가 은밀한 데서 지음을 받고

땅의 깊은 곳에서 기이하게 지음을 받은 때에

나의 형체가 주의 앞에 숨겨지지 못하였나이다.

내 형질이 이루어지기 전에 주의 눈이 보셨으며

나를 위하여 정한 날이 하루도 되기 전에 주의 책에 다 기록이 되었나이다.

하나님이여 주의 생각이 내게 어찌 그리 보배로우신지요.

그 수가 어찌 그리 많은지요.

내가 세려고 할지라도 그 수가 모래보다 많도소이다.

내가 깰 때에도 여전히 주와 함께 있나이다(시 139:7-18).

질문과 적용

1. 고난이 그리스도인에게 영원하지 않다는 점을 기억하면 고난을 바라보는 관점이 어떻게 달라지는가?

2. 삶 속에서 지나치게 비중을 크게 두어 생각하는 어려움은 무엇인가?

3. 하나님 외에 무엇이 당신을 규정하고 있는가?

4. 현실은 부정하지 않으면서 자신의 상황에 대해 말한다면 어떻게 말해야 하는가?

5. 이 책이 하나님과 그분의 성품에 관해 당신에게 어떤 확신과 용기를 주었는가?

더 깊이 묵상하기

사무엘하 22:20
시편 139:7-18
하박국 3:17-19

사명선언문

너희가 흠이 없고 순전하여……세상에서 그들 가운데 빛들로
나타내며 생명의 말씀을 밝혀 _ 빌 2:15-16

1. 생명을 담겠습니다
만드는 책에 주님 주신 생명을 담겠습니다.
그 책으로 복음을 선포하겠습니다.

2. 말씀을 밝히겠습니다
생명의 근본은 말씀입니다.
말씀을 밝혀 성도와 교회의 성장을 돕겠습니다.

3. 빛이 되겠습니다
시대와 영혼의 어두움을 밝혀 주님 앞으로 이끄는
빛이 되는 책을 만들겠습니다.

4. 순전히 행하겠습니다
책을 만들고 전하는 일과 경영하는 일에 부끄러움이 없는
정직함으로 행하겠습니다.

5. 끝까지 전파하겠습니다
모든 사람에게, 땅 끝까지, 주님 오시는 그날까지
복음을 전하는 사명을 다하겠습니다.

서점 안내

광화문점	서울시 종로구 새문안로 69 구세군회관 1층 02)737-2288 / 02)737-4623(F)
강남점	서울시 서초구 신반포로 177 반포쇼핑타운 3동 2층 02)595-1211 / 02)595-3549(F)
구로점	서울시 동작구 시흥대로 602, 3층 302호 02)858-8744 / 02)838-0653(F)
노원점	서울시 노원구 동일로 1366 삼봉빌딩 지하 1층 02)938-7979 / 02)3391-6169(F)
일산점	경기도 고양시 일산서구 중앙로 1391 레이크타운 지하 1층 031)916-8787 / 031)916-8788(F)
의정부점	경기도 의정부시 청사로47번길 12 성산타워 3층 031)845-0600 / 031)852-6930(F)
인터넷서점	www.lifebook.co.kr